ビルオーナーとビル管理者のための

建築関連法規ガイドブック
オフィスビル編

NTTファシリティーズ［監修］

<small>弁護士</small>　　　<small>LEC東京 リーガルマインド大学教授</small>　<small>NTTファシリティーズ</small>
佐藤 貴美・**田中 毅弘**・**南木 政博**［著］

［編集協力］NTTファシリティーズ総合研究所

大成出版社

書　　名	ビルオーナーとビル管理者のための建築関連法規ガイドブック ―オフィスビル編―

監　　修	㈱NTTファシリティーズ （株式会社エヌ・ティ・ティ　ファシリティーズ）

著　　者	佐藤　貴美 田中　毅弘 南木　政博

編集協力	㈱NTTファシリティーズ総合研究所

[著者紹介]　　佐藤　貴美（さとう　たかよし）　　　　〈執筆担当：3章，5章〉
(50音順)　　弁護士，佐藤貴美法律事務所
　　　　　　総理府（現在の内閣府）入省，建設省，総務庁，公害等調整委員会等出向を経て内閣府を退官，2002年弁護士登録
　　　　　　（著書）『基礎からわかる賃貸住宅の管理』住宅新報社，2005年／『実践！賃貸不動産管理』大成出版社，2010年／ほか

　　　　　　田中　毅弘（たなか　たけひろ）　　　　〈執筆担当：2章，4章〉
　　　　　　足利工業大学工学部専任講師，関東学院大学工学部助教授，東京工業大学大学院特別研究員，LEC東京リーガルマインド大学大学院高度専門職研究科教授を経て，現在，LEC東京リーガルマインド大学総合キャリア学部教授，東洋大学工業技術研究所客員研究員（兼任），工学博士，Ph.D.
　　　　　　（著書）『ビル設備管理の技術』（共著）理工図書，1993年／『建築設備の維持管理』（共著）技術書院，1998年／『建築環境のデザインと設備』（共著）市ケ谷出版社，2004年／『建築設計資料集成（環境）』（分担執筆），日本建築学会編，丸善，2007年／『新版　建築物の環境衛生管理』（分担執筆），厚生労働省所管ビル管理教育センター，2009年／『ポイントで学ぶ建築環境・設備学読本［第3版］』，森北出版，2010年／『完全突破！ビル管理技術者受験テキスト［第2版］』（編著），森北出版，2010年／ほか

　　　　　　南木　政博（なんもく　まさひろ）　　　　〈執筆担当：1章〉
　　　　　　㈱NTTファシリティーズ　建築事業本部技術部
　　　　　　一級建築士，一級建築施工管理技士，インテリアプランナー，ファシリティマネージャー，防犯設備士

　　　　　　（2011年4月現在）

装幀・組版設計　道吉　剛

刊行にあたって

　自社ビル，賃貸ビルのいかんに関らず，建物を安心，安全，快適に使用することは，社会活動，経済活動の基本的条件と言うことができます。また，近年になり不動産とりわけ建物に対する経営資源としての重要性が着目され，たとえばファシリティマネジメント（FM）やプロパティマネジメント（PM）などの経営手法を用いて，資産価値の最大化を図ろうとする動きが顕著になっています。すなわち，快適で生産性が高ければビル入居者の顧客満足度も高くなり，賃料や入居率の確保につながります。またエネルギー効率の高いビルや，適切なメンテナンスが施されているビルはファシリティコストの圧縮を実現します。

　一方，クレームやトラブルの発生，コンプライアンスに反するような事態の発生は，ビルの資産価値の低下を招くばかりでなく，社会的信用を著しく損なうリスクに直結します。とくに，わが国の高度経済成長期に建設された多くのビル群は，建設後30〜40年を経過することになり，劣化による漏水や外壁材の落下などの危険が顕在化してくる恐れが高まっています。万が一このような事態が現実のものになった場合，各種法令はビルのオーナー，管理者などに対し，極めて厳しく責任を問うケースが非常に多く認められます。

　このようなリスクを回避するため，日頃より法令や社会が求める事柄を常に把握しておき，トラブルや事故の発生を未然に防ぐことが極めて重要なこととなります。

　本書はこのような背景から，ビルのオーナーや管理者の皆さまに対して，ビル管理業務を実践するために欠くことのできない関連法令類や判例を学んでいただくために著されたものです。法令的に求められている全体像の理解，また個々の問題への対応時のバイブルとして活用されることが企図されています。また，日常点検などへの適用に際しては，

個々のビルや企業の事情に則して，建築関連法規チェックシートのチェック項目内容を変えてお使いいただけるようにも配意されています。

　本書を通じて，日常のビル管理業務と法令の関係の理解を深めていただけるばかりでなく，それを通し，わが国の社会的資産としての多くの既存ビル群が適切に維持管理され，生産性の向上につながり，またビルの長寿命化や省エネルギーにも貢献する契機となれば望外の喜びです。

　2011年3月

㈱NTTファシリティーズ
常務取締役建築事業本部長
　　米　川　清　水

本書の構成

　本書は，ビルオーナー，ビル管理者として最低限知っておくべき建築関連法規についてまとめたものです。

　本書は大きく5つの部門から成り立っています。そしてそれぞれが補完する形で，全体としてビル管理に関する法規のポイントが理解できるよう構成されています。それぞれ（各章）の概要については以下のとおりです。

　「1.（章）建築関連法規チェックシート」では，オフィスビルを対象として，ビル管理業務ごとに具体的なチェック内容や該当法令・条文，本書参照ページを記載しています。条文については，わかりやすいよう多少意訳して簡潔に表現しています。また，条例で規定される内容や各種届出先については東京都を例に記述しています。業務区分ごとに，①法令で規定されている業務内容を検索し，②実際に遵守されているかどうかをチェックしていく，というように使用されることをお奨めいたします。さらに参照ページを読むことで，法規制の内容の理解を深めることができます。

　なお，オフィスビル以外の建物，条例等の地域特有の規制については，建築法規に詳しい建築管理専門家，各自治体担当課などにお問い合わせください。

　「2.（章）建築関連法規の知識とQ＆A」では，各種建築関連法規に関する基礎知識の理解を深めていただくよう，法の目的・概要，法令改正のポイント，Q＆A等で構成しています。

　なお，法令条文の読み方を「メモ」としてご紹介していますの

で，併せてご活用いただくことで，法律の理解がより一層深まるものと思われます。

「3.(章) 建築に関連した「責任」に関しての法律知識」では，建物・設備等の損傷や，その管理が不十分であったために当該建物等の利用者に事故等が生じた場合にビルオーナー，ビル管理者等に発生する可能性のある法的責任について，概説しています。

「4.(章) リスクマネジメントと企業コンプライアンス」では，リスクマネジメントの概念とコンプライアンスの重要性を中心に記述しています。

そして，「5.(章) 建築関連紛争判例集」では，建築物等の損傷やその使用に関して事故が発生したとき，関係者にどのような責任が問われるかを，実際に裁判となった事案をとりあげ解説しています。

法令については，執筆時点で最新のものに則って記述していますが，改正は絶えず行われますので，必要に応じて最新法令をご確認いただくことをお奨めいたします。

なお，本書はビル管理に関する建築関連法規と法的責任の概要を記したものですが，法令の解釈・適用，細かな罰則，民事責任の詳細などについては，建築法規に詳しい建築管理専門家，弁護士などにお問い合わせください。

目次

刊行にあたって　1
本書の構成　3
本書で取り上げる主な法律　17

1. 建築関連法規チェックシート

○建物管理業務の体系と関連法規チェック項目……………20
1　建築物構造部・設備の点検報告等………………22
2　内・外部清掃………………23
3　衛生管理業務全般………………24
4　空気環境管理………………25
5　水質管理………………26
6　排水管理………………28
7　害虫防除………………31
8　廃棄物処理（一般廃棄物）………………32
9　廃棄物処理（産業廃棄物）………………33
10　廃棄物処理（リサイクル推進）………………34
11　ばい煙対策（電気設備・空調設備管理）………………36
12　騒音対策（電気設備・空調設備管理）………………38
13　振動対策（電気設備・空調設備管理）………………39
14　フロン・ハロン対策（空調設備・消防用設備等管理）………………40
15　PCB処理………………41
16　消防用設備の点検………………42
17　防火管理………………43
18　危険物管理………………44
19　駐車場管理………………45
20　執務空間の健康障害防止………………47
21　省エネルギーの推進………………48
22　身障者・高齢者対応………………49
23　耐震措置………………50

24　広告物等屋外工作物の管理……………………51
25　改修工事等の届出………………52
26　改修工事等の設計・施工………………53
27　建設廃棄物処理………………54
28　駐車場の増設………………55
29　文化財等管理………………57
30　工事欠陥に対するクレーム………………58
○主な届出・報告項目と届出先（東京都の場合）………………59
○法律紛争に見る企業コンプライアンスとリスク………………61

2. 建築関連法規の知識とQ＆A

[1]　**建築基準法**……………………………………………………70
　① 法の目的　　70
　② 法の概要　　70
　③ 法令改正のポイント　　71
　　1．建築基準法の関係　　72
　　2．関係法令　　78
　　3．平成19年大改正の概要　　78
　④ Q＆A　　83
[2]　**都市計画法**……………………………………………………92
　① 法の目的　　92
　② 法の概要　　92
　③ 法令改正のポイント　　93
　④ Q＆A　　93
[3]　**都市再開発法**…………………………………………………96
　① 法の目的　　96
　② 法の概要　　96
　③ Q＆A　　97
[4]　**バリアフリー法**………………………………………………101
　① 法の目的　　101
　② 法の概要　　101

③ Q&A　104
[5] 耐震改修促進法……………………………………………119
　① 法の目的　119
　② 法の概要　119
　③ Q&A　121
[6] PL法………………………………………………………126
　① 法の目的　126
　② 法の概要　126
　③ Q&A　127
[7] 消防法……………………………………………………130
　① 法の目的　130
　② 法の概要　130
　③ 法令改正のポイント　131
　④ Q&A　142
[8] 景観法……………………………………………………153
　① 法の目的　153
　② 法の概要　153
　③ Q&A　154
[9] 文化財保護法……………………………………………155
　① 法の目的　155
　② 法の概要　155
　③ Q&A　155
[10] 駐車場法…………………………………………………158
　① 法の目的　158
　② 法の概要　158
　③ Q&A　159
[11] 省エネルギー法…………………………………………161
　① 法の目的　161
　② 法の概要　161
　③ 法令改正のポイント　162
　④ Q&A　164
[12] グリーン購入法…………………………………………167

① 法の目的　　167
　　② 法の概要　　167
　　③ Q＆A　　168
　[13]　水道法……………………………………………………173
　　① 法の目的　　173
　　② 法の概要　　173
　　③ Q＆A　　174
　[14]　下水道法…………………………………………………177
　　① 法の目的　　177
　　② 法の概要　　177
　　③ Q＆A　　178
　[15]　浄化槽法…………………………………………………180
　　① 法の目的　　180
　　② 法の概要　　180
　　③ Q＆A　　181
　[16]　建築物衛生法（ビル衛生管理法）……………………187
　　① 法の目的　　187
　　② 法の概要　　187
　　③ 法令改正のポイント　　188
　　④ Q＆A　　189
　　⑤ 参考資料　　195
　[17]　警備業法…………………………………………………196
　　① 法の目的　　196
　　② 法の概要　　196
　　③ Q＆A　　197
　[18]　健康増進法………………………………………………200
　　① 法の目的　　200
　　② 法の概要　　200
　　③ Q＆A　　201
　[19]　労働安全衛生法…………………………………………204
　　① 法の目的　　204
　　② 法の概要　　204

③ Q＆A　206
[20]　大気汚染防止法 ……………………………………209
　① 法の目的　209
　② 法の概要　209
　③ Q＆A　210
[21]　水質汚濁防止法 ……………………………………213
　① 法の目的　213
　② 法の概要　213
　③ Q＆A　214
[22]　騒音規制法 …………………………………………217
　① 法の目的　217
　② 法の概要　217
　③ Q＆A　218
[23]　振動規制法 …………………………………………221
　① 法の目的　221
　② 法の概要　221
　③ Q＆A　222
[24]　悪臭防止法 …………………………………………224
　① 法の目的　224
　② 法の概要　224
　③ Q＆A　224
[25]　土壌汚染対策法 ……………………………………228
　① 法の目的　228
　② 法の概要　228
　③ Q＆A　230
[26]　廃棄物処理法 ………………………………………233
　① 法の目的　233
　② 法の概要　233
　③ Q＆A　234
[27]　PCB処理特別措置法 ………………………………240
　① 法の目的　240
　② 法の概要　240

9

③　Q&A　　242
[28]　ダイオキシン類対策特別措置法……………………………………244
　　①　法の目的　　244
　　②　法の概要　　244
　　③　Q&A　　245
[29]　リサイクル法………………………………………………………249
　　①　法の目的　　249
　　②　法の概要　　249
　　③　Q&A　　250
[30]　家電リサイクル法…………………………………………………252
　　①　法の目的　　252
　　②　法の概要　　252
　　③　Q&A　　253
[31]　建設リサイクル法…………………………………………………255
　　①　法の目的　　255
　　②　法の概要　　255
　　③　Q&A　　256
[32]　フロン回収破壊法…………………………………………………259
　　①　法の目的　　259
　　②　法の概要　　259
　　③　Q&A　　260
[33]　民　　　法…………………………………………………………263
　　①　法の目的等　　263
　　②　法の概要　　263
　　③　隣地境界に関するQ&A　　264
　　④　瑕疵担保責任等に関するQ&A　　269

MEMO：法令条文の読み方
　　(1)　わが国の法体系　　77
　　(2)　法令の構成　　82
　　(3)　条文中の「前条」や「次の各号」はどこを指すのか（その1）　　91
　　(4)　条文中の「前条」や「次の各号」はどこを指すのか（その2）　　100

(5)　注意したい法令用語（その1）　118
　(6)　注意したい法令用語（その2）　125
　(7)　注意したい法令用語（その3）　129
　(8)　耐火・防火等に関する用語の表現　152

3. 建築に関連した「責任」に関しての法律知識

1◆責任の種類と概要 …………………………………………………274
　1　事故等が生じた場合の責任とその概要……………………………274
　　(1)　民事責任　274
　　(2)　行政責任　277
　　(3)　刑事責任　278
　2　関係当事者の責任とその対応………………………………………279
　　(1)　所有者の責任　279
　　(2)　管理業者の責任　280
　　(3)　関係者の責任　282
2◆民事責任 …………………………………………………………286
　1　民事責任の基本構造と要件の概説…………………………………286
　　(1)　客観的原因の存在（客観的要件）　286
　　(2)　故意・過失（主観的要件）　287
　　(3)　因果関係（客観的要件）　287
　　(4)　損害の発生　287
　　(5)　権利主張制限の不存在（消極要件）　288
　　(6)　損害の評価　288
　　(7)　被害者側の事情の斟酌（責任・損害の軽減）　288
　2　事故発生時の民事責任の有無等の検討ポイント……………………289
　　［ステップ1］　被害者の権利・利益の侵害　291
　　［ステップ2］　法的な原因行為の存在　291
　　［ステップ3］　故意・過失　295
　　［ステップ4］　使用者の民事責任の成立要件　297
　　［ステップ5］　瑕疵に伴う責任の場合　299
　　［ステップ6］　因果関係　303

［ステップ7］　損害額の算定　304
　　　［ステップ8］　被害者側の事情の斟酌　306
　3◆行政上の責任……………………………………………………308
　　1　行政上の責任の種類（行政の関与手法）………………………308
　　　(1)　行政調査（報告・調査）　308
　　　(2)　行政指導　308
　　　(3)　行政処分　309
　　　(4)　行政罰　309
　　2　行政調査への対応…………………………………………………309
　　3　行政指導への対応…………………………………………………309
　　4　行政処分への対応…………………………………………………310
　　　(1)　処分の内容　310
　　　(2)　処分の際の手続き（行政手続法）　311
　　5　行政処分等に対する不服申立て…………………………………312
　　6　行政罰………………………………………………………………312
　4◆刑事上の責任……………………………………………………313
　　1　罪刑法定主義………………………………………………………313
　　2　刑法の謙抑性と刑事責任…………………………………………314
　　3　直接行為者と管理監督者の過失…………………………………314
　　　(1)　直接行為者の過失　314
　　　(2)　管理監督者の過失　314
　　4　具体的な刑事責任…………………………………………………315
　　　(1)　業務上過失致死傷罪　315
　　　(2)　業務上失火罪等　316
　　　(3)　個別法に基づく罰則　317
　5◆ガイドラインなどの位置づけ…………………………………318
　　1　ガイドラインなど…………………………………………………318
　　2　ガイドラインの遵守と違法性……………………………………318
　　3　ガイドラインの遵守と過失………………………………………319
　　4　ガイドラインの遵守と法的責任…………………………………319
　6◆事故発生に伴う法的責任とコンプライアンス………………321
　7◆裁判事例の傾向…………………………………………………323

- 1 「瑕疵」の捉え方 ……………………………………………323
- 2 安全配慮義務の捉え方 ………………………………………324
- 3 建物等の利用目的・態様により要求される安全水準の相違 ……324
- 4 過失相殺(被害者側の過失の斟酌) ………………………326
- 5 因果関係 ………………………………………………………327
  - (1) 自然力との競合　327
  - (2) 被害者側の異常行動　327
- 6 裁判所が所有者,管理者等の側で講じた安全対策として評価する事情 ……………………………………………………328
- 7 過去に同一施設で同種の事故があった場合 ………………329

4. リスクマネジメントと企業コンプライアンス

- 1 リスクマネジメントへの取組み ………………………………332
  - 1 リスクとリスクマネジメントの概念 ………………………332
  - 2 リスクマネジメントの進め方 ………………………………333
- 2 リスク評価の要素と手法 ………………………………………336
  - 1 リスク評価の要素 ……………………………………………336
  - 2 リスク評価の流れ ……………………………………………340
  - 3 リスク評価とその一例 ………………………………………344
  - 4 リスクマネジメントへの取組みの必要性 …………………344
- 3 ビルマネジメントとリスク ……………………………………347
  - 1 ビルマネジメントにおけるリスクの特徴 …………………347
  - 2 地震に対してのリスクマネジメント ………………………348
  - 3 テロに対してのリスクマネジメント ………………………350
- 4 企業倫理とコンプライアンス …………………………………354
  - 1 コンプライアンスとは何か …………………………………354
  - 2 企業コンプライアンスから一歩進んだCSR,SRI …………354
  - 3 企業イメージとコンプライアンス経営 ……………………356
  - 4 CSRの動向 ……………………………………………………358

5. 建築関連紛争判例集

I　建物内部等での事故に係る裁判例 …………………………………362
- ▶　工作物の概念1
  No.1　（東京地裁昭和47年12月11日判決）…………………………362
- ▶　工作物の概念2
  No.2　（名古屋高裁平成14年8月22日判決）………………………363
- ▶　瑕疵の概念（法令に則した設備）
  No.3　（福岡高裁平成19年3月20日判決）…………………………365
- ▶　瑕疵の概念（工作物と設備を複合的にとらえるアプローチ）
  No.4　（東京地裁平成9年2月13日判決）…………………………366
- ▶　瑕疵の概念（工作物の属性〜研究所）
  No.5　（京都地裁昭和48年9月7日判決）…………………………367
- ▶　瑕疵の概念（工作物の属性〜レストラン）
  No.6　（東京地裁平成13年12月27日判決）………………………369
- ▶　瑕疵の概念（工作物の属性〜酒類提供飲食店）
  No.7　（東京地裁昭和62年1月16日判決）…………………………370
- ▶　瑕疵の概念（工作物の属性〜一般店舗）
  No.8　（福岡地裁小倉支部平成4年9月1日判決）………………371
- ▶　瑕疵の概念（工作物の属性〜介護老人福祉施設）
  No.9　（福島地裁白河支部平成15年6月3日判決）………………372
- ▶　瑕疵の概念（工作物の属性〜遊具）
  No.10　（那覇地裁平成17年11月16日判決）………………………374
- ▶　瑕疵の概念（工作物の属性〜保育園）
  No.11　（名古屋地裁平成17年3月29日判決）……………………375
- ▶　瑕疵の概念（保存の瑕疵1）
  No.12　（旭川地裁稚内支部昭和48年11月15日判決）……………376
- ▶　瑕疵の概念（保存の瑕疵2）
  No.13　（大阪地裁平成19年5月9日判決）…………………………377
- ▶　瑕疵の概念（否定1）
  No.14　（浦和地裁昭和57年9月29日判決）………………………378
- ▶　瑕疵の概念（否定2）
  No.15　（東京地裁昭和57年12月27日判決）………………………380

- ▶ 瑕疵の概念（否定3）
  No.16（徳島地裁平成8年3月8日判決）……………………………381
- ▶ 因果関係（自然力との競合1）
  No.17（神戸地裁平成11年9月20日判決）…………………………383
- ▶ 因果関係（自然力との競合2）
  No.18（福岡高裁昭和55年7月31日判決）…………………………384
- ▶ 因果関係（自然力との競合3）
  No.19（東京地裁平成4年3月9日判決）……………………………385
- ▶ 工作物責任（所有者・占有者1）
  No.20（東京地裁昭和55年4月25日判決）…………………………387
- ▶ 工作物責任（所有者・占有者2）
  No.21（東京地裁平成18年9月26日判決）…………………………388
- ▶ 管理者の法的責任1
  No.22（札幌地裁平成11年11月17日判決）…………………………390
- ▶ 管理者の法的責任2
  No.23（名古屋地裁昭和60年7月19日判決）………………………391
- ▶ 設計・施工者の法的責任
  No.24（最高裁平成19年7月6日判決）………………………………393
- ▶ 債務不履行責任1（保安管理契約）
  No.25（大阪地裁昭和56年1月26日判決）…………………………395
- ▶ 債務不履行責任2（賃貸借契約）
  No.26（札幌地裁平成10年7月28日判決）…………………………395
- ▶ 刑事責任1
  No.27（最高裁平成5年11月25日決定）……………………………397
- ▶ 刑事責任2
  No.28（札幌地裁平成16年9月27日判決）…………………………398
- ▶ 刑事責任3
  No.29（東京地裁平成17年9月30日判決）…………………………399
- ▶ 刑事責任4
  No.30（東京地裁平成20年7月2日判決）…………………………400

II その他建築関連の不法行為に係る裁判例
- ▶ 工事の瑕疵による請負契約の解除
  No.31（東京高裁平成3年10月21日判決）…………………………402

- ▶ 日照権侵害等
  No.32（東京地裁平成6年11月15日判決）……………………………………404
- ▶ 建設反対運動
  No.33（東京地裁昭和52年5月10日判決）……………………………………405
- ▶ 目隠し設置1
  No.34（名古屋高裁昭和56年6月16日判決）…………………………………406
- ▶ 目隠し設置2
  No.35（東京地裁昭和60年10月30日判決）…………………………………407
- ▶ 電波障害
  No.36（大阪地裁平成2年2月28日判決）……………………………………408
- ▶ 眺望利益
  No.37（東京地裁昭和57年4月28日判決）……………………………………409
- ▶ シックハウス症候群
  No.38（東京地裁平成19年10月10日判決）…………………………………410
- ▶ 隣地立ち入り権
  No.39（東京地裁平成11年1月28日判決）……………………………………411
- ▶ 反射光被害
  No.40（大阪地裁昭和61年3月20日判決）……………………………………412

事項索引 ……………413

本書で取り上げる主な法律（通称法律名五十音順）

	通称法令名	正式法令名	所管省庁	掲載箇所 チェックシートNo.	法律No.
か行	家電リサイクル法	特定家庭用機器再商品化法	経済産業省 環境省 国土交通省	10	[30]
	グリーン購入法	国等による環境物品等の調達の推進等に関する法律	環境省	26	[12]
	景観法	景観法	国土交通省	24	[8]
	下水道法	下水道法	国土交通省	6	[14]
	建設リサイクル法	建設工事に係る資材の再資源化等に関する法律	国土交通省	25 27	[31]
	建築基準法	建築基準法	国土交通省	1	[1]
	建築物衛生法（ビル衛生管理法）	建築物における衛生的環境の確保に関する法律	厚生労働省	2 3 4 5 6 7	[16]
	一施行令	建築物における衛生的環境の確保に関する法律施行令	厚生労働省	2 3 4 5 6 7	[16]
さ行	省エネルギー法	エネルギーの使用の合理化に関する法律	経済産業省	21	[11]
	消防法	消防法	総務省	16 17 18	[7]
	振動規制法	振動規制法	環境省	13	[23]
	水質汚濁防止法	水質汚濁防止法	環境省	6	[21]
	騒音規制法	騒音規制法	環境省	12	[22]
た行	大気汚染防止法	大気汚染防止法	環境省	11	[20]
	耐震改修促進法	建築物の耐震改修の促進に関する法律	国土交通省	23	[5]
	駐車場法	駐車場法	国土交通省	19 28	[10]
	都市計画法	都市計画法	国土交通省		[2]
	都市再開発法	都市再開発法	国土交通省		[3]

17

	通称法令名	正式法令名	所管省庁	掲載箇所 チェックシートNo.	法律No.
は行	廃棄物処理法	廃棄物の処理及び清掃に関する法律	環境省	8 9	[26]
	バリアフリー法	高齢者，障害者等の移動等の円滑化の促進に関する法律	国土交通省 厚生労働省	22	[4]
	PCB処理特別措置法	ポリ塩化ビフェニル廃棄物の適正な処理の推進に関する特別措置法	環境省	15	[27]
	フロン回収破壊法	特定製品に係るフロン類の回収及び破壊の実施の確保等に関する法律	環境省	14	[32]
	文化財保護法	文化財保護法	文部科学省	29	[9]
ま行	民法	民法	法務省	30	[33]
ら行	リサイクル法（資源有効利用促進法）	資源の有効な利用の促進に関する法律	経済産業省 環境省	10	[29]
	労働安全衛生法	労働安全衛生法	厚生労働省	20	[19]

● チェックシートNo.は，その法律が「1．コンプライアンスのための建築関連法規チェックシート」中のどの番号のシートに関連しているかを示している。
● 法律No.は，その法律の「2．建築関連法規の知識とQ&A」の中での掲載番号を示している。

1 建築関連法規
チェックシート

南木　政博

建物管理業務の体系と関連法規チェック項目

大区分	小区分	業務内容	No.	建築関連法規チェック項目	関連法令 名称	規定された管理項目
1 建物・設備保全業務	**1-1** 点検整備業務	建物構造部の点検整備	1	建築物構造部・設備の点検報告等	建築基準法	定期調査・報告
		建築設備の点検整備				
2 環境衛生管理業務	**2-1** 清掃管理業務	建築物内部清掃	2	内・外部清掃	廃棄物処理法 ビル衛生管理法	清掃 清掃
		建築物外部清掃				
	2-2 衛生管理業務		3	衛生管理業務全般	ビル衛生管理法	建築物環境衛生管理技術者の選任等
		空気環境管理	4	空気環境管理	ビル衛生管理法	空気環境測定および空調装置清掃
		給水管理	5	水質管理	ビル衛生管理法 水道法	給水・給湯・雑用水管理 上水の適正供給
		排水管理	6	排水管理	ビル衛生管理法 下水道法 水質汚濁防止法	排水管理 排水設備の維持管理 排水対策
		害虫防除	7	害虫防除	ビル衛生管理法	ねずみ等の駆除
		廃棄物処理	8	廃棄物処理（一般廃棄物）	廃棄物処理法	一般廃棄物の適正処理
			9	廃棄物処理（産業廃棄物）	廃棄物処理法	産業廃棄物の適正処理
			10	廃棄物処理（リサイクル推進）	リサイクル法（資源有効利用促進法） 家電リサイクル法	リサイクル推進の努力 家電類適正処理

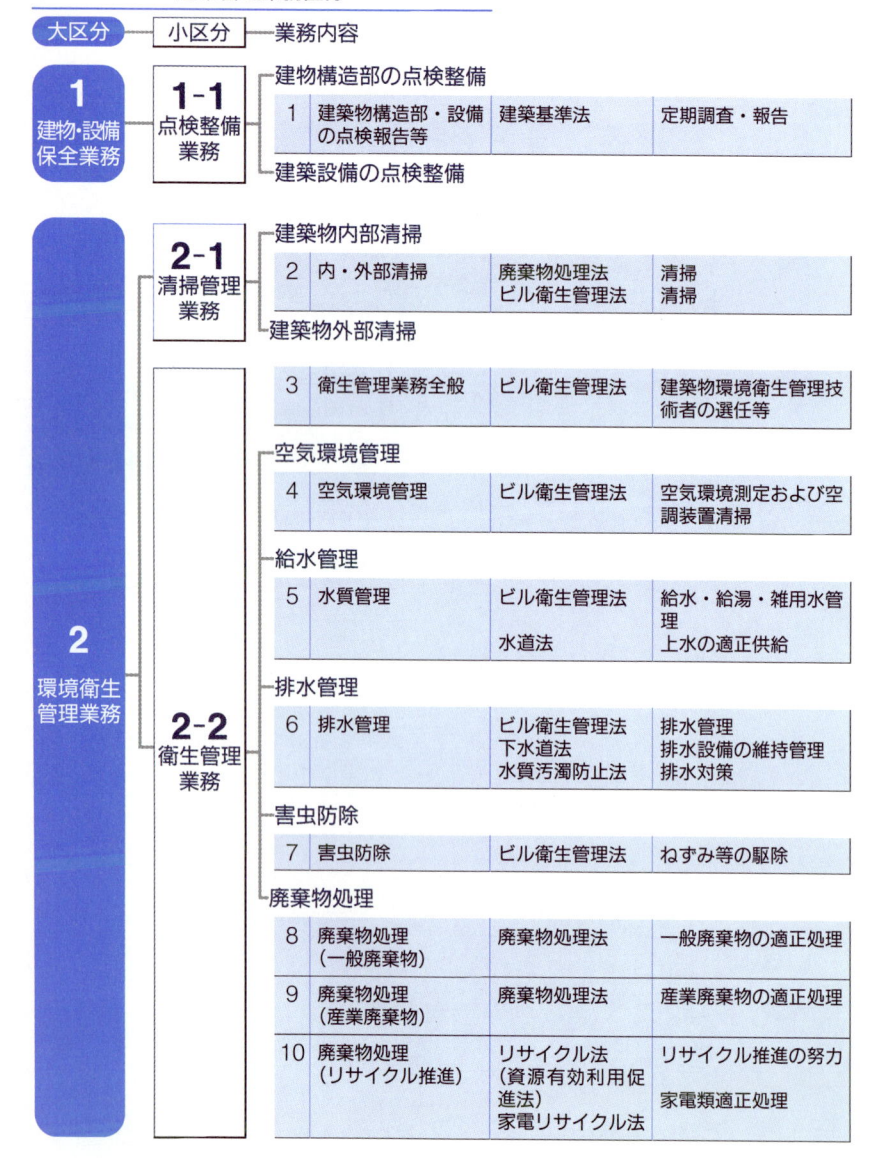

建物管理業務の体系と関連法規チェック項目

3 設備管理業務

3-1 運転保守業務

- 電気通信設備
- 空気調和設備

11	ばい煙対策（電気設備・空調設備管理）	大気汚染防止法	ばい煙発生施設の届出・管理
12	騒音対策（電気設備・空調設備管理）	騒音規制法	騒音発生施設の届出・管理
13	振動対策（電気設備・空調設備管理）	振動規制法	振動発生施設の届出・管理
14	フロン等対策（空調設備・消防設備管理）	フロン回収破壊法	フロン類の回収
15	PCB処理（電気・通信設備管理）	PCB特別措置法	PCBの適正管理・処分

- 消防用設備

16	消防用設備の点検	消防法	消防用設備等の点検・報告
17	フロン等対策	フロン回収破壊法	フロン類の回収

- 昇降機設備

18	建築設備の点検・報告	建築基準法	定期点検・報告等

4 保安警備業務

4-1 警備業務

4-2 防火防災業務

17	防火管理	消防法	防火管理者の選任・点検等
18	危険物管理	消防法	危険物保安統括管理者の選任等

4-3 駐車場管理業務

19	駐車場管理	駐車場法	駐車場管理

5 その他管理業務

5-1 ビルマネジメント業務

20	執務空間の健康障害防止	労働安全衛生法	安全管理者の選任等
21	省エネルギーの推進	省エネルギー法	エネルギー管理員の選任等
22	身障者・高齢者対応	バリアフリー法	技術基準への適合努力
23	耐震措置	耐震改修促進法	耐震診断・耐震改修等
24	広告物等屋外工作物の管理	景観法	工作物設置の届出等
25	改修工事等の届出	建設リサイクル法	改修・増改築工事の届出
26	改修工事等の設計・施工	グリーン購入法	建材・設備の選択
27	建設廃棄物処理	建設リサイクル法	建設廃棄物の適正処理
28	駐車場の増設	駐車場法	増改築時の駐車場増設
29	文化財等管理	文化財保護法	管理責任者の選任・届出等

5-2 管理サービス業務

30	工事欠陥に対するクレーム	民法	瑕疵に伴う瑕疵修補および損害賠償の請求

21

1 建築物構造部・設備の点検報告等

1-1 点検整備業務

対象業務	具体的なチェック内容	該当法令・条文	参照ページ
建築物の敷地,構造,建築設備の状況に関する定期的報告	オフィスビルでは,建築物の敷地,構造および設備について,定期に状況の調査,〈報告〉を行っているか ☐ ←チェック	建築基準法第12条第1項 　オフィスビルの所有者は,当該建築物の敷地,構造および建築設備について,定期的にその状況を資格を有する者に調査させ,その結果を特定行政庁に報告しなければならない。 〈調査・報告の主な項目〉 1．敷地の状況 　敷地・地盤・擁壁・がけ等 2．一般構造の状況 　採光,換気設備の設置等 3．構造強度の状況 　土台・基礎,構造部材(建物躯体)の耐久性,屋根ふき材等の緊結,その他構造耐力上主要な部分の構造強度等 4．耐火構造等の状況 　耐火・防火性能,防火区画,防火設備等 5．避難施設等の状況 　敷地内の通路,戸・屋外への出口等,二方向避難の確保,階段,排煙設備,非常用照明装置,非常用進入口,非常用の昇降機等 6．建築設備等の状況(特定行政庁が定めるところによる) 　換気,排煙,非常用の照明装置,給水設備および排水設備 7．昇降機等の状況 　エレベーター,エスカレーター,小荷物専用昇降機	▶法[1] 70ページ [報告先] 59ページ
	東京都の場合(東京都建築基準法施行規則)　オフィスビルのうち,定期報告を要する建築物は,床面積の合計が1000㎡を超えるもの(5階以上の建築物で延べ面積が2000㎡を超えるもののうち,3階以上の階にあるものに限る)。3年ごとに報告する。(同規則第10条)		

※緩和規定や特例等があるため,詳しいことは建物管理専門家へ問い合わせる必要がある。

2 内・外部清掃

2-1 清掃管理業務

対象業務	具体的なチェック内容	該当法令・条文	参照ページ
清潔の保持	管理する土地や建物を清潔に保っているか ☐ チェック	廃棄物処理法第5条第1項 　オフィスビルでは，占有しまたは管理する土地または建物の清潔を保つよう努めなければならない。	▶法[26] 233ページ
清掃および廃棄物処理	定期的に施設の大掃除を行っているか ☐ チェック 建築物における衛生的環境の確保に関する法律（通称：ビル衛生管理法）の対象となる「特定建築物」は建築物衛生法施行令第1条に規定された建築物で，興業場，百貨店，集会場，図書館，博物館，美術館，遊技場，店舗，事務所，旅館，学校教育法に規定する学校以外の学校，の用途に供せられる部分の延べ面積が3000m²以上のものをいう。学校教育法に規定する学校については，8000m²以上が対象となる。	ビル衛生法施行規則第4条の5第1項（建築物環境衛生管理基準） 　オフィスビルのうち，事務所部分の延べ面積が3000m²以上の場合には日常清掃のほか，6か月以内ごとに1回大掃除を定期に統一的に行うものとする。	▶法[16] 187ページ

※緩和規定や特例等があるため，詳しいことは建物管理専門家へ問い合わせる必要がある。

23

3 衛生管理業務全般

2-2 衛生管理業務

対象業務	具体的なチェック内容	該当法令・条文	参照ページ
維持管理	適切な建築物の環境衛生管理がなされているか ☐ ←チェック	**ビル衛生管理法第4条** 　オフィスビルのうち，事務所部分の延べ面積が3000m²以上の場合には，政令で定める基準（以下「建築物環境衛生管理基準」）に従って建築物の維持管理をしなければならない。	▶法[16] 187ページ
届出	建築物に関する必要な事項や環境衛生管理技術者の氏名等の〈届出〉がなされているか ☐ ←チェック	**ビル衛生管理法第5条** 　オフィスビルのうち，事務所部分の延べ面積が3000m²以上の場合には，使用開始日から1か月以内に，建築物の所在場所，用途，延べ面積および構造設備の概要，建築物環境衛生管理技術者の氏名その他厚生労働省令で定める事項を都道府県知事（保健所を設置する市または特別区では，市長または区長）に届け出なければならない。	▶法[16] [届出先] №3 59ページ
環境衛生管理技術者の選任	建築物環境衛生管理技術者の選任がなされているか ☐ ←チェック	**ビル衛生管理法第6条** 　オフィスビルのうち，事務所部分の延べ面積が3000m²以上の場合には，建築物の維持管理が環境衛生上適正に行われるように監督をさせるため，建築物環境衛生管理技術者免状を有する者のうちから建築物環境衛生管理技術者を選任しなければならない。	▶法[16] 187ページ

> **東京都の場合（建築物における衛生的環境の確保に関する法律施行細則）**　オフィスビルでは，ビル衛生管理に関する届出は，市町村の区域では，保健所長を経由して知事に提出することが定められている。（同細則第1条）

※緩和規定や特例等があるため，詳しいことは建物管理専門家へ問い合わせる必要がある。

4 空気環境管理

2-2 衛生管理業務

対象業務	具体的なチェック内容	該当法令・条文	参照ページ
空気環境測定および空気調和装置の清掃	定期的な空気環境の測定や浮遊粉塵測定器の較正を行っているか。冷却塔や加湿装置の点検や清掃を行っているか ☐ チェック	ビル衛生管理法施行規則第3条の2第3号，第3条の18第2～4号（建築物環境衛生管理基準） 　オフィスビルのうち，事務所部分の延べ面積が3000㎡以上の場合には，2か月以内ごとに1回，各階で空気環境の測定を行わなくてはならない。また，浮遊粉塵測定は1年以内ごとに1回実施しなくてはならない。 　また，冷却塔・加湿装置・空調排水受けを使用開始時および使用開始後1か月以内ごとに1回点検し必要に応じ清掃等を実施しなければならない。	▶法[16] Q3 190ページ Q5 192ページ Q6 192ページ
ホルムアルデヒドの測定	新増築，大規模修繕，大規模模様替を行ったときに，居室におけるホルムアルデヒドの量を測定したか ☐ チェック 東京都の場合（東京都指導基準）　2か月以内ごとに1回定期測定，原則として各階ごと。測定点は，用途・規模などにより決める。	ビル衛生管理法施行規則第3条の2第4号（建築物環境衛生管理基準） 　オフィスビルで，新増築，大規模修繕，大規模模様替を行ったときは，その建築工事が完了し使用を開始した日以降の最初の6月1日から9月30日までの間に居室におけるホルムアルデヒドの量を1回測定しなければならない。	▶法[16] Q4 191ページ
吹付けアスベストの事前調査	建築物の解体，破砕等の作業や壁，柱，天井等に吹きけられた石綿の封じ込め，囲い込み等作業の前に，石綿の使用の有無を確認し記録したか ☐ チェック	石綿障害予防規則第3条 　オフィスビルも，ビルの解体，破砕等の作業（吹き付けられた石綿等の除去の作業を含む）や建築物の内部等に吹き付けられた石綿等の封じ込め，囲い込み等の作業の前には，当該ビルの石綿の使用の有無を目視，設計図書等により調査しその結果を記録しなければならない。	

※緩和規定や特例等があるため，詳しいことは建物管理専門家へ問い合わせる必要がある。

5 水質管理

2-2 衛生管理業務

対象業務	具体的なチェック内容	該当法令・条文	参照ページ
給水・給湯施設の清掃および水質管理	貯水（湯）槽の清掃や水質検査を行っているか。 ☐ ←チェック	ビル衛生管理法施行規則第4条第1項第7号，第4条第1項第3号イ（建築物環境衛生管理基準） 　オフィスビルのうち，事務所部分の延べ面積が3000㎡以上の場合には，貯水（湯）槽の清掃は1年以内ごとに1回実施しなくてはならない。 　水道水の水質検査は，6か月以内ごとに1回，定期に，実施しなければならない。	▶法[16] Q7 193ページ 195ページ
		＜水道水の水質検査の省略不可項目＞ 　一般細菌，大腸菌，鉛およびその化合物，硝酸性窒素および亜硝酸性窒素，亜鉛およびその化合物，鉄およびその化合物，銅およびその化合物，塩化物イオン，蒸発残留物，有機物	Q7 193ページ
	東京都の場合（ビル衛生管理法施行細則） 　飲料水を供給する者は，飲料水貯水槽等の維持管理状況について，定期的に知事へ報告をしなければならない。（同細則第5条）		
雑用水の水質管理	散水・修景・清掃・水洗便所の用に供する雑用水の検査を行っているか。 ☐ ←チェック	ビル衛生管理法施行規則第4条第1項第7号，第4条の2第1項第4号ロ（建築物環境衛生管理基準） 　オフィスビルのうち，事務所部分の延べ面積が3000㎡以上の場合には，利用する雑用水は，ｐＨ・臭気・外観を7日以内ごとに1回，大腸菌群・濁度を2か月以内ごとに1回，検査しなくてはならない。	▶法[16] 195ページ
	東京都の場合（東京都指導基準）　残留塩素，ｐＨ値，臭気等については7日以内ごとに1回，大腸菌，濁度については2か月以内ごとに1回，原則検水コック部で検査実施する。		

※緩和規定や特例等があるため，詳しいことは建物管理専門家へ問い合わせる必要がある。

対象業務	具体的なチェック内容	該当法令・条文	参照ページ
上水の供給	清浄で豊富かつ低廉な上水の供給のため、給水装置の適切な検査がなされているか ☐ ←チェック	**水道法第17条第1項** 　オフィスビルにおいて、水道事業者は、当該施設の土地または建物に立ち入り、給水装置を検査することができる。 **水道法第18条第1項** 　水道事業によって水の供給を受けるオフィスビルの管理者は、水道事業者に対して、給水装置の検査および供給を受ける水の水質検査を請求することができる。	▶法[13] Q1 174ページ ▶法[13] Q1 174ページ

東京都の場合（東京都給水条例）

　給水装置の新設または配水管もしくは他の給水装置からの分岐部分もしくは量水器の取付部分の給水管の口径の変更をしようとする場合は、あらかじめ東京都水道事業管理者に申し込み、その承認を受けなければならない。（同条例第4条第1項）

　給水装置の新設、改造、修繕または撤去をした場合は、その工事完了後直ちに管理者に届け出なければならない。（同条例第4条第2項）

　給水設備を共有する場合や増圧給水設備を設置する等の場合は、管理人を選定し管理者に届け出なくてはならない。（同条例第15条）

　水道使用者等は、水が汚染しまたは漏れないよう給水装置を管理し、異状があるときは、直ちに管理者に届け出なければならない。（同条例第18条第1項）

　水道使用者等は、責任を持って量水器を管理し、その量水器をき損し、または亡失したときは、都に、その損害を賠償しなければならない。（同条例第19条）

※緩和規定や特例等があるため、詳しいことは建物管理専門家へ問い合わせる必要がある。

6 排水管理

2-2 衛生管理業務

対象業務	具体的なチェック内容	該当法令・条文	参照ページ
排水管理	定期的な排水に関する設備の清掃を行っているか ☐ ←チェック	ビル衛生管理法施行規則第4条の3第1項（建築物環境衛生管理基準） 　オフィスビルのうち，事務所部分の延べ面積が3000㎡以上の場合には，排水に関する設備の清掃は，6か月以内ごとに1回，定期に行わなければならない。	▶法[16] 187ページ

罰則
1. 維持管理が建築物環境基準を満たすことができず，人の健康を損なう事態にもかかわらず，都道府県知事による改善命令を無視して改善を怠ったら，3万円以下の罰金に処する。（ビル衛生管理法第16条第5号）
2. 浄化槽の技術上の基準に満たない保守点検または清掃にもかかわらず，都道府県知事による改善命令を無視して改善を怠ったら，6月以下の懲役または300万円以下の罰金に処する。（浄化槽法第62条）

東京都の場合（東京都指導基準）　排水槽の清掃は，年3回以上実施する（浮遊物，沈殿物がない場合，うち1回を希釈洗浄に代替しても可）。グリース阻集器は使用日ごとに捕集物を除去し，7日以内ごとに1回清掃を行う。

※緩和規定や特例等があるため，詳しいことは建物管理専門家へ問い合わせる必要がある。

対象業務	具体的なチェック内容	該当法令・条文	参照ページ
排水設備の設置	公共下水道と結ぶ排水施設が適切に設置されているか ☐ ↙チェック	下水道法第10条第1項 　オフィスビルにおいて，公共下水道の供用が開始された場合には，その土地の下水を公共下水道に流入させるために必要な排水管，排水渠その他の排水施設を設置しなければならない。	▶法[14] Q1 178ページ
排水設備の改修・維持・管理	公共下水道と結ぶ排水施設が適切に維持・管理されているか ☐ ↙チェック	下水道法第10条第2項 　オフィスビルの排水設備の改築または修繕は，これを設置すべき者が行うものとし，その清掃その他の維持は，当該土地の占有者が行うものとする。	▶法[14] Q2 179ページ
下水道使用開始の届出	公共下水道を利用する際に水量，水質等について〈届出〉がなされているか ☐ ↙チェック	下水道法第11条の2第1項 　オフィスビルにおいて，新たに公共下水道を使用しようとする場合は，当該下水の量または水質および使用開始の時期を公共下水道管理者に届け出なければならない。下水の量または水質を変更しようとするときも，同様とする。	▶法[14] [届出] No.6 59ページ

東京都の場合（東京都下水道条例）

　排水設備の新設等をしようとする者は，その計画を管理者に届け出なければならない。また基準に適合しない水質の下水を排出する際の除害施設の新設や変更の際は，代表者の氏名，事業所の住所等を管理者に届けなくてはならない。（同条例第4条第1項，第2項）

　基準に適合しない水質の下水を排出する際の除害施設を設けている場合等は基準以下の水質の下水を排除しないために必要な業務に従事する水質管理責任者を選任し，管理者に届け出なければならない。（同条例第7条の16第1項）

　使用者が公共下水道の使用を開始し，休止し，若しくは廃止し，又は使用を再開しようとするときは，使用者は，あらかじめ管理者の定めるところにより，その旨を届け出なければならない。（同条例第8条）

※緩和規定や特例等があるため，詳しいことは建物管理専門家へ問い合わせる必要がある。

対象業務	具体的なチェック内容	該当法令・条文	参照ページ
生活排水基準の遵守	生活排水の排水基準が遵守されているか ☐ チェック	水質汚濁防止法第12条第1項 　オフィスビルでは、当該施設排水口において排水基準に適合しない排出水を排出してはならない。	▶法[21] 213ページ
生活排水対策の推進	生活排水の汚染防止の努力が適切になされているか ☐ チェック	水質汚濁防止法第14条の5 　オフィスビルでは、公共用水域の水質の保全を図るため、調理くず、廃食用油等の処理、洗剤の使用等を適正に行うよう心がけるとともに、国または地方公共団体による生活排水対策の実施に協力しなければならない。	▶法[21] 213ページ
	水質汚染防止の設備が適切に設置・管理されているか ☐ チェック	水質汚濁防止法第14条の6 　オフィスビルでは、公共用水域の水質に対する生活排水による汚濁の負荷の低減に資する設備の整備に努めなければならない。	▶法[21] Q3 216ページ

罰則
1. 第8条の規定に違反し、排水基準を満たさない場合の計画変更命令に違反した者は、1年以下の懲役または100万円以下の罰金に処する。（水質汚濁防止法第30条）
2. 第12条第1項の規定に違反し排出基準に満たない排出水を排出した者に対し、6月以下の懲役または50万円以下の罰金に処する。（同法第31条第1項）

東京都の場合（化学的酸素要求量、窒素含有量およびりん含有量に係る総量規制基準）　水質汚濁防止法施行令に規定されている適用地域、指定地域内事業所においては事業所区分ごとに化学的酸素要求量、窒素含有量およびりん含有量に係る総量規制基準が定められている。

（都民の健康と安全を確保する環境に関する条例）　指定作業場をもつオフィスビルから汚水を公共用水域に排出する場合は、排出する汚水の水質について測定し、その結果を記録しておかなければならない。（同条例95条）

※緩和規定や特例等があるため、詳しいことは建物管理専門家へ問い合わせる必要がある。

7 害虫防除

2-2 衛生管理業務

対象業務	具体的なチェック内容	該当法令・条文	参照ページ
ねずみ等の点検・防除	配線等のねずみによる被害を予防しているか ☐ ←チェック	ビル衛生管理法施行規則第4条の3第1項（建築物環境衛生管理基準） 　オフィスビルのうち，事務所部分の延べ面積が3000m²以上の場合には，6か月以内ごとに1回，定期に統一的に調査を実施し，当該結果に基づき必要な措置を講じなくてはならない。	▶法[16] Q 8 194ページ

東京都の場合（ねずみ，昆虫等の駆除について以下のような指導がなされている）
　オフィスビルにおいて，ねずみ，昆虫等の生息点検は月に1回以上実施し，その結果によって駆除を行う。「防除」のなかには殺虫剤の散布だけではなく防虫防そ構造などの環境対策も含まれる。

※緩和規定や特例等があるため，詳しいことは建物管理専門家へ問い合わせる必要がある。

8 廃棄物処理（一般廃棄物）

2-2 衛生管理業務

対象業務	具体的なチェック内容	該当法令・条文	参照ページ
廃棄物の適正な処理	一般廃棄物が適正に処分されているか □ ←チェック	**廃棄物処理法第3条第1項，第3項** 　オフィスビルでは，生じた廃棄物を自らの責任において適正に処理しなければならない。また，廃棄物の減量その他その適正な処理の確保等に関し国および地方公共団体の施策に協力しなければならない。	▶法[26] 233ページ
		廃棄物処理法第6条の2第4項 　オフィスビルでは，容易に処分することができる一般廃棄物は，なるべく自ら処分するように努めるとともに，自ら処分しない一般廃棄物については，適正に分別し，保管する等市町村が行う一般廃棄物の収集，運搬および処分に協力しなければならない。	▶法[26] 233ページ

> 一般廃棄物とは，廃棄物処理法の対象となる廃棄物のうち，産業廃棄物以外のものをいう。一般家庭から排出される家庭ごみのほか，事業所などから排出される産業廃棄物以外の不要物（オフィスごみ）も含まれる。し尿や家庭雑排水などの液状廃棄物も対象となる。

罰則
　みだりに廃棄物を捨てたり，公益上または社会慣習上やむを得ないもの以外の廃棄物を焼却すると，5年以下の懲役または1000万円以下の罰金に処し，またはこれを併科する。（廃棄物処理法第16条，同第16条の2，同第25条第14号，第15号）
　業務に関する違反のときは，行為者を罰するほか，法人に対し1億円以下の罰金を科す。（同法第32条第1号）

東京都の場合（都廃棄物条例）
　オフィスビルにおいて事業者は，廃棄物の発生を抑制し，再利用を促進する等により，廃棄物を減量しなければならない。（同条例第8条第1項）
　事業者は，その事業活動に伴って生じた廃棄物を自らの責任において適正に処理しなければならない。（同条例第8条第2項）
　事業者は，その事業系廃棄物の処理に当たっては，再生，破砕，圧縮，焼却，油水分離，脱水等の処理を行うことにより，その減量を図らなければならない。（同条例第10条第2項）

> たとえば，千代田区一般廃棄物の処理および再利用に関する条例では，事業系廃棄物の一層の減量・リサイクルを図る観点から，1000㎡以上の事業系大規模建築物について，その所有者にごみの減量化，廃棄物管理者の選任および再利用計画書の提出，適正な保管場所の設置等を義務づけている。（千代田区一般廃棄物の処理および再利用に関する条例第14条）

※緩和規定や特例等があるため，詳しいことは建物管理専門家へ問い合わせる必要がある。

9 廃棄物処理（産業廃棄物）

2-2　衛生管理業務

対象業務	具体的なチェック内容	該当法令・条文	参照ページ
廃棄物の適正な処理	産業廃棄物が適正に処分されているか ☐ チェック	**廃棄物処理法第11条第1項** 　オフィスビルでは，産業廃棄物を自ら処理しなければならない。 **廃棄物処理法第12条第3項，第4項，第5項** 　オフィスビルでは，産業廃棄物の運搬または処分を委託する場合には，政令で定める者に委託し，また政令で定める基準に従わなくてはならない。またその場合には，当該産業廃棄物について発生から最終処分が終了するまでの一連の処理の行程における処理が適正に行われるために必要な措置を講ずるように努めなければならない。 **廃棄物処理法第12条の3第1項** 　オフィスビルでは，産業廃棄物の運搬または処分を他人に委託する場合には，引渡しと同時に当該産業廃棄物の運搬を受託した者に対し，産業廃棄物の種類および数量，運搬または処分を受託した者の氏名または名称その他環境省令で定める事項を記載した産業廃棄物管理票（マニフェスト）を交付しなければならない。	▶法[26] 233ページ ▶法[26] 233ページ ▶法[26] Q6 238ページ
廃棄物の適正な保管	産業廃棄物が適正に保管されているか ☐ チェック	**廃棄物処理法第12条の2第2項** 　オフィスビルでは，産業廃棄物が運搬されるまでの間，環境省令で定める技術上の基準に従い，生活環境の保全上支障のないように保管しなければならない。	▶法[26] 233ページ

※緩和規定や特例等があるため，詳しいことは建物管理専門家へ問い合わせる必要がある。

10 廃棄物処理（リサイクル推進）

2-2 衛生管理業務

対象業務	具体的なチェック内容	該当法令・条文	参照ページ
事業者としての適切な廃棄物の処理	排出された使用済み物品や，修理等の過程で不要となった部品や材料が適切にリサイクルされているか ☐ ← チェック	**リサイクル法第4条第1項** 　オフィスビルでは，原材料等の使用の合理化を行うとともに，再生資源および再生部品を利用するよう努めなければならない。	▶法[29] 249ページ
		リサイクル法第4条第2項 　オフィスビルでは，その事業に係る製品が長期間使用されることを促進するよう努めるとともに，その事業に係る製品が収集され，廃棄された後，再生資源もしくは再生部品として利用することを促進し，その事業に係る副産物を再生資源として利用することを促進するよう努めなければならない。	▶法[29] 249ページ
消費者としての適切な廃棄物の削減	排出された使用済み物品や，修理等の過程で不要となった部品や材料が適切にリサイクルされているか ☐ ← チェック	**リサイクル法第5条** 　オフィスビルでは，製品をなるべく長期間使用し，再生資源および再生部品の利用を促進するよう努めるとともに，国，地方公共団体および事業者がこの法律の目的を達成するために行う措置に協力しなければならない。	▶法[29] 249ページ

東京都の場合（都廃棄物条例）

　オフィスビルでは，廃棄物の発生を抑制し，再利用を促進する等により，廃棄物を減量しなければならない。（同条例第8条第1項）

　オフィスビルでは，再利用の可能な物の分別の徹底を図る等再利用を促進するために必要な措置を講ずる等により，その事業系廃棄物を減量しなければならない。（同条例第10条第1項）

※緩和規定や特例等があるため，詳しいことは建物管理専門家へ問い合わせる必要がある。

対象業務	具体的なチェック内容	該当法令・条文	参照ページ
適切な廃棄物の処理	排出された使用済み家電製品の部品や材料が適切にリサイクルされているか ☐ チェック	**家電リサイクル法第6条** オフィスビルでは，家電機器をなるべく長期間使用することにより，廃棄物の排出を抑制するとともに，家電機器廃棄物を排出する場合には，当該機器の再商品化等が確実に実施されるよう，収集もしくは運搬をする者または再商品化等をする者に適切に引き渡さなくてはならない。	▶法[30] 252ページ

対象となる機器
　現在，エアコン，テレビ，冷蔵庫・冷凍庫，洗濯機が指定されている。
　「家電」とあるが，事業所で使用されたものも含まれる。
　なお，空調機については冷媒であるフロン回収が目的のひとつであるが，型番に応じて，家電リサイクル法対象のものと，フロン回収・破壊法対象のもの（いわゆる業務用）がある。

※緩和規定や特例等があるため，詳しいことは建物管理専門家へ問い合わせる必要がある。

11 ばい煙対策（電気設備・空調設備管理） 3-1 運転保守業務

対象業務	具体的なチェック内容	該当法令・条文	参照ページ
ばい煙発生施設設置の届出	ばい煙発生施設を設置した際、適切な〈届出〉がなされているか ☐ ←チェック ボイラーや非常電源装置（発動発電機）等の燃料として重油などを利用する場合の、ばい煙発生施設が対象となる。	大気汚染防止法第6条第1項 　オフィスビルにおいて、ばい煙発生施設を設置しようとするときは、次の事項を都道府県知事に届け出なければならない。 1．氏名または名称および住所ならびに法人の場合、その代表者の氏名 2．工場または事業場の名称および所在地 3．ばい煙発生施設の種類 4．ばい煙発生施設の構造 5．ばい煙発生施設の使用の方法 6．ばい煙の処理の方法	▶法[20] 209ページ [届出] No.11 59ページ
	施設がばい煙発生施設に変更された場合、適切な〈届出〉がなされているか ☐ ←チェック	大気汚染防止法第7条第1項 　オフィスビルにおいて、施設のひとつがばい煙発生施設となったときは、当該施設がばい煙発生施設となった日から30日以内に、大気汚染防止法第6条に掲げる事項を都道府県知事に届け出なければならない。	▶法[20] 209ページ [変更の届出] No.11 59ページ
	罰則 1．第6条第1項の規定による届出をせず、もしくは虚偽の届出をした者は、3か月以下の懲役または30万円以下の罰金に処する。（大気汚染防止法第34条第一号） 2．第7条第1項の規定による届出をせず、もしくは虚偽の届出をした者は、20万円以下の罰金に処する。（同法第35条）		
ばい煙排出の制限	基準を満たさないばい煙が排出されないよう適切な管理がなされているか ☐ ←チェック	大気汚染防止法第13条第1項 　オフィスビルにおいて、ばい煙を大気中に排出する場合は、そのばい煙量またはばい煙濃度が当該ばい煙発生施設の排出口において排出基準に適合しないばい煙を排出してはならない。	▶法[20] Q2 211ページ

※緩和規定や特例等があるため、詳しいことは建物管理専門家へ問い合わせる必要がある。

対象業務	具体的なチェック内容	該当法令・条文	参照ページ
ばい煙排出の記録	ばい煙量と濃度が適切に記録されているか ☐ ←チェック	**大気汚染防止法第16条** オフィスビルにおいては，当該ばい煙発生施設に係るばい煙量またはばい煙濃度を測定し，その結果を記録しておかなければならない。	▶法[20] Q2 211ページ

> **罰則**
> 1．第9条の規定による計画変更命令に違反した者は，1年以下の懲役または100万円以下の罰金に処する。（大気汚染防止法第33条）
> 2．第13条の規定に違反した者は，6月以下の懲役または50万円以下の罰金に処する。（同法第33条の2第1項第1号）

> **東京都の場合**（大気汚染防止法の規定に基づく汚染物質の総量規制基準）　東京都の区域のうち，特別区，武蔵野市，三鷹市，調布市，保谷市および狛江市では，硫黄酸化物および窒素酸化物の総量規制基準が定められている。（大気汚染防止法施行令第7条の3）

※緩和規定や特例等があるため，詳しいことは建物管理専門家へ問い合わせる必要がある。

12 騒音対策（電気設備・空調設備管理）　3-1 運転保守業務

対象業務	具体的なチェック内容	該当法令・条文	参照ページ
騒音発生施設設置の届出	騒音発生施設を設置した際，適切な〈届出〉がなされているか ☐ ←チェック 非常電源装置（発動発電機）等から発生する騒音が対象となる。	**騒音規制法第6条第1項** オフィスビルにおいて，指定地域（住居が集合している地域，病院または学校の周辺の地域その他の騒音を防止することにより住民の生活環境を保全する必要があると認める地域）内において著しい騒音を発生する施設を設置する場合，設置工事の開始の日の30日前までに，次の事項を市町村長に届け出なければならない。 1．氏名または名称および住所ならびに法人は，その代表者の氏名 2．工場または事業場の名称および所在地 3．特定施設の種類ごとの数 4．騒音の防止の方法 5．その他環境省令で定める事項	▶法[22] Q2 219ページ [届出] No.12 59ページ
騒音発生施設への変更時等における届出	施設が騒音発生施設に変更された場合，またはオフィスビル立地地域が騒音を防止すべき地域に指定された場合，適切な〈届出〉がなされているか ☐ ←チェック	**騒音規制法第7条第1項** オフィスビルが立地する地域が指定地域となった際に，通信ビル内に著しい騒音を発生する施設がある場合，または指定地域内において騒音発生施設を設置した場合，当該地域が指定地域となった日または騒音発生施設を設置した日から30日以内に，環境省令で定めるところにより，第6条第1項各号に掲げる事項を市町村長に届け出なければならない。	▶法[22] Q2 219ページ [変更の届出] No.12 59ページ

罰則
1．第6条第1項の規定による届出をせず，もしくは虚偽の届出をした者は，5万円以下の罰金に処する。（騒音規制法第30条）
2．第7条第1項の規定による届出をせず，もしくは虚偽の届出をした者は，3万円以下の罰金に処する。（同法第31条）

東京都の場合（騒音規制法の規定に基づく指定地域の規制基準）　騒音規制区域が第1種から第4種まで指定され，それぞれに時間区分とその時間帯における騒音規制値が定められている。

※緩和規定や特例等があるため，詳しいことは建物管理専門家へ問い合わせる必要がある。

13 振動対策（電気設備・空調設備管理）

3-1 運転保守業務

対象業務	具体的なチェック内容	該当法令・条文	参照ページ
振動発生施設設置の届出	振動発生施設を設置した際、適切な〈届出〉がなされているか　☐ チェック　　（非常電源装置（発動発電機）等から発生する振動が対象となる。）	**振動規制法第6条第1項**　オフィスビルにおいて、指定地域（住居が集合している地域、病院または学校の周辺の地域その他の振動を防止することにより住民の生活環境を保全する必要があると認める地域）内において著しい振動を発生する施設を設置する場合、設置工事の開始の日の30日前までに、次の事項を市町村長に届け出なければならない。 1．氏名または名称および住所ならびに法人の代表者の氏名 2．工場または事業場の名称および所在地 3．特定施設の種類および能力ごとの数 4．振動の防止の方法 5．特定施設の使用の方法 6．その他環境省令で定める事項	▶法[23]　Q2　223ページ　[届出]　No.13　60ページ
振動発生施設への変更時等における届出	施設が振動発生施設に変更された場合、またはオフィスビル立地地域が振動を防止すべき地域に指定された場合、適切な〈届出〉がなされているか　☐ チェック	**振動規制法第7条第1項**　オフィスビルが立地する地域が指定地域となった際に、ビル内に著しい振動を発生する施設がある場合、または指定地域内において振動発生施設を設置した場合、当該地域が指定地域となった日または振動発生施設を設置した日から30日以内に、環境省令で定めるところにより、第6条第1項各号に掲げる事項を市町村長に届け出なければならない。	▶法[23]　221ページ　[変更の届出]　No.13　60ページ

罰則
1．第6条第1項の規定による届出をせず、もしくは虚偽の届出をした者は、30万円以下の罰金に処する。（振動規制法第26条）
2．第7条第1項の規定による届出をせず、もしくは虚偽の届出をした者は、10万円以下の罰金に処する。（同法第27条）

東京都の場合（振動規制法の規定に基づく特定工場等の規制基準）　騒音規制区域が第1種から第2種まで指定され、それぞれに時間区分とその時間帯における振動規制値が定められている。

※緩和規定や特例等があるため、詳しいことは建物管理専門家へ問い合わせる必要がある。

14 フロン・ハロン対策（空調設備・消防用設備等管理） 3-1 運転保守業務

対象業務	具体的なチェック内容	該当法令・条文	参照ページ
フロン類の回収	空調機器の冷媒や消火設備の消火剤として利用されたフロン・ハロン類が適切に回収・破壊されたか ☐ ←チェック フロン類は，フルオロカーボンといい，炭素，フッ素，塩素，水素からなる化合物で，その放出により，オゾン層の破壊が生じ皮膚ガン等の増加や地球温暖化に伴う海面上昇・異常気象などの進行を引き起こす。	フロン回収破壊法第4条 　オフィスビルでは，冷媒としてフロンが利用されている空調機器等が廃棄される場合や，消火剤としてハロンが使用されている消火設備の更新時等に，使用されているフロン類が適正かつ確実に回収され，および破壊されるために必要な措置を講じなければならない。	▶法[32] 259ページ
	東京都の場合（都民の健康と安全を確保する環境に関する条例） 　フロンを使用している機器を所有し，または管理する通信ビルでは，フロンを大気中に排出し，または漏出させてはならない。（同条例第10条） 　フロンを使用する機器の整備，修理または移設を行う通信ビルでは，当該整備等にフロンを大気中に排出し，または漏出させるおそれのある作業を行う場合は，フロンを大気中に排出し，もしくは漏出させないよう回収した上で燃焼等の方法により分解処理し，または特定機器内に密閉しなければならない。（同条例第11条） 　フロンを使用する機器を廃棄する場合は，特定物質を大気中に排出し，または漏出させないよう回収した上で燃焼等の方法により分解処理をしなければならない。（同条例第12条） 　フロンを使用する機器の整備等を行うとする場合は，フロンの回収および密閉措置を委託するときは，特定物質を特定機器から適正に回収し，機器内に密閉できる事業者に委託しなければならない。（同条例第13条第1項） 　機器を廃棄する場合は，フロンが特定機器内に密閉されている状態で回収を委託するときは，回収事業者に機器を引き渡して，委託しなければならない。（同条例第12条第2項）		

※緩和規定や特例等があるため，詳しいことは建物管理専門家へ問い合わせる必要がある。

15 PCB処理

3-1 運転保守業務

対象業務	具体的なチェック内容	該当法令・条文	参照ページ
適切な廃棄物の処理	PCB廃棄物処理が確実かつ適正に行われているか ☐ チェック	PCB処理特別措置法第8条 　PCBを保管する通信ビルでは，毎年度，都道府県知事へ保管量等を届け出なければならない。	▶法[27] 240ページ [届出] No.15 60ページ
		PCB処理特別措置法第10条 　政令で定める期間（平成28年）までに処分するかまたは処分を委託しなければならない。	▶法[28] 240ページ
		PCB処理特別措置法第11条 　脱法行為を禁止するため，廃棄物の譲渡しおよび譲受けが制限される。	▶法[28] 240ページ
		PCB処理特別措置法第13条 　PCB使用製品を使用する事業者が適正な処理について都道府県と協力しなくてはならない。	▶法[28] 240ページ

> PCB（ポリ塩化ビフェニル）は，絶縁性，不燃性などの特性により，トランス，コンデンサ，照明用安定器などに使用された化学物質で，体内に容易に取り込まれ，しかも残留性が高く，皮膚障害などの慢性毒性が認められる。

罰則
【1．処理】
　PCB廃棄物を譲り渡したり，自らの処分または処分を委託しなくてはならない規定に違反し改善命令受けたにもかかわらず改善を怠ると，3年以下の懲役または1000万円以下の罰金，またはこれを併科する。（PCB処理特別措置法第16条第1項，第24条）
【2．届出】
　PCB廃棄物の保管の届出をせず，または虚偽の届出をすると，6月以下の懲役または50万円以下の罰金（同法第8条，第25条）

東京都の場合（都民の健康と安全を確保する環境に関する条例）　化学物質を取り扱うオフィスビルでは，化学物質適正管理指針に基づき，化学物質の使用量，環境への排出量の把握等，化学物質の適正な管理に努めなければならない。（同条例第108条第2項）

※緩和規定や特例等があるため，詳しいことは建物管理専門家へ問い合わせる必要がある。

16 消防用設備の点検

3-1 運転保守業務

対象業務	具体的なチェック内容	該当法令・条文	参照ページ
消防用設備等の届出	消防用設備等の工事が完了したときに、設置届出を提出したか ☐ チェック	消防法第17条の3の2、消防法施行令第35条 　オフィスビルでは延べ面積が300㎡以上の場合には、消防用設備届出を〈提出〉し、検査を受けなければならない。	▶法[7] 130ページ [届出] No.16 60ページ
消防用設備等の点検・報告	消防用設備等について、点検および報告を行っているか ☐ チェック	消防法第17条3の3、消防法施行令第35条 　オフィスビルでは延べ面積が300㎡以上の場合には、消防用設備等の点検および〈報告〉を行わなければならない。	▶法[7] 130ページ

消防用設備としては次のようなものがある。
(消防法施行令第7条第1項～第3項)
・消防の用に供する設備
　①消火設備／消火器、屋内消火栓、スプリンクラー、特殊消火設備、屋外消火栓、動力消火ポンプ
　②警報設備／自動火災報知設備、ガス漏れ火災警報設備、漏電火災警報機、非常警報器具・設備（警鐘、非常ベルなど）
　③避難設備／避難器具、誘導灯、誘導標識
・消防用水（防火水槽、貯水池など）
・消火活動上必要な施設（排煙設備、連結散水設備、連結送水管、非常コンセント設備、無線通信補助設備）

非特定防火対象物であっても、消防法施行令第36条第2項第二号により、延べ面積1000㎡以上のもののうち、消防長または消防署長が火災予防上必要があると認めて指定された場合には点検を受けなければならない。オフィスビル用途を含む令別表第一にある(16)項イの複合用途防火対象物は、消防法施行令第35条第1項第1号により、延べ面積1000㎡以上のものは、すべて点検対象となる。

罰則
【1．設備損壊】
　無断で火災報知機、消火栓、消防用水等を損壊したり撤去すると、5年以下の懲役（消防法第18条第1項、第39条）
【2．改修怠慢】
　消防長等から防火対象物の改修等の命令を受けたにもかかわらず改修を怠ると、2年以下の懲役または200万円以下の罰金（消防法第5条第1項、第39条の3の2）
【3．維持怠慢】
　消防設備等の維持のための必要な措置を怠ったら、30万円以下の罰金または拘留（消防法第17条の4第1項または第2項、第44条）

※緩和規定や特例等があるため、詳しいことは建物管理専門家へ問い合わせる必要がある。

17 防火管理

4-2 防火防災業務

建築関連法規チェックシート

対象業務	具体的なチェック内容	該当法令・条文	参照ページ
防火管理者の選任	オフィスビルでは，防火管理者を選任しているか ☐ チェック	**消防法第8条第1項** 　オフィスビルでは，収容人員が50人以上の場合，防火管理者を定めなければならない。 **防火管理者の業務** ・消防計画の作成 ・消火，通報および避難の訓練の実施 ・消防上必要な設備，消火活動上必要な施設の点検および整備 ・火気の使用または取り扱いに関する監督 ・避難または防火上必要な構造および設備の維持管理 ・収容人員の監理 ・防火管理上必要な業務	▶法[7] Q1 142ページ Q7 148ページ Q10 150ページ [届出] No.17 60ページ
防火対象物の点検	オフィスビルの防火対象物点検報告を〈実施〉しているか ☐ チェック	**消防法第8条の2の2** 　オフィスビルでは，収容人員が30人以上の場合，防火対象物点検報告をしなければならない。	▶法[7] Q5 146ページ
避難経路の確保	火災の際の的確な避難経路が確保されているか ☐ チェック	**消防法第8条の2の4** 　オフィスビルでは，廊下，階段，避難口その他の避難上必要な施設について避難の支障になる物件が放置されないように管理しなくてはならない。 　また防火戸については，その閉鎖の支障になる物件が放置されないように管理しなければならない。	▶法[7] 130ページ

※緩和規定や特例等があるため，詳しいことは建物管理専門家へ問い合わせる必要がある。

18 危険物管理　　　　　　　　　　　4-2　防火防災業務

対象業務	具体的なチェック内容	該当法令・条文	参照ページ
危険物の管理	燃料等の引火性の強い危険物が安全かつ適正に保管・管理されているか ☐ チェック	消防法第12条 　オフィスビルでは，危険物の位置，構造および設備が技術上の基準に適合するように維持しなければならない。	
危険物保安統括管理者の選任	一定量以上の危険物が安全かつ適正に保管・管理されているか ☐ チェック	消防法第12条の7 　オフィスビルでは，一定数量以上の危険物を貯蔵する場合は危険物保安統括管理者を定め，危険物の保有業務を統括管理させなければならない。	

> **罰則**
> 【1．無断貯蔵】
> 　指定数量以上の危険物を継続して無断で貯蔵すると，1年以下の懲役または100万円以下の罰金（消防法第10条第1項，第41条第2項）
> 【2．使用禁止】
> 　防火対象物の使用の禁止，停止または制限を命じられたにもかかわらず，そのまま使用すると，3年以下の懲役または300万円以下の罰金（消防法第5条の2第1項，第39条の2の2第1項，第2項）
> 【3．漏油】
> 　業務上必要な注意を怠り，油を漏出させまたは飛散させ，火災の危険を生じさせたら，2年以下の懲役もしくは禁錮，または200万円以下の罰金。ただし公共の危険が生じなかったときは罰しない。（消防法第39条の3第1項）

※緩和規定や特例等があるため，詳しいことは建物管理専門家へ問い合わせる必要がある。

19 駐車場管理

4-3 駐車場管理業務

対象業務	具体的なチェック内容	該当法令・条文	参照ページ
駐車場の管理	都市計画に定められた用途地区（駐車場整備地区，商業地区，近隣商業地区）内で，延べ面積2000㎡を超えるオフィスビルにおいて，適切に駐車場が管理されているか ☐ チェック	**駐車場法第20条の3** 　地方公共団体は，駐車施設の所有者または管理者に対し，条例で当該駐車施設をその設置の目的に適合するように管理しなければならない旨を定めることができる。	▶法[10] 158ページ

※緩和規定や特例等があるため，詳しいことは建物管理専門家へ問い合わせる必要がある。

対象業務	具体的なチェック内容	該当法令・条文	参照ページ
新たな駐車場の設置	特別区および市の区域内において，増築や用途変更等により施設の規模が一定以上に増加したとき，適切な駐車場（荷捌き用駐車場を含む）を新たに設置しているか ☐ ←チェック	**東京都駐車場条例第15条** 　駐車施設の附置および管理の規定は，特別区および市の区域内に限り，適用する。 **東京都駐車場条例第17条第1項** 　オフィスビルにおいて，施設部分の床面積が1500㎡を超える施設は，施設部分の床面積を特別区にあっては300㎡，市域にあっては250㎡で除した値の合計（6000㎡に満たない場合はその数値に数式により算出した数値を乗じた値，数値が2未満の場合は2）以上の台数の駐車場を敷地内に附置しなくてはならない。 **東京都駐車場条例第17条の2** 　オフィスビルにおいて，施設部分の床面積が2000㎡を超える施設は，施設部分の床面積を3500㎡で除した値の合計（数値が10を超える場合は10，床面積が6000㎡に満たない場合はその数値に数式により算出した数値を乗じた値）以上の台数の荷捌き用駐車場を敷地内に附置しなくてはならない。	

※緩和規定や特例等があるため，詳しいことは建物管理専門家へ問い合わせる必要がある。

20 執務空間の健康障害防止

5-1　ビルマネジメント業務

対象業務	具体的なチェック内容	該当法令・条文	参照ページ
安全管理者の選任	総括安全衛生管理者，安全衛生管理者を選任しているか ☐ チェック	**労働安全衛生法第10条第1項** 　オフィスビルでは常時300人以上の人が働いている場合には，総括安全衛生管理者を選任しなければならない。 　統括安全衛生管理者を選任したときは報告書を提出しなければならない。（労働安全衛生規則第2条第2項） **労働安全衛生法第11条第1項，第12条第1項** 　オフィスビルでは常時50人以上の人が働いている場合には，安全管理者，衛生管理者を選任しなければならない。	▶法[19] 204ページ Q3 207ページ [届出] No.20 60ページ
健康障害の防止	オフィスの室内環境を適正に保っているか ☐ チェック	**建築物衛生法施行令第2条第1号** 　事務所部分の延べ面積が3000m²以上のオフィスビルでは，空気調和設備を設けている場合は，空気環境（浮遊粉じんの量，CO濃度，CO_2濃度，温度，相対湿度，気流）が基準に適合するよう調整しなければならない。	▶法[19] Q4 207ページ

※緩和規定や特例等があるため，詳しいことは建物管理専門家へ問い合わせる必要がある。

21 省エネルギーの推進

5-1　ビルマネジメント業務

対象業務	具体的なチェック内容	該当法令・条文	参照ページ
建築主のエネルギー使用の合理化の目標達成のための中長期的な計画の作成	建築物の外壁，窓等を通しての熱の損失の防止や，建築物に設ける空気調和設備等に係る省エネルギーのための措置を施しているか ☐ チェック	省エネルギー法第14条第1項 　オフィスビルでは，次に掲げる事項について，定められたエネルギーの合理化の目標達成のために中長期的な計画を作成し，主務大臣に提出しなければならない。 　イ．燃料の燃焼の合理化 　ロ．加熱および冷却ならびに伝熱の合理化 　ハ．廃熱の回収利用 　ニ．熱の動力等への変換の合理化 　ホ．放射，伝導，抵抗等によるエネルギーの損失の防止 　ヘ．電気の動力，熱等への変換の合理化	▶法[11] 161ページ
第一種特定建築主等の届出義務	増改築に際し，適切な省エネルギー措置を施したことを届け出ているか ☐ チェック	省エネルギー法第15条の2第1項 　オフィスビルで床面積2000㎡以上のものは，増改築に際し外壁，窓等を通しての熱の損失の防止および空気調和設備等に係るエネルギーの効率的利用のための措置に関するものを所管行政庁に届け出なければならない。	▶法[11] [届出] No.21 60ページ
エネルギー管理員の選任	エネルギー管理員を選任し，適切な省エネルギー計画を作成しているか ☐ チェック	省エネルギー法第13条第1項 　年間エネルギー使用量，原油換算1500kl，電気600万kWh以上のオフィスビルでは，エネルギー管理員を選任し届け出なければならない。	▶法[11] Q 3 165ページ

東京都の場合（都民の健康と安全を確保する環境に関する条例）
　オフィスビルの新築または増築をしようとする場合は，建築物に係るエネルギーの使用の合理化，資源の適正利用および自然環境の保全，ヒートアイランド現象の緩和および再生可能エネルギーの利用について必要な措置を講じ，環境への負荷の低減に努めなければならない。（同条例第18条）
　（東京都建築物環境配慮指針）
　特定建築物に相当するオフィスビルのエネルギーの使用の合理化，資源の適正利用，自然環境の保全およびヒートアイランドの緩和に係る措置を講じる際は，同指針の配慮すべき事項の欄に掲げる事項について配慮を行い，措置を定めるものとする。

※緩和規定や特例等があるため，詳しいことは建物管理専門家へ問い合わせる必要がある。

22 身障者・高齢者対応

5-1 ビルマネジメント業務

建築関連法規チェックシート

対象業務	具体的なチェック内容	該当法令・条文	参照ページ
共有部分における身障者や高齢の来訪者への配慮	オフィスビルでは，建築物特定施設（出入口，廊下，階段，エレベーター，便所，敷地内の通路，駐車場その他の建築物またはその敷地に設けられる施設）で身障者や高齢の来訪者のためにバリアフリー法および施行令（建築物移動等円滑化基準）に適合する努力がなされているか ☐ ←チェック	**バリアフリー法第16条第1項** 　オフィスビルを建築しようとするときは，建築物移動等円滑化基準に適合させるために必要な措置を講ずるよう努めなければならない。 **バリアフリー法第16条第2項** 　オフィスビルの建築物特定施設の修繕または模様替をしようとするときは，建築物移動等円滑化基準に適合させるために必要な措置を講ずるよう努めなければならない。 **建築物移動等円滑化基準第11条** 　廊下等は，表面は粗面とし，または滑りにくい材料で仕上げること。階段または傾斜路の上端に近接する廊下等の部分には，視覚障害者に対し警告のために点状ブロックを敷設すること。 **建築物移動等円滑化基準第12条** 　階段は，踊場を除き，手すりを設けること。表面は粗面とし，または滑りにくい材料で仕上げること。踏面の端部とその周囲の部分との色の明度の差により段を容易に識別できるようにすること。 **建築物移動等円滑化基準第18条第1項，第2項** 　高齢者，身障者等が利用する経路のうち，ひとつ以上は「移動等円滑化経路」とする。 ・傾斜路またはエレベーターに併設する場合を除き，階段または段を設けない。 ・出入口：幅80cm以上 ・廊下：幅120cm以上 ・傾斜路：勾配1/12以下	▶法[4] 101ページ [届出] No.22 60ページ

特別特定建築物（保健所，税務署その他不特定かつ多数の者が利用する官公署）では，バリアフリー法が義務化されている。

利用円滑化基準からは，オフィスビルに高齢者，障害者が来訪した場合を想定した努力目標を抜き出している。

東京都の場合（東京都福祉のまちづくり条例）　一般都市施設であるオフィスビルを所有し，または管理する者は，高齢者，障害者等が円滑に利用できるための整備基準に適合させる努力義務がある。（同条例第12条）
　2000m²を超えるオフィスビルでは，改修しようとするときは，整備基準に関する事項について知事に届け出なくてはならない。（同条例第15条）

※緩和規定や特例等があるため，詳しいことは建物管理専門家へ問い合わせる必要がある。

23 耐震措置

5-1 ビルマネジメント業務

対象業務	具体的なチェック内容	該当法令・条文	参照ページ
耐震診断，および耐震改修の助言	オフィスビルでは，耐震関係規定に適合しなくなった場合に，耐震診断および耐震改修を的確に実施しているか ☐ ←チェック	耐震改修促進法第7条第1項，第2項，第4項 　所轄行政庁は耐震診断および耐震改修について指導および助言ならびに指示できるが，特定建築物の所有者に対し，地震に対する安全性に関わる事項について報告させ，建築物等を検査することができる。	▶法[5] 119ページ [届出] No.23 60ページ

罰則
　所管行政庁に対して，地震に対する安全性に関わる事項について報告をせず，もしくは虚偽の報告をし，建築物の検査を拒み，妨げ，もしくは忌避した者は，50万円以下の罰金に処する。（耐震改修促進法第28条）

東京都の場合（東京都建築物の耐震改修の促進に関する法律施行細則）
　オフィスビルの耐震診断や耐震改修の現状，および地震に対する安全性に関する報告書やその他の申請書等は都支庁長を経由し知事に申請されなければならない。（同法律施行細則第2条，第3条）
　耐震改修計画の変更や，改修計画の認定を受けた事業者の変更がある場合も申請書を知事に申請する必要がある。（同法律施行細則第4条，第5条）

※緩和規定や特例等があるため，詳しいことは建物管理専門家へ問い合わせる必要がある。

24 広告物等屋外工作物の管理

5-1 ビルマネジメント業務

建築関連法規チェックシート

対象業務	具体的なチェック内容	該当法令・条文	参照ページ
広告等の工作物設置の届出	周辺に文化財等が立地したり，歴史的な景観を保存すべき地域にある通信ビルにおいて，屋外広告物等の設置に際し〈届出〉がなされているか　□チェック	景観法第16条第1項第2号　景観計画区域（良好な景観の形成および保全が必要な区域）内において，工作物の新設，増築，改築もしくは移転，外観を変更することとなる修繕もしくは模様替または色彩の変更をしようとするときは，行為の種類，場所，設計または施行方法，着手予定日その他国土交通省令で定める事項を景観行政団体の長に届け出なければならない。	▶法[8] 153ページ [届出] No.24 60ページ
広告等の工作物の形態の制限	良好な景観を保存すべき地域において，屋外広告物等の形態や色彩に十分な配慮がなされているか　□チェック	景観法第72条第1項　市町村は，条例で，形態意匠の制限，その高さの最高限度もしくは最低限度または壁面後退区域における工作物（土地に定着する工作物以外のものを含む）の設置の制限を定めることができる。この場合，これらの制限が定められた景観計画区域内においては，工作物等は当該景観計画による良好な景観の形成に支障がないようなものにしなくてはならない。	▶法[8] Q2 154ページ

> 屋外広告物に関する部分を景観法の文化財，歴史的景観の保全といった項目に基づき取り上げた。

罰則
1．第16条第1項の規定に違反して，届出をせず，または虚偽の届出をした者は，30万円以下の罰金に処する。（景観法第102条）
2．第72条第1項の条例に違反した者に対し，50万円以下の罰金に処する旨の規定を設けることができる。（同法第107条）

東京都の場合（東京都屋外広告物条例第6条第1号，第2号）　第一種低層住居専用地域，第二種低層住居専用地域，第一種中高層住居専用地域および第二種中高層住居専用地域ならびに特別緑地保全地区，美観地区，風致地区等には広告等の工作物を設置してはならない。

※緩和規定や特例等があるため，詳しいことは建物管理専門家へ問い合わせる必要がある。

25 改修工事等の届出

5-1　ビルマネジメント業務

対象業務	具体的なチェック内容	該当法令・条文	参照ページ
改修工事に際する届出	改修時に建設廃棄物の適切なリサイクルに関する適切な〈届出〉がなされているか ☐ ←チェック	**建設リサイクル法第10条第1項** 　オフィスビルでは、工事に着手する日の7日前までに、次に掲げる事項を都道府県知事に届け出なければならない。 1．解体工事である場合においては、解体する建築物等の構造 2．新築工事等である場合においては、使用する特定建設資材の種類 3．工事着手の時期および工程の概要 4．分別解体等の計画 5．解体工事である場合においては、解体する建築物等に用いられた建設資材の量の見込み 6．その他主務省令で定める事項	▶法[31] 255ページ [届出] №25 60ページ

罰則
　第10条第1項の規定による届出をせず、または虚偽の届出をした者は、20万円以下の罰金に処する。（建設リサイクル法第51条）

※緩和規定や特例等があるため、詳しいことは建物管理専門家へ問い合わせる必要がある。

26 改修工事等の設計・施工

5-1　ビルマネジメント業務

対象業務	具体的なチェック内容	該当法令・条文	参照ページ
改修工事等において採用する建材・設備の選択	改修時等に環境への負荷が少ない建材・設備機器を採用しているか □ チェック	**グリーン購入法第5条** 　事業者および国民は，物品を購入し，もしくは借り受け，または役務の提供を受ける場合には，できる限り環境物品等を選択するよう努めるものとする。	▶法[12] 167ページ

※緩和規定や特例等があるため，詳しいことは建物管理専門家へ問い合わせる必要がある。

27 建設廃棄物処理

5-1　ビルマネジメント業務

対象業務	具体的なチェック内容	該当法令・条文	参照ページ
改修時の適切な建設廃棄物の処理	改修時に建設廃棄物の適切な分別解体，再資源化等に向けた適切な努力がなされているか ☐ チェック	**建設リサイクル法第6条** 　オフィスビルでは，分別解体や建設資材廃棄物の再資源化等に要する費用の適正な負担や，建設資材廃棄物の再資源化により得られた建設資材の使用等より，分別解体や建設資材廃棄物の再資源化の促進に努めなければならない。	▶法[31] 255ページ

※緩和規定や特例等があるため，詳しいことは建物管理専門家へ問い合わせる必要がある。

28 駐車場の増設

5-1 ビルマネジメント業務

対象業務	具体的なチェック内容	該当法令・条文	参照ページ
新たな駐車場の設置	増築や用途変更等により施設の規模が一定以上に増加したとき，適切な駐車場を新たに設置しているか ☐ チェック	**駐車場法第20条の2第1項** 　地方公共団体は，用途変更により特定部分の延べ面積が一定規模以上となるもののために大規模の修繕または大規模の模様替をしようとする者に対し，条例で，その建築物またはその建築物の敷地内に駐車施設を設けなければならない旨を定めることができる。	▶法[10] 158ページ

※緩和規定や特例等があるため，詳しいことは建物管理専門家へ問い合わせる必要がある。

対象業務	具体的なチェック内容	該当法令・条文	参照ページ
新たな駐車場の設置	特別区および市の区域内において，増築や用途変更等により施設の規模が一定以上に増加したとき，適切な駐車場（荷捌き用駐車場を含む）を新たに設置しているか □ ↙チェック 用途変更とは， ①建築物の仕様目的が，外形的または物理的に建築物の機能上の用途が変わることをいう。 ②建築物の使用主体の属性が変わることをいう。 ③①および②の両方に該当することをいう。	**東京都駐車場条例第17条の3** 　増築や用途変更等をする場合，増築，用途変更後の建築物に同条例第17条を適用して算出した台数から，従前の建築物に同条例第17条により算出した台数か既に設置された台数のうち大きい数値を減じた台数の駐車場を敷地内に附置しなくてはならない。（⇒シート19） **東京都駐車場条例17条の4** 　増築，用途変更の際の荷捌き用駐車場設置については一般用駐車所に準ずる。　←荷捌き用の駐車場の場合	

※緩和規定や特例等があるため，詳しいことは建物管理専門家へ問い合わせる必要がある。

29 文化財等管理

5-1　ビルマネジメント業務

対象業務	具体的なチェック内容	該当法令・条文	参照ページ
文化財等の管理	オフィスビル敷地内などに文化財等がある場合に適切な管理がなされているか □ チェック	**文化財保護法第31条第1項** 重要文化財等の所有者は，この法律ならびにこれに基づいて発する文部科学省令および文化庁長官の指示に従い，重要文化財を管理しなければならない。	▶法[9] 155ページ

> 文化財とは，建築物や土地に埋蔵されている遺跡等で，わが国にとって歴史上または学術上価値の高いものをいう。重要文化財は，有形文化財のうち，文化財保護法に基づき国が指定した文化財を指す。

対象業務	具体的なチェック内容	該当法令・条文	参照ページ
文化財等の管理責任者の選任	オフィスビル敷地内などに文化財等がある場合に文化財等の管理責任者が選任されているか □ チェック	**文化財保護法第31条第2項** 重要文化財の所有者は，特別の事情があるときは，適当な者を当該重要文化財の管理責任者に選任することができる。	
管理責任者選任の届出	オフィスビルにおいて文化財等の管理責任者が選任された場合，〈届出〉がなされているか □ チェック	**文化財保護法第31条第3項** 管理責任者を選任したときは，重要文化財の所有者は，文部科学省令の定める事項を記載した書面をもって，当該管理責任者と連署の上，20日以内に文化庁長官に届け出なければならない。管理責任者を解任した場合も同様とする。	▶法[9] [届出] №29 60ページ
管理責任者変更の届出	オフィスビルにおいて文化財等の所有者，管理責任者が変更された場合，届出がなされているか □ チェック	**文化財保護法第32条第1項** 重要文化財の所有者が変更したときは，新所有者は，20日以内に文化庁長官に届け出なければならない。 **文化財保護法第32条第2項** 重要文化財の所有者は，管理責任者を変更したときは，20日以内に文化庁長官に届け出なければならない。	▶法[9] [届出] №29 60ページ

※緩和規定や特例等があるため，詳しいことは建物管理専門家へ問い合わせる必要がある。

30 工事欠陥に対するクレーム

5-2 ビルマネジメント業務

対象業務	具体的なチェック内容	該当法令・条文	参照ページ
瑕疵による瑕疵修補請求と損害賠償請求	（新増築，模様替，改修等の工事を行った）建築物に瑕疵がある場合，請負業者に対して瑕疵修補請求や損害賠償請求を行っているか ☐ ←チェック	**民法第634条** 建築物に瑕疵がある場合，瑕疵担保期間を定めて（民法第638条）その瑕疵の修補の請求または修補とともに損害賠償の請求ができる。	▶法[33] 263ページ

- 建築物の瑕疵とは，完成した工事の内容が契約で決めたとおりでなく，使用価値や交換価値を減少させる欠陥を意味する法律用語。

- 民間での請負契約書では，瑕疵担保期間は鉄筋コンクリートの場合，引渡日から2年間と定めることが多く，この期間内であれば上記の請求ができる。
ただし，瑕疵が請負人の故意または雨漏りなど重大な過失によって生じたものであるときは，瑕疵担保期間は10年間とする。

※緩和規定や特例等があるため，詳しいことは建物管理専門家へ問い合わせる必要がある。

主な届出・報告項目と届出先（東京都の場合）

業務No.	届出・報告の主な内容	法令 名称	法令 No.	関係条文・関連法等 関係法令	届出先（東京都の場合）
1	建築設備等の定期検査報告	建築基準法	[1]	建築基準法第12条第1項，第2項 東京都建築物安全条例 東京都建築基準法施行条例	特殊建築物等 (財)東京都防災・建築まちづくりセンター 建築設備 (財)東京都防災・建築まちづくりセンター 昇降機等 東京都昇降機安全協議会
3	環境衛生管理者の届出	ビル衛生管理法	[16]	ビル衛生管理法第5条	最寄りの保健所
5	給水設備の工事完了届 管理人の選任 給水設備の異常発見	水道法	[13]	東京都給水条例第4条第2項 東京都給水条例第15条 東京都給水条例第18条第1項	東京都水道局（水道事業者に委託）
6	排水設備の新設，除害施設の新設，変更 水質管理者の選任 公共下水道の使用開始，休止等	下水道法	[14]	東京都下水道条例第4条 東京都下水道条例第7条の16 下水道法第11条の2第1項 東京都下水道条例第8条	東京都下水道局業務部排水指導課
6	排水の水質の定期検査の実施と報告	水質汚濁防止法	[21]	都民の健康と安全を確保する環境に関する条例第95条	東京都環境局自然環境部水環境課
11	ばい煙発生施設設置の届出 ばい煙発生施設への変更の届出	大気汚染防止法	[20]	大気汚染防止法第6条 大気汚染防止法第7条	東京都環境局環境改善部大気保全課
12	騒音発生施設設置の届出 騒音発生施設への変更の届出	騒音規制法	[22]	騒音規制法第6条第1項 騒音規制法第7条第1項	各区の環境関連部署

59

13	振動発生施設設置の届出 振動発生施設への変更の届出	振動規制法	[23]	振動規制法第6条第1項 振動規制法第7条第1項	各区の環境関連部署
15	PCB保管量の届出	PCB処理特別措置法第8条	[27]	PCB処理特別措置法第8条	東京都環境局産業廃棄物対策課
16	消防用設備等の届出 消防用設備等点検報告	消防法	[7]	消防法第17条の3の2 消防法第17条の3の3	最寄りの消防署
17	防火管理者の選任の届出 防火対象物点検報告	消防法	[7]	消防法第8条第1項, 同施行令第1条の2第93項 消防法第8条の2の2	
18	危険物保安統括管理者の選任	消防法	[7]	消防法第12条の7	
20	統括労働安全衛生管理者の選任	労働安全衛生法	[19]	労働安全衛生法第10条第1項	最寄りの労働基準監督署
21	建築主の届出義務 エネルギー管理員の選任	省エネルギー法	[11]	省エネルギー法第13条 省エネルギー法第10条の2	経済産業省関東経済産業局
22	建物のバリアフリー化の届出	バリアフリー法	[4]	東京都福祉のまちづくり条例 東京都バリアフリー条例	各区のやさしい街づくり推進担当
23	耐震改修等の安全性に関する申請	耐震改修促進法	[5]	東京都建築物の耐震改修の促進に関する法律施行細則	23区内　1万㎡以下の場合,各区役所建築確認申請部署
24	屋外広告物設置の届出	景観法	[8]	景観法第16条	各区の道路管理関連部署
25	改修工事に際する届出	建設リサイクル法	[31]	建設リサイクル法第10条	エレベーター,エスカレーター等は東京都都市整備局市街地建築部,その他は各区役所
29	文化財等の管理責任者の届出	文化財保護法	[9]	文化財保護法第16条第3項,第32条第1項	各区の教育委員会

※緩和規定や特例等があるため,詳しいことは建物管理専門家へ問い合わせる必要がある。

法律紛争に見る企業コンプライアンスとリスク

ここでは，企業コンプライアンスとリスクの見地から，建物関連の法規に着目して，それらの法律に違反した場合の罰則を，「キーワード」「事象」「違反根拠条文」「罰則の適用条文と罰則」に分け，以下に表でまとめる。さらに，民法に関するいくつかの典型的な判例を表で列挙する。

1．建物関係

No.	キーワード	事象	違反根拠条文	適用条文	罰則
1-1	無許可建築	仮設建築物を無許可で建築したり，1年以内と定めた期間を超えて存続させたら	建築基準法第85条第3項または第5項	建築基準法第101条第8項	100万円以下の罰金
1-2	容積率オーバー	法定容積率一杯に建築したビルの床面積に算入しない地下駐車場を事務室に模様替したとしら	建築基準法第52条	建築基準法第101条第3項	100万円以下の罰金
1-3	無許可増築	無届けで建物を増築したとしたら	建築基準法第6条第1項	建築基準法第99条第1項	1年以下の懲役または100万円以下の罰金
1-4	無許可模様替	建築基準法に定められた大規模模様替を無断で行ったとしたら	建築基準法第6条第1項	建築基準法第99条第1項	1年以下の懲役または100万円以下の罰金
1-5	確認済証交付前建築	確認済証交付前に，建築，大規模修繕または大規模模様替工事を行ったとしたら	建築基準法第6条第14項	建築基準法第99条第2項	1年以下の懲役または100万円以下の罰金
1-6	内装制限	建築基準法の内装制限があるのにもかかわらず耐火性能のない間仕切りを設けたとしたら	建築基準法第35条の2	建築基準法第98条第2項	3年以下の懲役または300万円以下の罰金
1-7	無窓居室等の主要構造部	政令で定める開口部を有しない居室において居室を区画する主要構造部を耐火構造または不燃材料で造らなかったとしたら	建築基準法第35条の3	建築基準法第99条第5項	1年以下の懲役または100万円以下の罰金
1-8	無届撤去	建物を撤去したが届け出を提出しなかったら	建築基準法第15条第1項	建築基準法第102条第2項	50万円以下の罰金
1-9	違反建築	許可された条件に違反した建物を建てたとしたら	建築基準法第9条第1項	建築基準法第98条第1項	3年以下の懲役または300万円以下の罰金

No.	キーワード	事象	違反根拠条文	適用条文	罰則
1-10	検査	建物に関する中間検査や完了検査を受けなかったとしたら	建築基準法第7条第1項または第7条の3	建築基準法第99条第3項	1年以下の懲役または100万円以下の罰金
1-11	耐震改修	多数の人が利用する「特定建築物」の地震に対する安全性に関する報告を怠ったり，虚偽の報告をしたり，または所管行政庁の検査を拒み，妨げ，もしくは忌避したりしたとしたら	建築物の耐震改修の促進に関する法律第7条第4項	建築物の耐震改修の促進に関する法律第28条	50万円以下の罰金

2．消防関係

No.	キーワード	事象	違反根拠条文	適用条文	罰則
2-1	無断貯蔵	指定数量以上の危険物（たとえば，発動発電機用の油など）を継続して無断で貯蔵したとしたら	消防法第10条第1項	消防法第41条第3項	1年以下の懲役または100万円以下の罰金
2-2	使用禁止	防火対象物の使用の禁止，停止または制限を命じられたにもかかわらず，そのまま使用したとしたら	消防法第5条の2第1項	消防法第39条の2の2第1項，第2項	3年以下の懲役または300万円以下の罰金（情状により懲役および罰金を併科）
2-3	設備損壊	無断で火災報知機，消火栓，消防用水等を損壊したり，撤去したりしたら	消防法第18条第1項	消防法第38条	7年以下の懲役
2-4	漏油	業務上必要な注意を怠り，発動発電機室や油タンクなどから油を漏出させ，または飛散させて火災の危険を生じさせたとしたら		消防法第39条の3第1項	2年以下の懲役もしくは禁錮または200万円以下の罰金（ただし，公共の危険が生じなかった場合には罰しない）
2-5	死傷	業務上必要な注意を怠り，発動発電機室や油タンクなどから油を漏出させ，または飛散させて火災等により人を死傷させたとしたら		消防法第39条の3第2項	5年以下の懲役もしくは禁錮または300万円以下の罰金

No.	キーワード	事象	違反根拠条文	適用条文	罰則
2-6	改修怠慢	消防長または消防署長により，防火対象物の改修等の命令を受けたにもかかわらず改修等を怠ったとしたら	消防法第5条第1項	消防法第39条の3の2	2年以下の懲役または200万円以下の罰金（ただし，情状によっては懲役および罰金を併科）
2-7	維持怠慢	設備等技術基準に従って設置され，消防設備等の維持のための必要な措置を怠ったとしたら	消防法第17条の4第1項	消防法第44条第12号	30万円以下の罰金または拘留

3．その他

No.	キーワード	事象	違反根拠条文	適用条文	罰則
3-1	看板	広告看板を無断で設置したら	屋外広告物法第4条 東京都屋外広告物条例第8条	屋外広告物法第34条 東京都屋外広告物条例第68条第2号	30万円以下の罰金（条例により，罰金または過料のみを科する規定を設けることができる）
3-2	食堂	新たに事務所内に食堂を設けたが，所轄保健所に届け出を提出しなかったとしたら	食品衛生法第52条第1項	食品衛生法第72条第1項，第2項	2年以下の懲役または200万円以下の罰金（情状により懲役および罰金を併科）
3-3	下水道	不正な手段により下水道料金の徴収を免れたとしたら		標準下水道条例第28条	徴収を免れた金額の5倍に相当する金額（当該5倍に相当する金額が5万円を超えないときは5万円とする）以下の過料
3-4	ばい煙対策	排出基準を上回るばい煙を排出したとしたら	大気汚染防止法第13条第1項	大気汚染防止法第33条の2	6ヶ月以下の懲役または50万円以下の罰金
		ばい煙発生施設の設置または構造の変更の届出をしたところ，排出基準に適合しないと都道府県知事から計画変更命令を受けたが，従わなかったとしたら	大気汚染防止法第9条	大気汚染防止法第33条	1年以下の懲役または100万円以下の罰金

		ばい煙発生施設設置の届出をせず，または虚偽の届出をしたら	大気汚染防止法第6条第1項	大気汚染防止法第34条	3ヶ月以下の懲役または30万円以下の罰金
3-5	維持管理	特定建築物の維持管理が，建築物環境基準を満たすことができずに建物内における人の健康を損ない，または損なう事態が認められたにもかかわらず，都道府県知事による改善命令を無視して改善を怠ったとしたら	ビル衛生管理法第12条	ビル衛生管理法第16条第5号	30万円以下の罰金
3-6	排水管理	浄化槽の保守点検の技術上の基準，または清掃の技術上の基準に満たない保守点検または清掃と認められ，都道府県知事の改善命令を無視して改善を怠ったとしたら	浄化槽法第12条第2項	浄化槽法第62条	6ヶ月以下の懲役または100万円以下の罰金
		特定施設の設置または変更の届出をしたところ，排出水が排出基準に適合しないと認められ，都道府県知事から計画変更命令を受けたが，従わなかったとしたら	水質汚濁防止法第8条	水質汚濁防止法第30条	1年以下の懲役または100万円以下の罰金
		特定事業場から排水基準に適合しない排出水を排出したら	水質汚濁防止法第12条第1項	水質汚濁防止法第31条	6ヶ月以下の懲役または50万円以下の罰金
3-7	廃棄物	各種廃棄物処理基準や法令のほか，公益上または社会慣習上やむを得ないもの以外の廃棄物を焼却したとしたら	廃棄物の処理及び清掃に関する法律第16条の2第3項	廃棄物の処理及び清掃に関する法律第25条第15号	5年以下の懲役または1000万円以下の罰金（またはこれを併科）。法人に対する両罰規定では1億円以下の罰金（第32条第1号）
3-8	PCB	PCB廃棄物を譲り渡したり，政令で定める期間内に自ら処分するか，他人に処分を委託しなければならない規定に違反して改善命令を受けたにもかかわらず改善を怠ったとしたら	PCB処理特別措置法第16条第1項	PCB処理特別措置法第24条	3年以下の懲役または1000万円以下の罰金に処し，または，これを併科する

		PCB廃棄物の保管の届出をせず，または虚偽の届出をしたとしたら	PCB処理特別措置法第8条	PCB処理特別措置法第25条	6ヶ月以下の懲役または50万円以下の罰金
3-9	主任技術者	事業用電気工作物を設置したにもかかわらず，主任技術者免状の交付を受けた者の中から主任技術者を選任するのを怠ったとしたら	電気事業法第43条第1項	電気事業法第118条第8号	300万円以下の罰金
3-10	バリアフリー	不特定多数の人が利用する特定建築物に対して都道府県知事から維持保全の状況について報告を求められたが，その報告を怠るか，虚偽の報告をしたとしたら	高齢者，身体障害者等の移動等の円滑化の促進に関する法律第53条第1項	高齢者，身体障害者等の移動等の円滑化の促進に関する法律第60条	100万円以下の罰金
3-11	改修工事	解体工事に着手する7日前までに所定の届出をせず，または虚偽の届出をしたら	建設リサイクル法第10条第1項	建設リサイクル法第51条	20万円以下の罰金
3-12	無線装置	第一種電気通信事業者以外で，無許可で無線の増幅装置を設置し運用したとしたら	電波法第4条	電波法第110条第1号	1年以下の懲役または100万円以下の罰金

4．民法関係（判例）

No.	キーワード	判例	根拠条文	出典
4-1	瑕疵担保（瑕疵）	内装工事途中の建物に契約目的を達成できない重大な瑕疵がある場合は，注文者は債務不履行の一般原則によって（履行不能を理由として）契約を解除することができる	民法第635条，第415条	東京高裁判決　平成3年10月21日　判例時報1412号109ページ（▶402ページ参照）
4-2	瑕疵担保（日照）	建築基準法に著しく違反し，行政指導等に従わずに建築された建物につき，隣地所有者からなされた日照被害等を理由とする建物の一部の切断・撤去請求が認められた	民法第709条	東京地裁判決　平成6年11月15日　判例時報1537号139ページ（▶404ページ参照）

4-3	近隣 (建設反対運動)	マンション建築に反対の住民の実力による工事阻止闘争が不法行為を構成するとして、損害賠償の支払が命じられた	民法第210条，第211条，第709条，第719条	東京地裁判決　昭和52年5月10日 　判例タイムズ348号147ページ 　（▶405ページ参照）
4-4	近隣 (プライバシー)	マンションのベランダが民法第235条第1項にいう縁側に該当するとして、同条に基づく目隠しの設置請求が認容された	民法第235条第1項	名古屋高裁判決　昭和56年6月16日 　判例時報1021号113ページ 　判例タイムズ448号105ページ 　（▶406ページ参照）
4-5	近隣 (電波障害)	高層ビル建築による電波障害を理由とする損害賠償請求が棄却された	民法第709条，第415条	大阪地裁判決　平成2年2月28日 　判例時報1374号81ページ 　（▶408ページ参照）
4-6	近隣 (眺望阻害)	看板広告を掲出していた者からの眺望の利益の侵害等を理由とする損害賠償請求が認められなかつた	民法第415条，第709条	東京地裁判決　昭和57年4月28日 　判例時報1059号104ページ 　判例タイムズ481号86ページ 　（▶409ページ参照）
4-7	工作物責任 (特別の不法行為)	大規模小売店の雪で凍った店外階段で顧客が転倒した事故につき、建物所有者および管理会社の損害賠償責任を認めた	民法第709条，第717条	札幌地裁判決　平成11年11月17日 　判例時報1707号150ページ 　判例タイムズ1063号147ページ 　（▶390ページ参照）
4-8	シックハウス症候群 (瑕疵担保責任)	住宅の注文者・居住者が、ホルムアルデヒドを原因物質とするシックハウス症候群ないし化学物質過敏症に罹患したことにつき、施工業者には債務不履行や不法行為に当たる事実があると認めることはできない	民法第415条，第634条，第709条	東京地裁判決　平成19年10月10日 　判例タイムズ1279号237ページ 　（▶410ページ参照）
4-9	近隣 (目隠し)	目隠し設置は相隣関係に基づく互譲の精神から義務づけられたものであるから、後から敷地境界に接近して建築した者から既存建物に対する目隠し設置請求は、互譲の精神にもとるとして認められないとした	建築基準法第65条 民法第234条第1項，第235条	東京地裁判決　昭和60年10月30日 　判例時報1211号66ページ 　判例タイムズ593号111ページ 　（▶407ページ参照）
4-10	近隣 (隣地使用権)	隣地使用権（民法第209条第1項）に基づく土地使用および建物立入承諾請求が認められた	民法第209条第1項，同上ただし書き，第414条	東京地裁判決　平成11年1月28日 　判例時報1681号128ページ 　判例タイムズ1046号167ページ 　（▶411ページ参照）

4-11	近隣 (反射光, 光害)	建物の店舗としての利用が，他の建物からの反射光により受忍限度を超える妨害を受けたとして，他の建物所有者に対し，被害防止工事の実施と損害賠償の支払いを命じた	民法第206条，第423条，第709条	大阪地裁判決　昭和61年3月20日 　判例時報1193号126ページ 　判例タイムズ590号93ページ （▶412ページ参照）

参考文献　建築紛争事例研究会編集「図解　建築紛争事例便覧」　新日本法規出版発行，1998年5月

2
建築関連法規の知識とQ&A
（MEMO:法令条文の読み方）

田中　毅弘

[1] 建築基準法

昭和25年法律第201号，平成20年5月23日改正

1　法の目的

建築基準法の目的は，「建築物の敷地，構造，設備及び用途に関する最低の基準を定めて，国民の生命，健康及び財産の保護を図り，もって公共の福祉の増進に資すること」である。

2　法の概要

(1) 全体の構成と適用関係

建築基準法は，都市計画法と補完しあって適正な都市環境を確保すべく，良好な集団的建築環境確保のための最低基準を定めている「集団規定」の部分（法第3章）と，建築物ごとに構造上・防火上・衛生上等の安全性確保のための最低基準を定めている「単体規定」の部分（法第2章）とに分けられる。

表-1.1　建築基準法の構成

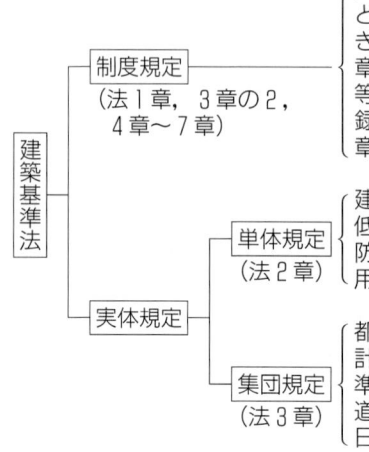

建築基準法	制度規定 (法1章，3章の2，4章〜7章)	法の運用に必要な用語の定義，手続き，罰則などを定めた規定。総則（用語・算定方法・手続き・違反是正等，1章），型式適合認定等（3章の2），建築協定（4章），指定資格検定機関等（4章の2），建築基準適合判定資格者の登録（4章の3），建築審査会（5章），雑則（6章），罰則（7章）
	実体規定 — 単体規定 (法2章)	建築物の構造，防災，衛生等に関する技術的最低基準。全国一律適用。一般構造，構造強度，防火，避難，設備に関する最低基準で建築物の用途・構造・規模によって決まる
	実体規定 — 集団規定 (法3章)	都市における土地利用の調整と環境保護を図る計画的な基準。原則として都市計画区域および準都市計画区域内に適用。道路，用途地域，建ぺい率，容積率，高さ制限，日影規制，防火地域等

前者の集団規定の部分は，原則として都市計画法に定められた都市計画区域内にのみ適用されるが，後者の単体規定の部分は，全国にわたり適用される。また，以上の実体面における規制内容等の規定のほか，建築に関する手続等についても規定されている（法第4章）。

(2) **集団規定**

集団規定は，都市計画区域内の建築物につき，主に以下の点の基準を定めている。

① 都市計画法で定められた用途地域内の建築物の具体的な用途
② 建築物の容積率，建ぺい率，敷地面積，高さ等
③ 防火地域・準防火地域内の建築物の構造等
④ 道路との関係（接道義務，道路内の建築制限等）

(3) **単体規定**

単体規定は，全国の建築物につき，主に以下の点の基準を定めている。

① 敷地・構造（木造等の大規模建築物の制限，構造耐力適合性等）
② 防火・避難（大規模建築物の防火措置，耐火建築物等にしなければならない建築物，非常用エレベーター等の非常用設備の設置，内装の制限等）
③ 衛生（採光，換気，日照等）

(4) **手続き規定**

建築手続きに係る規定には，主に以下のような手続きが定められている。

① 建築に関する手続き（建築確認，構造計算適合性判定，中間検査，完了検査，建築主事等）
② 管理に関する手続き（劇場，映画館等につき定期的な検査と報告）
③ 違反建築物等に対する措置（既存不適格建築物の取扱，違反建築物に対する措置）
④ 建築協定制度

3 法令改正のポイント

建築基準法とその関連法令の最近の改正ポイントをまとめると以下のとおりである。

1．建築基準法の関係

1.1 建築確認手続き等の運用改善に向けた施行規則，告示の改正

(施 行 日)	平成22年6月1日
(関連法令)	規則第1条の3，第3条の2，平成19年告示第835号，平成19年告示第885号

(1) 確認審査の迅速化

① 確認申請図書の補正対象の拡大

　告示を改正し，軽微な不備だけでなく，申請者等が記載しようとした事項が合理的に推測される内容についても，申請図書の補正対象とする。

② 確認審査と構造計算適合性判定審査の並行審査を可能とする見直し
③ 確認審査等の報告に係るチェックリスト告示の簡素化
④ 「軽微な変更」の対象の拡大

　施行規則を改正し，建築基準関係規定に適合することが明らかな一定の変更についても「軽微な変更」とする。

⑤ 大臣認定変更手続きの迅速化
⑥ 審査期間短縮および審査のバラツキの是正

(2) 申請図書の簡素化

① 構造計算概要書の廃止
② 建築設備に係る確認申請図書，構造詳細図の省略や簡素化

　施行規則や告示を改正し，一定の建築設備について技術的基準の見直しと，構造詳細図の省略や簡素化を実施。

③ 材料・防火設備等に係る大臣認定書の省略

　大臣認定を受けた建築材料や防火・耐火構造等のデータベースへの登録を義務化した。あわせて，確認申請時の大臣認定書の写し添付の省略を技術的助言等によって徹底させた。

1.2 昇降機に関する政令・告示の改正

(施 行 日)	平成21年9月28日
(関連法令)	令第129条の3

　昇降機に関する閉じ込め事故や戸開走行事故等に対する改善策として，主に以下の点について改正された。

① 戸開走行保護装置の設置の義務づけ
② 地震時管制運転装置の設置の義務づけ
③ 戸開走行保護装置については大臣認定のみの対応

1.4 排煙設備に関する告示の改正

（施 行 日）	平成21年9月15日
（関連法令）	建築基準法，昭和45年告示第1833号，平成21年告示第1008号，消防法，平成21年総務省令第88号，平成21年消防庁告示第16号

① 特別避難階段付室および非常用エレベーター乗降ロビーに設ける排煙設備に関する告示の改正。
② 自然排煙，機械排煙，押出し排煙に加え，「付室を加圧するための送風機を設けた排煙設備」として加圧煙制御システムが追加された。
③ あわせて消防法でも消防用排煙設備を削減する場合，消火活動拠点となる特別避難階段付室や非常用エレベーター乗降ロビー等に加圧煙制御システムの設置を義務づけた。

1.5 既存不適格建築物の増築等に関する告示改正ならびに技術的助言の公表

（施 行 日）	平成21年9月15日
（関連法令）	建築基準法，平成17年告示第566号，平成21年国住指第2153号，平成21年国住指第2072号

新耐震基準（昭和56年6月1日施行）に適合した既存不適格建築物に対して，基準時の延べ面積の1/2以下の範囲内で増築等を行う場合，既存部分は原則改修が不要となった。

1.6 計画変更を要しない「軽微な変更」の見直し

（施 行 日）	平成20年5月27日
（関連法令）	規則第3条の2

構造，設備に係る「軽微な変更」の項目が追記された。つまり，法第6条第1項（法第88条第1項または第2項の規定において準用する場合を含

む）にいう軽微な変更については，規則第3条の2各項において，それぞれ建築物，建築設備，工作物に係る軽微な変更について規定している。同条各項においては，軽微な変更に該当する可能性のある事項を各号に示すとともに，その柱書において，計画変更の内容が建築基準関係規定に照らして「安全上，防火上及び避難上の危険の度並びに衛生上及び市街地の環境の保全上の有害の度が高くならない」ものであれば，軽微な変更に該当するものとした。今般，同条各項各号に列記するものに，構造関係規定および建築設備関係規定に係るものを追加したところであり，これらの運用については，それぞれ次に掲げる事項に留意し，軽微な変更の趣旨が建築主の建築確認手続きに要する負担の軽減にあること等を踏まえ，弾力的な取扱いとなった。

1.7　「全体計画認定に係るガイドライン」の一部改正

（施 行 日）	平成20年4月17日
（関連法令）	法第86条の8

　一定の耐震性能を有する既存建築物を増改築する場合，増築部分がエキスパンションジョイント等，相互に応力を伝えない構造方法のみで接続している場合に既存遡及完了までの期間を概ね20年程度認めることとした。

1.8　定期報告制度の見直し

（施 行 日）	平成20年4月1日
（関連法令）	法第12条

① 定期調査・検査の項目ごとに調査・検査方法を規定，ならびに是正の判断基準の明確化。
② 定期報告の内容を充実，および報告書の様式等の見直し。

1.9　「都市の秩序ある整備を図るための都市計画法の一部を改正する法律」として公布されたことによる改正

（施 行 日）	平成18年11月30日
（関連法令）	建築基準法，都市計画法

都市の秩序ある整備を図るため，準都市計画区域制度の拡充，都市計画区域等の区域内における大規模集客施設の立地に係る規制の見直し，開発許可制度の見直し，その他都市計画に関する制度の整備を目的として，建築基準法および都市計画法を中心に改正された。なお，表-1に，法第48条の改正による大規模集客施設に関連した用途規制を示す。

① 大規模集客施設（床面積が10000㎡を超える店舗，飲食店，展示場，遊技場等）の用途地域による規制が新設（法第48条，別表第2）。
　・第二種住居地域，準住居地域および工業地域での建築は原則不可。
　・用途地域の規制のない地域（市街化調整区域を除く）での建築は原則不可。
② 新たな地区計画制度（開発整備促進地区）を創設することにより，上記の規制地域のうち，この地区計画区域においては制限を緩和し，建築することを可能とした（法第68の3，都市計画法第12条の5）。

表-1.2　建築基準法第48条の改正による大規模集客施設に関連した用途規制

建築物の用途		一低層	二低層	一中高	二中高	一住	二住	準住居	近商	商業	準工業	工業	工専	指定区域がない※1
大規模集客施設※2		×	×	×	×	×	×	×	○	○	○	×	×	×
店舗・飲食店	階数2以下かつその用途の床面積が150㎡以下	×	(1)	○	○	○	○	○	○	○	○	○	×	○
	階数2以下かつその用途の床面積が500㎡以下	×	×	(2)	○	○	○	○	○	○	○	○	×	○
	上記以外の店舗，飲食店（大規模集客施設を除く）	×	×	×	(3)	(4)	○	○	○	○	○	○	×	○
マージャン屋，ぱちんこ屋，射的場，勝馬投票券発売所（大規模集客施設を除く）		×	×	×	×	×	○	○	○	○	○	○	×	○
カラオケボックス（大規模集客施設を除く）		×	×	×	×	×	○	○	○	○	○	○	×	○
劇場，映画館，演芸場，観覧場	客席部分の床面積の合計が200㎡未満	×	×	×	×	×	×	○	○	○	○	×	×	○
	客席部分の床面積の合計が200㎡以上（大規模集客施設を除く）	×	×	×	×	×	×	○	○	○	○	×	×	○

※１：市街化調整区域を除く
※２：大規模集客施設とは，店舗，飲食店，展示場，遊技場等の床面積の合計が10000㎡を超えるもの
　⑴：令第130条の５の２で定める建築物に限る
　⑵：令第130条の５の３で定める建築物に限る
　⑶：その用途に供する部分が，2階以下かつ床面積の合計が1500㎡以下の場合に限る
　⑷：その用途に供する部分の床面積の合計が3000㎡以下の場合に限る

1.10　建築物における石綿の飛散のおそれのある建築材料の使用の規制

（施 行 日）	平成18年10月１日
（関連法令）	建築基準法，石綿健康被害救済法，大気汚染防止法，廃棄物処理法

　石綿による健康被害を防止するため，建築物における石綿の飛散のおそれのある建築材料の使用が規制されることとなり，平成18年10月１日以降に着工する建築物に適用となった。主な規制の内容を列挙すると，以下のとおりである。
　①　建築材料への石綿等の添加および石綿等をあらかじめ添加した建築材料の使用禁止
　②　増改築時における除去等を義務づけ
　③　石綿の飛散のおそれのある場合に勧告・命令等を実施
　④　報告聴取・立入検査を実施
　⑤　定期報告制度による閲覧の実施

(MEMO) 法令条文の読み方 (1)

－わが国の法体系－

　わが国の法体系は，憲法を頂点として，憲法→法律→政令→省令→告示の順で階層的になっている（表①）。これら国のレベルの法規は，官報によって公布・公示される。

　また，地方公共団体等が規定する法体系は表②に示すように，条例→規則→告示の順で階層的になっており，これらは，地方公共団体等の公報や掲示板への掲示によって，公布・公示される。

表① 憲法を頂点としたわが国の法体系

- ・憲　法：国の最高法規
　　　　　改正は，国会両議院の総議員の2/3以上の賛成で発議し，国民投票で過半数の賛成を要する。
- ・法　律：国会の議決を経て制定される法
　　　　　基本的事項を定めるもので，たとえば，建築関連法令では「建築基準法」がこれに相当する。
- ・政　令：内閣の発する命令
　　　　　主な技術的基準などを定めるもので，たとえば，「建築基準法施行令」がこれに相当する。
- ・省　令：各省の大臣の発する命令
　　　　　手続き・技術的細目などを定めるもので，たとえば，「建築基準法施行規則」がこれに相当する。
- ・告　示：各省が広く一般に向けて行う通知
　　　　　技術細目・認定事項などを定めるもので，たとえば，国土交通（建設）省告示がある。

表② 地方公共団体等が規定する法体系

- ・条　例：地方公共団体の議会の議決を経て，法令の範囲内で定められる法
　　　　　たとえば，東京都建築安全条例，○○県建築基準法施行条例のような法規である。
- ・規　則：地方公共団体の長の発する命令
　　　　　手続きなどを定めるもので，たとえば，東京都建築基準法施行細則（国の規則と区別するため，細則という）のような法規である。
- ・告　示：地方公共団体が広く一般に向けて行う通知
　　　　　指定・認定などを定めるものである。

2．関係法令

2.1 エレベーターの安全に係る技術基準の見直し
（建築基準法施行令の一部を改正する政令　平成20年政令第290号）

（公布日）	平成20年9月19日
（施行日）	平成21年9月28日

　平成17年（2005年）7月の千葉県北西部地震において発生したエレベーターの閉じ込め事故，平成18年（2006年）6月の港区の共同住宅において発生した扉挟まれ死亡事故等を受け，エレベーターの構造等に関する建築基準法施行令・建築基準法施行規則の一部および国土交通省告示の改正等を行い，エレベーターの安全に係る技術基準の見直しを行った。

＜政令改正の概要＞
① 戸開走行保護装置の設置義務づけ（令第129条の10第3項第1号関係）
　　駆動装置や制御器に故障が生じ，かごおよび昇降路のすべての出入口の戸が閉じる前に，かごが昇降したときなどに自動的にかごを静止する安全装置の設置を義務づける。
② 地震時管制運転装置の設置義務づけ（令第129条の10第3項第2号関係）
　　地震その他の衝撃による加速度を検知して，自動的に，かごを昇降路の出入口に停止させ，自動または手動によって，戸が開く装置の設置を義務づける。
③ かご・昇降路などの安全に係る技術基準の明確化
　　エレベーターの安全対策の強化を図るため，かご・昇降路の構造，地震時のロープ類の引掛り防止，ロープ外れ止め構造，駆動装置・制御器の構造および施錠装置に関する告示に対応する。

3．平成19年大改正の概要

3.1 耐震偽装の再発の防止
（建築物の安全性の確保を図るための建築基準法等の一部を改正する法律　平成18年法律第92号）

（公布日）	平成18年6月21日
（施行日）	平成19年12月20日

平成17年の耐震偽装事件をきっかけに，その再発を防止し，法令遵守を徹底することによって，建築物の安全性に対する国民の信頼を回復することを目的に，「建築物の安全性の確保を図るための建築基準法等の一部を改正する法律」が，平成18年6月21日に公布され，平成19年12月20日に完全施行されている。その改正点についてまとめると，以下のとおりである。

(1) **建築確認・検査の厳格化**
① 一定の高さ以上等の建築物について，指定機関による構造計算審査の義務づけ
　木造では高さ13mを超えるものまたは軒の高さ9mを超えるもの，鉄筋コンクリートでは高さ20mを超えるものについては，指定構造計算適合判定機関が設けられ，機関の専門家による審査（ピアチェック）が建築確認申請書提出と同時に行われる。なお，この制度の運用のため，確認手数料が引き上げられた。
② 建築確認の審査方法および中間検査，完了検査の検査方法の指針策定および公表
③ 建築確認の審査期間の延長
　原則として35日であるが，最大70日まで延長可能。
④ 3階建て以上の共同住宅について中間検査を法規上で義務づけ

(2) **指定確認検査機関の業務の適正化**
① 指定要件の強化（損害賠償能力，公正中立要件，人員体制等）
② 指定取消し，建築基準適合判定資格者の登録取消し等の後，指定を受けられない期間の延長（2年間から5年間に延長）
③ 指定に当たって業務区域内の特定行政庁の意見を聴取
④ 特定行政庁による指導監督の強化

> ・特定行政庁に立入検査権限を付与。
> ・指定確認検査機関に不正行為があった場合，特定行政庁からの報告に基づき，指定権者による業務停止命令等の実施。
> ・確認審査報告書等の作成および当該報告書等の特定行政庁への提出を義務づけ。

(3) **図書保存の義務づけ**
① 特定行政庁に対して，図書の保存を義務づけ
② 指定確認検査機関および建築士事務所の図書保存期間の延長（省令事項）

(4) **建築士等の業務の適正化および罰則の強化**
　① 建築士等の業務の適正化

> ・建築士が，構造計算よって，建築物の安全性を確かめた場合における，その旨の証明書公布を義務づけ。
> ・建築士による名義貸し，違反行為の指示，信用失墜行為の禁止を法定し，これらの違反者に対する処分を強化。
> ・設計・工事監理の下請け契約締結時に書面の交付を義務づけ。
> ・建築事務所の開設者による名義貸しの禁止。

　② 建築士等に対する罰則の大幅な強化

> ・耐震基準など重大な実体法規違反（建築基準法）
> 　　懲役3年，罰金300万円（法人の場合，罰金1億円）。
> ・建築確認の手続き違反（建築基準法）
> 　　懲役1年，罰金100万円。
> ・建築士，建築士事務所の名義貸し，建築士による構造安全性の虚偽証明（建築士法）
> 　　懲役1年，罰金100万円。
> ・不動産取引の際に重要事項の不実告知等（宅地建物取引業法）
> 　　懲役2年，罰金300万円（法人の場合，罰金1億円）。

　③ 確認申請書に担当したすべての建築士の氏名等の記載を義務づけ（省令事項）
　④ 建築士の免許取消し後，免許を与えない期間の延長
　　2年間から5年間に延長（建築基準法違反によって罰金刑を受けた者等については，さらなる延期が可能）。
　⑤ 建築士事務所の登録取消し後，登録を受け付けない期間の延長
　　2年間から5年間に延長。

(5) **建築士，建築士事務所および指定確認検査機関の情報開示**
　① 建築士および建築士事務所に関する情報開示の徹底

> ・国土交通大臣，都道府県知事からの処分を受けた建築士の氏名および建築士事務所の名称等を公表。
> ・建築士事務所に所属するすべての建築士の氏名，業務実績等を毎年度，知事に報告，都道府県知事によるこれらに係る書類の閲覧を義務づけ。

② 指定確認検査機関に関する情報開示の徹底

- 指定権者からの監督命令を受けた指定確認検査機関の名称等を公表。
- 業務実績，財務状況，損害賠償能力に関する情報等に係る書類の閲覧を義務づけ。

(6) **住宅の売主等の瑕疵担保責任の履行に関する情報開示**
① 宅建業者に対して，契約締結前に保険加入の有無等について相手方に説明することを義務づけ
② 宅建業者，一戸建て住宅等の工事請負業者に対して，契約締結時に加入している保険等の内容を記載した書面を買主に交付することを義務づけ

MEMO 法令条文の読み方 ⑵

―法令の構成―

　法令は，原則として複数の「条」で構成され，以下，「条」→「項」→「号」のような構成の階層になっている。また，「条」は「章」および「節」で括られる。また，ある法律の条文を引用したり，法律に規定されている箇所を指し示したりする場合には，「建築基準法第○○条第××項」のように記載する。

　たとえば，以下に引用する建築基準法第55条は，第１項から第４項までの構成となっており，第１項の「１」の数字は省略される（太字が項の番号）。第３項では，第一号および第二号の定めがある。

　ちなみに，法令が公布される官報では，縦書きとなっているため，数字は漢数字，単位はカタカナや漢字で示されている（「メートル」「平方メートル」等）。しかし，市販されている法令集など，横書きに改める際には以下のように，条や項の数字は算用数字（「号」は漢数字で示されることが多い）に，単位は記号に書き換えられることがある。

第55条　第一種低層住居専用地域又は第二種低層住居専用地域内においては，建築物の高さは，10m又は12mのうち当該地域に関する都市計画において定められた建築物の高さの限度を超えてはならない。

2　前項の都市計画において建築物の高さの限度が10mと定められた第一種低層住居専用地域又は第二種低層住居専用地域内においては，その敷地内に政令で定める空地を有し，かつ，その敷地面積が政令で定める規模以上である建築物であって，特定行政庁が低層住宅に係る良好な住居の環境を害するおそれがないと認めるものの高さの限度は，同項の規定にかかわらず，12mとする。

3　前２項の規定は，次の各号の一に該当する建築物については，適用しない。

　一　その敷地の周囲に広い公園，広場，道路その他の空地を有する建築物であって，低層住宅に係る良好な住居の環境を害するおそれがないと認めて特定行政庁が許可したもの

　二　学校その他の建築物であって，その用途によってやむを得ないと認めて特定行政が許可したもの

4　第44条第２項の規定は，前項各号の規定による許可をする場合に準用する。

4 Q&A

Q1 ビル管理の立場から建築基準法のどの部分に注意すべきでしょうか。

A 建築基準法は，大部分の規定は建築時における建築サイドに対する内容であるが，建築基準法の趣旨にしたがい都市環境の維持と防火，衛生等の安全性確保を図るためには，当該建築物が建てられた後の維持保全に関しても，一定の基準を設け，対応を義務づけているところである。また，法改正によって，建築当時には要求されなかった設備・装置についても設置が義務づけられることによって，改修工事等が必要となる場合もある。

したがって，ビル管理の立場からは，建築当時から義務づけれていた基準に合致しているかを絶えず確認するとともに，法改正によって新たに義務づけられた構造や設備等を踏まえ，管理している建築物における設置状況や未設置の場合の取扱を確認し，必要な措置を講ずるようにしていく必要がある。とりわけ近時法改正がなされた定期報告，昇降機，排煙設備，既存不適格建築物の対応については，とくに留意しなければならない。

Q2 すべての建築物について，建築基準法の規定に基づき定期報告が義務づけられていますか。また，定期報告の内容はどのようなものでしょうか。

A 一般の建築物については，その維持保全は所有者，管理者に任され，特段の手続きは必要とされず，「所有者，管理者又は占有者は，その建築物の敷地，構造及び建築設備を常時適法な状態に維持するように努めなければならない」とされているだけである（法8条1項）。

しかし，劇場，映画館，大規模な事務所等不特定または多数の者が集まる建築物については，安全上，防災上の性能を確認する必要があることから，特定行政庁は，その建築物の所有者等から報告を求めることとなっている。この場合，建築物の所有者等は，定期に，一級建築士もしくは2級建築士または国土交通大臣が定めた一定の資格を有する者に建築物の状況

（敷地，構造についての損傷，腐食その他の劣化の状況を含む）を調査させ，その結果を特定行政庁に報告しなければならない。

Q3 構造計算適合性判定制度の概要を教えてください。また，その制度が設立されてからの確認申請の流れと対象となる建築物はどのようなものですか。

A 構造計算書偽装事件を踏まえ，平成18年6月21日に建築基準法等が改正され，確認検査の厳格化・指定確認検査機関に対する監督の強化・罰則の強化等の目的から，新たな仕組みとして「構造計算適合性判定制度」が，平成19年6月20日から施行された。

構造計算適合性判定制度は，一定規模以上等の建築物の建築確認申請（計画通知を含む）の審査時に，建築主事等の審査に加え，都道府県知事が指定する「構造計算適合性判定機関」において，構造の専門家である構造計算適合性判定員が構造計算書の審査を行う制度である。

構造計算適合性判定制度が設立されてからの確認申請の流れにおいて，建築確認申請書は，従来どおり，都道府県各市町の建築確認申請担当窓口に提出する。

建築確認申請書を受理した建築主事等は，その内容を審査した後，構造計算適合性判定機関に判定を依頼する。判定機関からの判定結果を受けて，建築基準関係規程に適合すると確認した時は，確認済証を交付する。なお，確認申請の流れを図-1.1に示す。

構造計算適合性判定が追加されたことにより，法第6条第1項第1号から第3号の建築物の建築確認審査に要する期間が，従来の21日から35日（最大70日）に延長された。なお，申請者（設計者）が構造計算適合性判定機関を選択したり，直接判定を依頼するということはできない。

つぎに，対象となる建築物については，構造計算適合性判定の対象となる建築物は，法，令，告示によって提示されている。構造方法，階数，面積規模だけでなく，構造計算の方法（設計ルート）によっても対象になる場合がある。図-1.2に，対象建築物の構造規模，構造計算の方法についてフローにまとめる。

```
建築主          建築主事等                      指定構造計算適合性判定機関
```

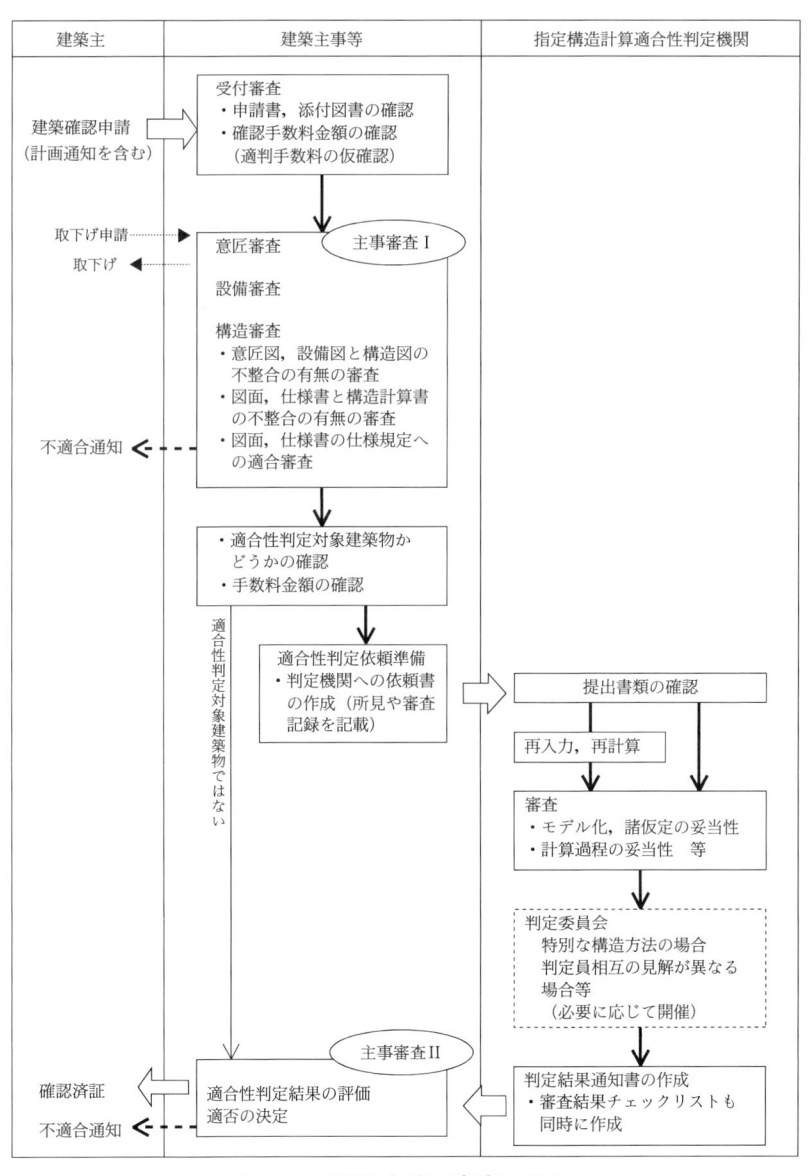

建築主	建築主事等	指定構造計算適合性判定機関
建築確認申請 (計画通知を含む) →	**受付審査** ・申請書，添付図書の確認 ・確認手数料金額の確認 （適判手数料の仮確認）	
取下げ申請 ……→ 取下げ ←……	↓ **主事審査Ⅰ** 意匠審査 設備審査 構造審査 ・意匠図，設備図と構造図の不整合の有無の審査 ・図面，仕様書と構造計算書の不整合の有無の審査 ・図面，仕様書の仕様規定への適合審査	
不適合通知 ←		
	↓ ・適合性判定対象建築物かどうかの確認 ・手数料金額の確認	
	↓ 適合性判定対象建築物ではない	
	適合性判定依頼準備 ・判定機関への依頼書の作成（所見や審査記録を記載） ⇒	提出書類の確認 ↓ 再入力，再計算 ↓ 審査 ・モデル化，諸仮定の妥当性 ・計算過程の妥当性　等 ↓ 判定委員会 　特別な構造方法の場合 　判定員相互の見解が異なる場合等 　（必要に応じて開催） ↓ 判定結果通知書の作成 ・審査結果チェックリストも同時に作成
確認済証 ⇐ 不適合通知 ←	↓ **主事審査Ⅱ** 適合性判定結果の評価 適否の決定 ⇐	

図-1.1　確認申請の審査の流れ

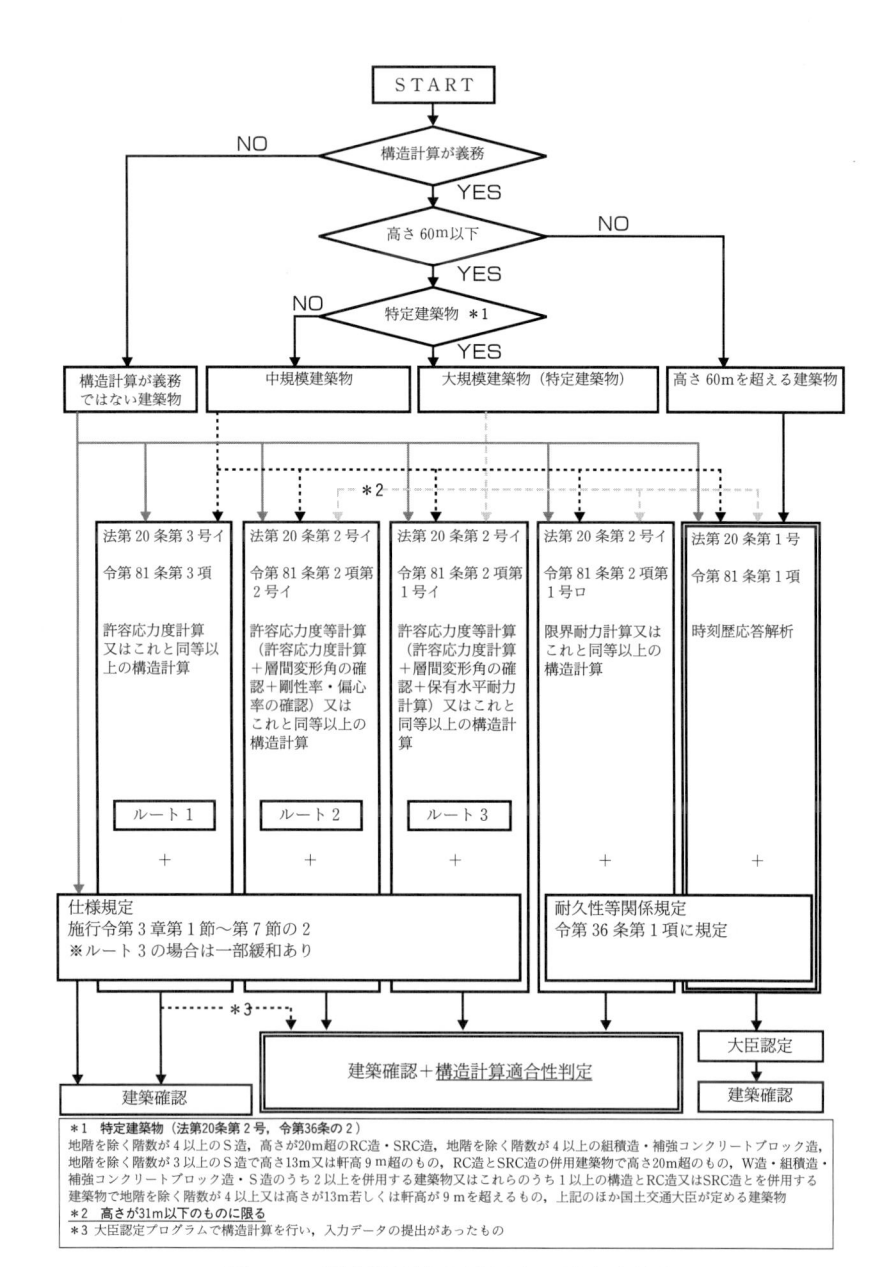

```
                          START
                            │
           NO        ┌──────────────┐
    ┌──────────────  │ 構造計算が義務 │
    │                └──────────────┘
    │                      │ YES
    │                      ▼
    │          ┌──────────────┐      NO
    │          │  高さ60m以下  │ ─────────────┐
    │          └──────────────┘              │
    │                 │ YES                  │
    │       NO        ▼                      │
    │   ┌──── ┌──────────────┐               │
    │   │     │ 特定建築物 *1 │               │
    │   │     └──────────────┘               │
    │   │            │ YES                   │
    ▼   ▼            ▼                       ▼
┌────────┐  ┌────────┐  ┌──────────────┐  ┌──────────────┐
│構造計算 │  │中規模  │  │大規模建築物  │  │高さ60mを超える│
│が義務で │  │建築物  │  │(特定建築物)  │  │建築物        │
│はない   │  └────────┘  └──────────────┘  └──────────────┘
│建築物   │
└────────┘
```

	法第20条第3号イ	法第20条第2号イ	法第20条第2号イ	法第20条第2号イ	法第20条第1号
	令第81条第3項	令第81条第2項第2号イ	令第81条第2項第1号イ	令第81条第2項第1号ロ	令第81条第1項
	許容応力度計算又はこれと同等以上の構造計算	許容応力度等計算（許容応力度計算＋層間変形角の確認＋剛性率・偏心率の確認）又はこれと同等以上の構造計算	許容応力度等計算（許容応力度計算＋層間変形角の確認＋保有水平耐力計算）又はこれと同等以上の構造計算	限界耐力計算又はこれと同等以上の構造計算	時刻歴応答解析
	ルート1	ルート2	ルート3		
	＋	＋	＋		

仕様規定
施行令第3章第1節～第7節の2
※ルート3の場合は一部緩和あり

耐久性等関係規定
令第36条第1項に規定

建築確認 ／ 建築確認＋構造計算適合性判定 ／ 大臣認定 ／ 建築確認

*1 特定建築物（法第20条第2号，令第36条の2）
地階を除く階数が4以上のS造，高さが20m超のRC造・SRC造，地階を除く階数が4以上の組積造・補強コンクリートブロック造，地階を除く階数が3以上のS造で高さ13m又は軒高9m超のもの，RC造とSRC造の併用建築物で高さ20m超のもの，W造・組積造・補強コンクリートブロック造・S造のうち2以上を併用する建築物又はこれらのうち1以上の構造とRC造又はSRC造とを併用する建築物で地階を除く階数が4以上又は高さが13m若しくは軒高が9mを超えるもの，上記のほか国土交通大臣が定める建築物
*2 高さが31m以下のものに限る
*3 大臣認定プログラムで構造計算を行い，入力データの提出があったもの

図-1.2 構造計算適合性判定の対象建築物

Q4 昇降機に関し，政令等の改正によって新たな装置の設置が義務づけられたと聞いています。具体的にどのような装置措置を講ずる必要があるのでしょうか。

A 平成17年7月の千葉県北西部地震において発生したエレベーターの閉じ込め事故や，平成18年6月に港区の共同住宅で発生したエレベーターの戸開走行事故等を受け，エレベーターの構造等に関する建築基準法施行令・建築基準法施行規則の一部および国土交通省告示の改正等が行われ，平成21年9月28日に施行された。その概要は，以下のとおりである。

(1) 戸開走行保護装置の設置義務づけ（令第129条の10第3項第1号関係）

エレベーターの駆動装置や制御器に故障が生じ，かごおよび昇降路のすべての出入口の戸が閉じる前にかごが昇降した場合には，自動的にかごを制止する安全装置の設置が義務づけられた。なお，戸開走行保護装置については，指定性能評価機関の性能評価を受けたうえで，国土交通大臣の認定を取得したものを使用する必要がある。

(2) 地震時管制運転装置の設置義務づけ（令第129条の10第3項第2号関係）

エレベーターについて，地震等の加速度を検知して，自動的に，かごを昇降路の出入口の戸の位置に停止させ，かつ，当該かごの出入口の戸および昇降路の出入口の戸を開くことなどができることとする安全装置の設置が義務づけられた。

(3) その他

エレベーターのかご，主要な支持部分，昇降路ならびに駆動装置および制御器の構造のうち一定の部分については，国土交通大臣が定めた構造方法を用いたものである必要がある。

Q5 排煙設備について，最近，新たに設置が義務づけられた設備等は，どのようなものでしょうか。

A 特別避難階段付室および非常用エレベーター乗降ロビーに設ける排煙設備として，自然排煙，機械排煙，押出し排煙に加え，「付室を

加圧するための送風機を設けた排煙設備」として加圧煙制御システムが追加された（特別避難階段付室および非常用エレベーター乗降ロビーに設ける排煙設備に関する告示の改正）。

併せて消防法でも消防用排煙設備を削減する場合，消火活動拠点となる特別避難階段付室や非常用エレベーター乗降ロビー等に加圧煙制御システムの設置が義務づけられている。

Q6 石綿の飛散のおそれがある建築材料が使用されている建築物の管理に関し，留意すべき点は何でしょうか。

A 吹付け石綿など，石綿を飛散させる危険性があるものについては，建築物の利用者に健康被害を生ずるおそれがあることから，石綿の飛散による健康被害が生じないように，建築物の石綿の使用について規制する必要があった。そのため，建築基準法が改正され（平成18年10月1日から施行），吹付け石綿および石綿含有吹付けロックウールが規制の対象となったところである。現行の石綿等を飛散または発散させるおそれのある建築材料に係る規制の概要は次のとおりである。

(1) 飛散することによって著しく衛生上有害な物質として，石綿が定められている。

　※一方，「石綿等を飛散または発散させるおそれがない石綿等をあらかじめ添加した建築材料」として，吹付け石綿および石綿含有吹付けロックウール以外の石綿をあらかじめ添加した建築材料が定められている。

(2) 石綿等を飛散または発散させるおそれのある建築材料を使用した建築物に対する措置

　① 措置を講ずべき時期及び内容

　　増改築時には，原則として石綿の除去が義務づけられる。ただし，増改築部分の床面積が増改築前の床面積の1.2を超えない増改築時には，増改築部分以外の部分について，封じ込めや囲い込みの措置を採ることが許容される。

一方，大規模修繕・模様替時には，大規模修繕・模様替部分以外の部分について，封じ込めや囲い込みの措置を採ることが許容される。
② 封じ込め措置の内容（告示）
　ア　封じ込め措置とは
　　　法令（法37条）によって認定された石綿飛散防止剤を用いて，石綿が添加された建築材料を被覆し，または添加された石綿を建築材料に固着させる方法。
　イ　施工時の留意点　石綿が添加された建築材料に著しい劣化，損傷がある場合には，当該部分から石綿が飛散しないように，以下の基準に従い，措置を行うことなどが要求される。

> ⅰ）石綿飛散防止剤の塗布量の下限の基準値が定められていること。
> ⅱ）石綿飛散防止剤を塗布した建築材料は，空調機器等の風が作用した際に，当該建築材料から飛散する繊維が認められないこと。
> ⅲ）石綿飛散防止剤を塗布した建築材料は，固形物が衝突した際に，生じるくぼみの深さが防止剤を塗布しない場合と比較して大きくなく，脱落または亀裂が生じない性能を有すること。
> ⅳ）石綿飛散防止剤を塗布した建築材料は，引張力が作用した際に，防止剤による塗膜または固着層の付着強さが低下しないこと。
> ⅴ）検査項目として，防止剤の組成等を定め，資材の納品書による等その検査方法を定めること。

③ 囲い込み措置とその基準
　ア　囲い込み措置とは
　　　石綿が添加された建築材料を板等の石綿を透過しない材料で囲い込む方法。
　イ　施工時の留意点　石綿が添加された建築材料に著しい劣化，損傷がある場合に当該部分から石綿が飛散しないようにする措置を行うことなどが要求される。
　　※工作物についても，石綿に関して建築物同様の規制が行われている。

(3) 吹き付けアスベストの事前調査

　建築物の解体，破砕等の作業や，壁，柱，天井等に吹き付けされた石綿の封じ込め，囲い込み等の作業の前には，石綿等の使用の有無を，目視，設計図書等により調査し，その結果を記録しなければならない（石綿障害予防規則3条）。

(4) 行政の関与
① 石綿の飛散のおそれのある場合に勧告・命令等を実施。
② 報告聴取・立入検査を実施。
③ 定期報告制度による閲覧の実施。
④ 技術的助言

Q7 既存不適格建築物を増築する際の留意点は何でしょうか

A 　既存不適格建築物の増築等に関する告示改正ならびに技術的助言が平成21年9月15日から施行され，新耐震基準（昭和56年6月1日施行）に適合した既存不適格建築物に対して，基準時の延べ面積の1.2以下の範囲内で増築等を行う場合，既存部分は原則として耐震改修は不要となっている。

MEMO 法令条文の読み方 (3)

―条文中の「前条」や「次の各号」はどこを指すのか(その1)―

① 「前条」または「前項」

　法令の条文中,「前条」または「前項」という表現があった場合は,法令中に複数の条または項がある場合であり,書かれている条または項のすぐ前の条または項のことを指す。

② 「前2条,前3条」,「前2項,前3項」

　法令の条文中,「前2条,前3条」,「前2項,前3項」という表現があった場合は,書かれている条または項の前の2つの条または項,3つの条または項のことを指す。たとえば,前のコラムに例を挙げた建築基準法第55条第3項に「前2項の規定は,…」とあるが,このとき「前2項」とは第2項のことではなく,前の2つの項,つまり,第1項と第2項のことを指す。

　さらに,ある条文の第7項に「前5項」とあれば,前の5つの項,すなわち,第2項から第6項のことを表現している。

③ 「次の各号」

　「次の各号」とは,法令中の規定の項において,複数の号の項目がある場合に,その複数の号の全部のことをいう。前記,建築基準法第55条第4項の「前項各号」とは,同条第3項中の第一号および第二号のことを指す。

[2] 都市計画法

昭和43年法律第100号，平成20年5月23日改正

1 法の目的

都市計画法の目的は，「都市計画の内容およびその決定手続，都市計画制限，都市計画事業その他都市計画に関し必要な事項を定めることにより，都市の健全な発展と秩序ある整備を図り，もって国土の均衡ある発展と公共の福祉の増進に寄与すること」である。旧都市計画法（大正8年法律第36号）の廃止を受け，昭和43年6月に新法として制定されたもので，法体系上，都市計画法は建築基準法と密接な関係があり，都市における建築等を規制している。

2 法の概要

都市計画法は，都市計画の内容及び決定手続，都市計画制限，都市計画事業その他都市計画に関する事項が定められている。それぞれの主な内容は以下のとおりである。

(1) **都市計画の内容**

都市計画には主に次の内容が定められる。

① 都市計画区域の整備，開発および保全の方針（いわゆるマスタープラン）
② 市街化区域及び市街化調整区域の区分
③ 都市再開発の方針
④ 具体の計画（用途地域，都市施設，市街地開発事業，地区計画等）

(2) **都市計画決定手続き**

都道府県または市町村が，審議会の答申などを経て計画を決定し告示する。住民等による都市計画の提案等の制度もある。

(3) **都市計画制限**

無秩序な開発行為を抑制するため，都市計画区域内での開発行為には事前に都道府県知事の許可を要する（開発許可制度）など，土地利用に関し必要な制限が課される。

(4) **都市計画事業**

都市計画施設の整備に関する事業と市街地開発事業

3 法令改正のポイント

準都市計画区域制度，「特定大規模建築物」の立地に係る規制，開発許可制度等の見直し（都市の秩序ある整備を図るための都市計画法等の一部を改正する法律　平成18年法律第46号）

（公布日）	平成18年5月30日
（施行日）	平成18年8月30日（平成19年11月30日全面施行）

(1) 都市計画手続きの円滑化のために民間事業者等の提案制度の導入（平成18年8月30日施行）。
(2) 準都市計画区域制度の拡充と関係市町村からの意見聴取制度の導入（平成18年11月30日施行）。
(3) ①市街化区域，用途地域における立地規制，②非線引き白地地域等における立地規制，③開発許可制度の見直し，④用途を緩和する地区計画制度の創設（平成19年11月30日全面施行）。

4 Q & A

Q1 ビル管理の立場から都市計画法のどのような点に気をつける必要がありますか。

A 都市計画法に定める都市計画ごとに，ビルの用途や設備構造等の制約がある。また，都市計画区域内では開発行為に事前の知事の許可が必要となるなど，一定の行為をする場合には特別の手続きを要する場合がある。当該ビルが所在する都市計画をおさえ，維持保全や機能向上のた

めの対応につき，手続上の不備等がないように十分配慮することが求められる。

Q2 管理している建築物が準都市計画区域にあります。準都市計画について教えてください。また，どのような点に留意して管理をすることが必要でしょうか。

A 都市計画区域に指定されていない地域では，大規模（開発面積が10000㎡以上）な宅地造成以外は，都市計画法上の許可が不要であり，技術的（開発区域内の道路や排水施設などの基準）な規制はない。このため，ミニ開発等が行われやすく，結果として，計画性のない都市が形成される傾向にある。そこで，都市計画法の規制がない地域で，無秩序な開発や建築行為を防止するため，都道府県が広域的な観点から，土地利用（土地の使い方，建築物の建て方）の整序を図り，環境の保全を目的として，市町村と協議しながら，準都市計画区域の指定が行われている。

したがって，当該建築物の所在する地域が都市計画区域外であったとしても，準都市計画があるか，あればその内容はどうなっているのかにも注意しなければならない。

（なお，準都市計画区域の制度は，市町村の決定事項として平成12年に創設されたが，平成18年から，広域的な観点からの指定の必要性などから，都道府県の決定事項となっている。）

Q3 管理しているビルが開発整備促進区内にあります。開発整備促進区について教えてください。また，どのような点に留意して管理をすることが必要でしょうか。

A 地区計画として，開発整備促進区制度が，平成19年11月30日から創設されている。開発整備促進区は，(1)第二種住居地域，(2)準住居地域，(3)工業地域において定めることができるとされ，また，用途地域が定められていない区域（市街化調整区域をのぞく）であっても，劇場・店

舗・飲食店等の特定大規模建築物の整備によって商業その他の業務の利便の増進を図ることができ，そのため一体的かつ総合的な市街地の開発整備を実施すべき区域であると認められる場合は，地区計画に定めることができるとされている。

開発整備促進区の区域内における地区整備計画の内容に適合する建築物で，特定行政庁が交通上，安全上，防火上及び衛生上支障がないと認める一定のものについては，用途制限が適用されない（ただし地区整備計画の内容に合致していることが必要）。一方，開発整備促進区内の建築物であっても，「地区整備計画の内容に適合し，かつ，特定行政が認めた建築物」でなければ用途制限は適用されることになる。

開発整備促進区内の建築物においては，上記手続きを踏んだものか否かを確認し，その有無に応じて用途地域の用途制限（手続きがない場合）ないし地区整備計画（手続きがある場合）の内容にあった用途に供することが求められる。

[3] 都市再開発法

昭和44年法律第38号，平成18年6月8日改正

1 法の目的

　都市再開発法の目的は，「市街地の計画的な再開発に関し必要な事項を定めることにより，都市における土地の合理的かつ健全な高度利用と都市機能の更新とを図り，もって公共の福祉に寄与すること」である。昭和44年6月に制定された法律で，土地所有者等による計画的な再開発の実施が適切であると認められる「市街地再開発促進地区」と，一体的・総合的な市街地の再開発を実施することが適切であると認められる区域を「再開発等促進地区」に定めることができる。

2 法の概要

　都市再開発法は，再開発事業を定めた法律であるが，広義の意味では，老朽化した木造家屋等の密集によって環境が悪くなり，そのため住民の生活に支障をきたしているような地区を改善し，望ましい生活環境にしていこうというものである。都市再開発法上の再開発事業とは，このうち，再開発事業地区内の建築物と公共施設（道路，広場，駐車場等）を一体的に整備することによって，土地が合理的に利用された健全な市街地の形成を図ろうとする事業をいう。

　都市再開発法では，2種類の市街地再開発事業を定めるとともに，市街地再開発促進区域を設け，一定の制限を課している。

(1) 第1種市街地再開発事業
　① 施行者（個人，市街地再開発組合，再開発会社，地方公共団体等）
　② 事業方法（権利変換の方法による）
　　　従前の建物・土地所有者等に，従前の資産の価額に見合う再開発ビルの床（権利床）を与え，かつ新たに生み出される床（保留床）を処

分することにより，事業費を賄う。
③　施行地区内の制限
　　事業の障害となるおそれのある土地の形質の変更・工作物の設置等につき知事の許可が，それ以外の土地・物件等の状況の変更につき知事の承認が必要となる。

(2) 第2種市街地再開発事業
① 施　行　者（再開発会社，地方公共団体，都市再生機構および地方住宅供給公社）
② 事業方法（管理処分の方法による）
　　地区内の土地や権利を一時買収し，買収された法人，個人が希望すれば事業完了後に建築物や敷地を購入する。保留床を処分して事業費を賄う点は(1)と同じである。
③　施行地区内の制限
　　建築制限，土地建物等の先買い，土地収用法の適用等がある。

(3) 市街地再開発促進区域
　土地所有者等による計画的な再開発の実施のために定められる区域で，当該区域内の土地所有者等はできる限り速やかに第一種市街地再開発事業を施行しなければならないとされる（5年以内に土地所有者等が施行しない場合には市町村が施行することになる）。
　施行地区内では1000㎡未満の小規模開発行為についても開発許可が必要。

3 Q & A

Q1　都市再開発事業にPFIが活用されることはありますか。

A　PFI（Private Finance Initiative）とは，公共サービスの提供に際して，公共施設が必要な場合に，従来のように公共が直接施設を整備せずに民間資金を利用して民間に施設整備と公共サービスの提供をゆだねる手法であり，財政難の折から近年の都市の再開発では不可欠なものと評価されている。日本では，平成11年7月30日にPFI法（民間資金等の活用による公共施設等の整備等の促進に関する法律）が施行されて以来，

広く活用されはじめている。

Q2 再開発事業が予定されている地域のビルを管理していますが，ビルの管理上どのような点に留意する必要がありますか。

A 市街地再開発事業の事業計画の決定等の公告があった後は，その施行地区内で行う土地・物件等の状況の変更に際しては，都道府県知事の許可や承認が要求される。また，第一種市街地再開発事業において，権利変換手続開始の登記がなされた後は，その宅地，建築物，借地権の処分は，それぞれの事業の施行者の承認を要することになる。

さらに，市街地再開発促進区域内においては，1000㎡未満の小規模な開発行為についても開発許可が要求される。

ビル管理の立場からは，上記事業施行地区や再開発促進区域内のビルにおいては，開発行為や物件等の状況の変更等に係る上記制限を踏まえて対応することが必要である。

Q3 権利変換とは，どのようなものですか。

A 市街地再開発事業などにおいて，権利者の土地や建築物などの資産（従前資産）を，新しい再開発の建築物（再開発ビル等）の床や敷地に置き換える（従後資産）ことで，このときに従前資産と従後資産の価格は同じ（等価交換）になる。

Q4 再開発事業を進めるときの法的手続きは，どのようになっているのですか。

A 市街地再開発事業を進めていくための法律上の手続きで，主なものは次の3つがある。

(1) 市街地再開発事業の都市計画決定

　都市計画では，①事業を行おうとする範囲，②公共施設（道路や広場など）の配置とその規模，③建築敷地の配置の概要，④建築物の大きさや主たる用途の概要などが決められる。

(2) 事業計画の決定

　事業計画では，①施行区域・施行時期，②設計の方針，③建築敷地や建築物の概要，④資金計画の概要，⑤権利変換計画の概要などが決められる。

(3) 権利変換計画の決定

　事業計画の公告後30日以内に，新しい建築物のどの部分に入居するのか，どのくらいの床面積になるのか等を内容とする権利変換計画の案を作成する。これを都道府県，市町村などの公共団体の住民に公表し，意見がある場合には意見書という形で提出してもらい，市街地再開発審査会で審査し，採用した場合は権利変換計画を修正し権利変換計画を決定する。

Q5 再開発事業地区内に建築物（再開発ビル）を建てたいのですが，どのような制限があるのですか。

A　都市計画決定後は，事業を行うと定めたことになり，建築行為などは，都道府県，市町村など公共団体の認可が必要になる。以下に主な制限を示す。

(1) 建築の制限

　建築物を建築しようとするときは，都道府県知事の許可を受けなければならない（都市計画法第53条）。都道府県知事は都市計画法第54条に基づいて許可をするが，もし許可にならなかったときには都道府県知事にその土地の買い取り請求ができる。

(2) 土地売買の届出

　区域内の土地を有償で譲り渡そうとするときには知事に届出をしなければならない（都市計画法第57条）。

> **MEMO** 法令条文の読み方 (4)
>
> ―条文中の「前条」や「次の各号」はどこを指すのか（その2）―
> ④ 「次の各号のいずれか」
> 　「次の各号のいずれか」または「次の各号の一」とは，複数の号のうちのいずれか一つのことをいう。たとえば，建築基準法第55条第3項の条文では，第1項および第2項で建築物の高さの制限を規定しているが，ただし書により，第一号か第二号のいずれかに該当する建築物の場合は，制限を受けないということである。
> ⑤ 「次に定める」
> 　「次に定める」あるいは「次の各号に定める」は，条文中，随所に散見する表現であるが，そのうち，「次に定める…としなければならない。」などの表現があった場合には，解釈等に留意すべきである。たとえば，「次に定める構造としなければならない。」の適用例として，建築基準法施行令第115条（建築物に設ける煙突）第1項の条文があるが，この規定では，建築物に設ける煙突は，第一号から第七号までのすべての規定に適合するものとしなければならないことを表現している。

[4] バリアフリー法
(高齢者，障害者等の移動等の円滑化の促進に関する法律)
平成18年法律第91号（平成18年12月20日施行）

1 法の目的

通称，バリアフリー法は，正式の法律名を「高齢者，障害者等の移動等の円滑化の促進に関する法律」といい，高齢者，障害者等の自立した日常生活および社会生活を確保することの重要性にかんがみ，

- 公共交通機関の旅客施設および車両等，道路，路外駐車場，公園施設ならびに建築物の構造および設備を改善するための措置
- 一定の地区における旅客施設，建築物等およびこれらの間の経路を構成する道路，駅前広場，通路その他の施設の一体的な整備を推進するための措置その他の措置

を講ずることにより，高齢者，障害者等の移動上および施設の利用上の利便性および安全性の向上の促進を図り，もって公共の福祉の増進に資することを目的とした諸施策を定めた法律である。

2 法の概要

(1) 沿革

「高齢者，身体障害者等が円滑に利用できる特定建築物の建築の促進に関する法律」（通称，旧ハートビル法）と，「高齢者，身体障害者等の公共交通機関を利用した移動の円滑化の促進に関する法律」（通称，交通バリアフリー法）がひとつとなって，高齢者，障害者等の移動等の円滑化の促進に関する法律（通称，バリアフリー法）が平成18年12月20日に施行された。

(2) バリアフリー法とは
① 基本方針の策定等

バリアフリー法は，主務大臣が策定する「移動等円滑化の促進に関する基本方針」に基づき，施設設置管理者等[※1]に対して，以下の施設につき，新設または改良時において，「建築物等移動等円滑化基準」への適合を義務づけるとともに，既存のこれら施設についても基準への適合の努力義務等を課している。

> ・旅客施設および車両等（福祉タクシー等含む）
> ・道路
> ・路外駐車場
> ・公園施設
> ・建築物

※1 施設設置管理者等とは，公共工事事業者等，道路管理者，路外駐車場管理者等，公園管理者等および建築主等をいう。

② 重点整備地区における移動等の円滑化に係る事業の重点的かつ一体的な実施について

高齢者，障害者等が生活上利用する施設を含む地区については，建築物の所有者等[※2]が，市町村が作成する「基本構想」に基づき，移動円滑化のための特定事業を実施することとなっている。また，重点整備地区内の駅や駅前ビルなど，複数管理者が関係する経路については，移動等円滑化経路協定を定め実施することとされている。

※2 建築物の所有者等とは，公共交通事業者，道路管理者，路外駐車場管理者，公園管理者，建築物の所有者，公安委員会をいう。

③ その他

基本構想策定時の協議会制度が法定化され，住民等からの基本構想の作成提案制度等を創設するなど，住民等が計画段階から参加することを促進する措置も設けられている。

(3) バリアフリー法の基本的な枠組み

基本方針（主務大臣）
- 移動等の円滑化の意義及び目標
- 公共交通事業者、道路管理者、路外駐車場管理者、公園管理者、特定建築物の所有者が移動等の円滑化のために講ずべき措置に関する基本的事項
- 市町村が作成する基本構想の指針　　　　　　　　　　　　　　　　　等

関係者の責務
- 関係者と協力しての施策の持続的かつ段階的な発展（スパイラルアップ）【国】
- 心のバリアフリーの促進【国及び国民】
- 移動等円滑化の促進のために必要な措置の確保【施設設置管理者等】
- 移動等円滑化に関する情報提供の確保【国】

基準適合義務等

以下の施設について、新設等に際し移動等円滑化基準に適合させる義務
既存の施設を移動等円滑化基準に適合させる努力義務
- 旅客施設及び車両等
- 一定の道路（努力義務はすべての道路）
- 一定の路外駐車場
- 都市公園の一定の公園施設（園路等）
- 特別特定建築物（百貨店、病院、福祉施設等の不特定多数又は主として高齢者、障害者等が利用する建築物）

特別特定建築物でない特定建築物（事務所ビル等の多数が利用する建築物）の建築等に際し移動等円滑化基準に適合させる努力義務
（地方公共団体が条例により義務化可能）

誘導的基準に適合する特定建築物の建築等の計画の認定制度

重点整備地区における移動等の円滑化の重点的・一体的な推進

住民等による基本構想の作成提案

基本構想（市町村）
- 旅客施設、官公庁施設、福祉施設その他の高齢者、障害者等が生活上利用する施設の所在する一定の地区を重点整備地区として指定
- 重点整備地区内の施設や経路の移動等の円滑化に関する基本的事項を記載　　　　　　　　　　等

⇔協議

協議会
市町村、特定事業を実施すべき者、施設を利用する高齢者、障害者等により構成される協議会を設置

事業の実施
- 公共交通事業者、道路管理者、路外駐車場管理者、公園管理者、特定建築物の所有者、公安委員会が、基本構想に沿って事業計画を作成し、事業を実施する義務（特定事業）
- 基本構想に定められた特定事業以外の事業を実施する努力義務

支援措置
- 公共交通事業者が作成する計画の認定制度
- 認定を受けた事業に対し、地方公共団体が助成を行う場合の地方債の特例　　等

移動等円滑化経路協定
重点整備地区内の土地の所有者等が締結する移動等の円滑化のための経路の整備又は管理に関する協定の認可制度

出所：国土交通省 HP（/www.mlit.go.jp）

③ Q & A

Q1 バリアフリーの建築物とは，どのようなものですか。

A 高齢者や障害者，さらに，子どもや妊婦などが建築物を利用するときに支障となる障壁（バリア）を取り除いた建築物のことである。高齢者や障害者が利用しやすいだけでなく，さらにユニバーサルデザインの考え方に基づくバリアフリー化を進めることで，すべての人に利用しやすくなることが望まれている。

　銀行や店舗など多くの人が出入りする建築物の出入口や廊下，エレベーター，トイレなどの施設は，東京都等の地方公共団体が，バリアフリー法に基づくバリアフリー条例で整備基準を定め，建築確認申請手続等の審査事項としている。したがって，基準を守れない建築物は，建築確認が承認されないことになる。

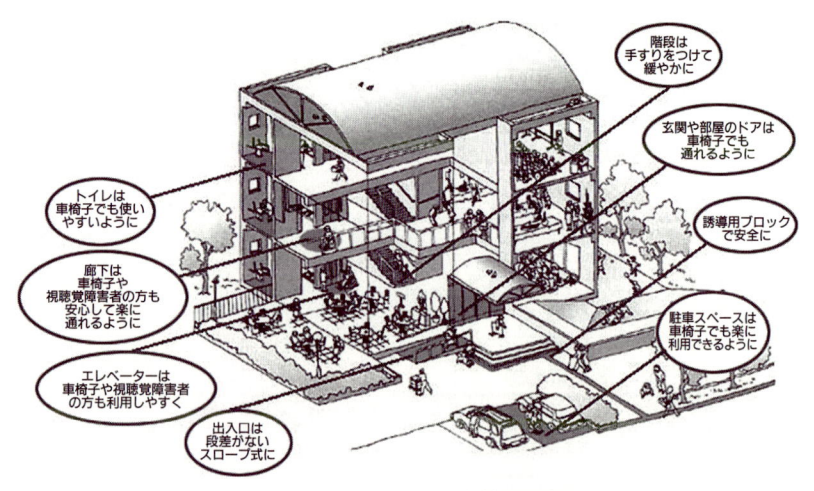

図-4.1　バリアフリーの建築物の模式図

国土交通省 HP（/www.mlit.go.jp）

Q2 「特定建築物」と「特別特定建築物」とでは，法令上どのような取扱となりますか。

A バリアフリー法では，移動等円滑化のために必要な建築物特定施設の構造及び配置に関する政令で定める基準（以下「建築物移動等円滑化基準」という）を定めるが，すべての建築物に対しその基準に適合するよう義務づけているわけではない。「特定建築物」（事務所ビル等の多数が利用する建築物）に対しては，建築等に際し，基準に適合させる努力義務を課し（ただし地方公共団体が条例により義務づけることは可能），「特別特定建築物」（百貨店，病院，福祉施設等の不特定多数又は主として高齢者，障害者等が利用する建築物）に対しては，新設等に際しては基準に適合させる義務を課し，既存施設については基準適合の努力義務を課している。

「特定建築物」と「特別特定建築物」はそれぞれ表-4.1のとおりである。

また，建築物移動等円滑化基準において一定の措置を講ずべき施設を「建築物特定施設」とするが，その施設は表-4.2のとおりである。

表-4.1 バリアフリー法における特定建築物と特別特定建築物の違い

特定建築物	特別特定建築物
学校	特別支援学校
病院または診療所	病院または診療所
劇場，観覧場，映画館または演芸場	劇場，観覧場，映画館または演芸場
集会場または公会堂	集会場または公会堂
展示場	展示場
卸売市場または百貨店，マーケットその他の物品販売業を営む店舗	卸売市場または百貨店，マーケットその他の物品販売業を営む店舗
ホテルまたは旅館	ホテルまたは旅館
事務所	保健所，税務署その他不特定かつ多数の者が利用する官公署
共同住宅，寄宿舎または下宿	―
老人ホーム，保育所，身体障害者福祉ホームその他これらに類するもの	老人ホーム，保育所，身体障害者福祉ホームその他これらに類するもの（主として高齢者，身体障害者等が利用するものに限る）

105

老人福祉センター，児童厚生施設，身体障害者福祉センターその他これらに類するもの	老人福祉センター，児童厚生施設，身体障害者福祉センターその他これらに類するもの
体育館，水泳場，ボーリング場その他これらに類する運動施設または遊技場	体育館（一般公共の用に供されるものに限る），水泳場（一般公共の用に供されるものに限る）もしくはボーリング場または遊技場
博物館，美術館または図書館	博物館，美術館または図書館
公衆浴場	公衆浴場
飲食店またはキャバレー，料理店，ナイトクラブ，ダンスホールその他これらに類するもの	飲食店
郵便局または理髪店，クリーニング取次店，質屋，貸衣装屋，銀行その他これらに類するサービス業を営む店舗	郵便局または理髪店，クリーニング取次店，質屋，貸衣装屋，銀行その他これらに類するサービス業を営む店舗
自動車教習所または学習塾，華道教室，囲碁教室その他これらに類するもの	—
工場	—
車両の停車場または船舶もしくは航空機の発着場を構成する建築物で旅客の乗降または待合いの用途に供するもの	車両の停車場または船舶もしくは航空機の発着場を構成する建築物で旅客の乗降または待合いの用途に供するもの
自動車の停留場または駐車のための施設	自動車の停留場または駐車のための施設（一般公共の用に供されるものに限る）
公衆便所	公衆便所

表-4.2 建築物特定施設

一	出入口
二	廊下その他これに類するもの（以下「廊下等」という。）
三	階段（その踊場を含む。以下同じ。）
四	傾斜路（その踊場を含む。以下同じ。）
五	エレベーターその他の昇降機
六	便所
七	ホテル又は旅館の客室
八	敷地内の通路
九	駐車場
十	浴室又はシャワー室

Q3 建築物移動等円滑化基準について，もう少し詳細を解説してください。

A　建築物移動等円滑化基準は，令第10条に基づき，建築主等が，2000㎡以上の特別特定建築物を建築しようとするときに，高齢者・身体障害者などが円滑に移動できるような措置を義務づける基準である。また，それ以外の特定建築物や特別特定建築物（2000㎡未満）を建築しようとするときには，この基準に適合するよう努力することが求められている（努力義務という）。

```
特定建築物（多数の者が利用する建築物）
  ・学校
  ・事務所
  ・工場      特別特定建築物
  ・共同住宅 等 （特定建築物のうち不特定多数の者が利用するものおよび，主として高齢者，身体障害者等が利用するもの）
              ・デパート，病院　・老人ホーム等
```

努力義務
（地方公共団体が条例によって義務化可能）

◎2000㎡以上の建築物等は建築物移動等円滑化基準への適合を義務づけ
◎その他の場合は努力義務
（地方公共団体が条例によって義務化可能）

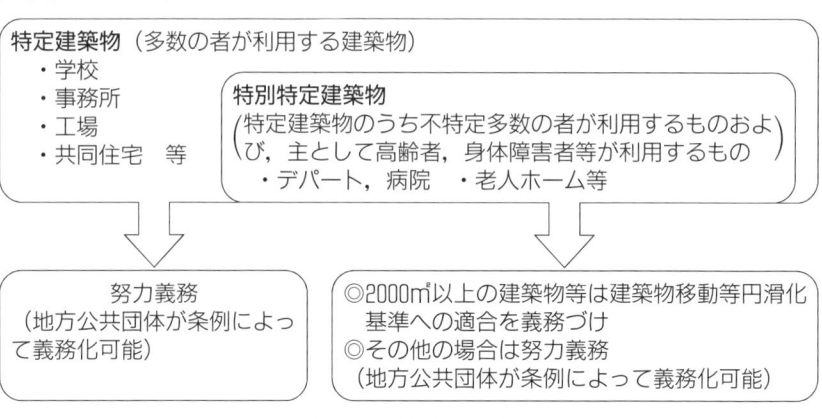

図-4.2　建築物移動等円滑化基準の概要

Q4 建築物移動等円滑化基準と建築物移動等円滑化誘導基準の違いは何ですか。

A　まず，建築物移動等円滑化基準は，前述したように令第10条に基づくもので，バリアフリー化のための最低レベルであり，特定建築物では基準適合努力義務，特別特定建築物では基準適合義務がそれぞれ課されている。

一方，建築物移動等円滑化誘導基準は，バリアフリー化の好ましいレベルであり，適合義務等はないが，基準を満たすと一定のインセンティブがある基準である。誘導基準を満たす建築物は，所管行政庁の認定を受けることができ，以下のような認定・優遇措置を受けることができる。

① バリアフリー工事費の低利融資
② 確認手数料免除（公的機関に申請の場合）
③ 所得税，法人税の割増償却
④ バリアフリーの廊下・便所等を容積に不算入（延べ面積の1/10を限度）

以下，表-4.3に，建築物移動等円滑化基準チェックシートの事例を，表-4.4に建築物移動等円滑化誘導基準チェックシートの事例をそれぞれ示す。

表-4.3　建築物移動等円滑化基準チェックリスト

※施設等の欄の「第○条」はバリアフリー法施行令の該当条文

〇一般基準

施設等	チェック項目	
廊下等 （第11条）	① 表面は滑りにくい仕上げであるか	
	② 点状ブロック等の敷設（階段または傾斜路の上端に近接する部分）　※1	
階段 （第12条）	① 手すりを設けているか（踊り場を除く）	
	② 表面は滑りにくい仕上げであるか	
	③ 段は識別しやすいものか	
	④ 段はつまずきにくいものか	
	⑤ 点状ブロック等の敷設（段部分の上端に近接する踊り場の部分）※2	
	⑥ 原則として，主な階段を回り階段としていないか	
傾斜路 （第13条）	① 手すりを設けているか（勾配1/12以下で高さ16cm未満の傾斜部分は免除）	
	② 表面は滑りにくい仕上げであるか	
	③ 前後の廊下等と識別しやすいものか	
	④ 点状ブロック等の敷設（傾斜部分の上端に近接する踊場の部分）※3	
便所 （第14条）	① 車いす使用者用便房を設けているか（1以上）	
	(1) 腰掛便座，手すり等が適切に配置されているか	
	(2) 車いすで利用しやすいように，十分な空間が確保されているか	
	② 水洗器具（オストメイト対応）を設けた便房を設けているか（1以上）	
	③ 床置式の小便器，壁掛式小便器（受け口の高さが35cm以下のものに限る）その他これらに類する小便器を設けているか（1以上）	

施設等	チェック項目	
ホテルまたは旅館の客室 （第15条）	① 客室の総数が50以上で，車いす使用者用客室を1以上設けているか	
	② 便所（同じ階に共用便所があれば免除）	─
	⑴ 便所内に車いす使用者用便房を設けているか	
	⑵ 出入口の幅は80cm以上であるか（当該便房を設ける便所も同様）	
	⑶ 出入口の戸は車いす使用者が通過しやすく，前後に水平部分を設けているか（当該便房を設ける便所も同様）	
	③ 浴室等（共用の浴室等があれば免除）	─
	⑴ 浴槽，シャワー，手すり等が適切に配置されているか	
	⑵ 車いすで利用しやすいように，十分な空間が確保されているか	
	⑶ 出入口の幅は80cm以上であるか	
	⑷ 出入口の戸は車いす使用者が通過しやすく，前後に水平部分を設けているか	

※1 告示で定める以下の場合を除く（告示第1497号）
・勾配が1/20以下の傾斜部分の上端に近接する場合
・高さ16cm以下で勾配1/12以下の傾斜部分の上端に近接する場合
・自動車車庫に設ける場合

※2 告示で定める以下の場合を除く（告示第1497号）
・自動車車庫に設ける場合
・段部分と連続して手すりを設ける場合

※3 告示で定める以下の場合を除く（告示第1497号）
・勾配が1/20以下の傾斜部分の上端に近接する場合
・高さ16cm以下で勾配1/12以下の傾斜部分の上端に近接する場合
・自動車車庫に設ける場合
・傾斜部分と連続して手すりを設ける場合

〇一般基準

施設等	チェック項目	
敷地内の通路 （第16条）	① 表面は滑りにくい仕上げであるか	
	② 段がある部分	─
	⑴ 手すりを設けているか	
	⑵ 識別しやすいものか	
	⑶ つまずきにくいものか	
	③ 傾斜路	─
	⑴ 手すりを設けているか（勾配1/12以下で高さ16cm以下または1/20以下の傾斜部分は免除）	
	⑵ 前後の通路と識別しやすいものか	
駐車場 （第17条）	① 車いす使用者用駐車施設を設けているか（1以上）	
	⑴ 幅は350cm以上であるか	

標識 （第19条）	②	利用居室までの経路が短い位置に設けられているか
	①	エレベーターその他の昇降機，便所または駐車施設があることの表示を見やすい位置に設けているか
	②	標識は，内容が容易に識別できるものか（日本工業規格　Z8210に適合しているか）
案内設備 （第20条）	①	エレベーターその他の昇降機，便所または駐車施設の配置を表示した案内板等があるか（配置を容易に視認できる場合を除く）
	②	エレベーターその他の昇降機，便所の配置を点字その他の方法（文字等の浮き彫りまたは音による案内）によって，視覚障害者に示す設備を設けているか
	③	案内所を設けているか（①，②の代替措置）

○視覚障害者移動等円滑化経路（道等から案内設備までの1以上の経路に係る基準）

施設等		チェック項目
案内設備までの経路 （第21条）	①	線状ブロック等・点状ブロック等の敷設または音声誘導装置の設置（風除室で直進する場合は免除）　※1
	②	車路に接する部分に点状ブロック等を敷設しているか
	③	段・傾斜がある部分の上端に近接する部分に点状ブロック等を敷設しているか　※2

※1　告示で定める以下の場合を除く（告示第1497号）
　　・自動車車庫に設ける場合
　　・受付等から建物出入口を容易に視認でき，道等から当該出入口まで線状ブロック等・点状ブロック等や音声誘導装置で誘導する場合
※2　告示で定める以下の部分を除く（告示第1497号）
　　・勾配が1/20以下の傾斜部分の上端に近接する場合
　　・高さ16cm以下で勾配1/12以下の傾斜部分の上端に近接する場合
　　・段部分または傾斜部分と連続して手すりを設ける踊り場等

○移動等円滑化経路（利用居室，車いす使用者用便房，駐車施設に至る1以上の経路に係る基準）

施設等		チェック項目
（第18条第2項第一号）	①	階段・段が設けられていないか（傾斜路またはエレベーターその他の昇降機を併設する場合は免除）
出入口 （第二号）	①	幅は80cm以上であるか
	②	戸は車いす使用者が通過しやすく，前後に水平部分を設けているか
廊下等 （第三号）	①	幅は120cm以上であるか
	②	区間50m以内ごとに車いすが転回可能な場所があるか
	③	戸は車いす使用者が通過しやすく，前後に水平部分を設けているか

傾斜路 （第四号）	①	幅は120cm以上（階段に併設する場合は90cm以上）であるか	
	②	勾配は1/12以下（高さ16cm以下の場合は1/8以下）であるか	
	③	高さ75cm以内ごとに踏幅150cm以上の踊り場を設けているか	
エレベーター およびその乗 降ロビー （第五号）	①	かごは必要階（利用居室または車いす使用者用便房，駐車施設の ある階，地上階）に停止するか	
	②	かごおよび昇降路の出入口の幅は80cm以上であるか	
	③	かごの奥行きは135cm以上であるか	
	④	乗降ロビーは水平で，150cm角以上であるか	
	⑤	かご内および乗降ロビーに，車いす使用者が利用しやすい制御装 置を設けているか	
	⑥	かご内に停止予定階・現在位置を表示する装置を設けているか	
	⑦	乗降ロビーに到着する，かごの昇降方向を表示する装置を設けて いるか	
	⑧	不特定多数の者が利用する2000㎡以上の建築物に設けるものの場 合	―
	(1)	上記①から⑦を満たしているか	
	(2)	かごの幅は，140cm以上であるか	
	(3)	かごは，車いすが転回できる形状か	
	⑨	不特定多数の者または主に視覚障害者が利用するものの場合　※ 1	―
	(1)	上記①から⑧を満たしているか	
	(2)	かご内に到着階，戸の閉鎖を知らせる音声装置を設けているか	
	(3)	かご内および乗降ロビーに点字その他の方法（文字等の浮き彫 りまたは音による案内）によって，視覚障害者が利用しやすい 制御装置を設けているか	
	(4)	かご内または乗降ロビーに到着するかごの昇降方向を知らせる 音声装置を設けているか	
特殊な構造ま たは使用形態 のエレベータ ーその他の昇 降機 （第六号）	①	エレベーターの場合	―
	(1)	段差解消機（平成12年建設省告示第1413号第1第7号のもの） であるか	
	(2)	かごの幅は70cm以上であるか	
	(3)	かごの奥行きは120cm以上であるか	
	(4)	かごの床面積は十分であるか（車いす使用者が，かご内で方向 を変更する必要がある場合）	
	②	エスカレーターの場合	―
	(1)	車いす使用者用エスカレーター（平成12年建設省告示第1417号 第1ただし書のもの）であるか	
敷地内の通路 （第七号）	①	幅は120cm以上であるか	
	②	区間50m以内ごとに，車いすが転回可能な場所があるか	
	③	戸は車いす使用者が通過しやすく，前後に水平部分を設けている か	

111

	④ 傾斜路		ー
		⑴ 幅は120cm以上（段に併設する場合は90cm以上）であるか	
		⑵ 勾配は1/12以下（高さ16cm以下の場合は1/8以下）であるか	
		⑶ 高さ75cm以内ごとに踏幅150cm以上の踊り場を設けているか（勾配1/20以下の場合は免除）	
（第3項）	⑤ 上記①から④は地形の特殊性がある場合は，車寄せから建物出入口までに限る		

※1 告示で定める以下の場合を除く（告示第1494号）
　　・自動車車庫に設ける場合

表-4.4　建築物移動等円滑化誘導基準チェックリスト

※施設等の欄の「第○条」はバリアフリー法の誘導基準に関する省令の該当条文

○一般基準

施設等	チェック項目		
出入口 （第2条）	① 出入口（便所・浴室等の出入口，基準適合出入口に併設された出入口を除く）		ー
	⑴ 幅は90cm以上であるか		
	⑵ 戸は車いす使用者が通過しやすく，前後に水平部分を設けているか		
	② 1以上の建物出入口		ー
	⑴ 幅は120cm以上であるか		
	⑵ 戸は自動に開閉し，前後に水平部分を設けているか		
廊下等 （第3条）	① 幅は180cm以上（区間50m以内ごとに，車いすが転回可能な場所がある場合，140cm以上）であるか		
	② 表面は滑りにくい仕上げであるか		
	③ 点状ブロック等の敷設（階段または傾斜路の上端に近接する部分）　※1		
	④ 戸は車いす使用者が通過しやすく，前後に水平部分を設けているか		
	⑤ 側面に外開きの戸がある場合はアルコーブとしているか		
	⑥ 突出物を設ける場合は，視覚障害者の通行の安全上支障とならないように措置されているか		
	⑦ 休憩設備を適切に設けているか		
	⑧ 上記①，④は，車いす使用者の利用上支障がない部分（※2）については適用除外		
階段 （第4条）	① 幅は140cm以上であるか（手すりの幅は10cm以内まで不算入）		
	② けあげは16cm以下であるか		
	③ 踏面は30cm以上であるか		
	④ 両側に手すりを設けているか（踊り場を除く）		
	⑤ 表面は滑りにくい仕上げであるか		

	⑥ 段は識別しやすいものか	
	⑦ 段はつまずきにくいものか	
	⑧ 点状ブロック等の敷設(段部分の上端に近接する踊り場の部分) ※3	
	⑨ 主な階段を回り階段としていないか	
傾斜路または エレベーター その他の昇降 機の設置 (第5条)	① 階段以外に傾斜路,エレベーターその他の昇降機(2以上の階にわたるときは第7条のエレベーターに限る)を設けているか	
	② 上記①は,車いす使用者の利用上支障がない場合(※4)は適用除外	

※1 告示で定める以下の場合を除く(告示第1489号)
　・勾配が1/20以下の傾斜部分の上端に近接する場合
　・高さ16cm以下で勾配1/12以下の傾斜部分の上端に近接する場合
　・自動車車庫に設ける場合
※2 車いす使用者用駐車施設が設けられていない駐車場,階段等のみに通ずる廊下等の部分(告示第1488号)
※3 告示で定める以下の場合を除く(告示第1489号)
　・自動車車庫に設ける場合
　・段部分と連続して手すりを設ける場合
※4 車いす使用者用駐車施設が設けられていない駐車場等のみに通ずる階段である場合(告示第1488号)

○一般基準

施設等	チェック項目	
傾斜路 (第6条)	① 幅は150cm以上(階段に併設する場合は120cm以上)であるか	
	② 勾配は1/12以下であるか	
	③ 高さ75cm以内ごとに踏幅150cm以上の踊り場を設けているか	
	④ 両側に手すりを設けているか(高さ16cm以下の傾斜部分は免除)	
	⑤ 表面は滑りにくい仕上げであるか	
	⑥ 前後の廊下等と識別しやすいものか	
	⑦ 点状ブロック等の敷設(傾斜部分の上端に近接する踊り場の部分) ※1	
	⑧ 上記①から③は車いす使用者の利用上支障がない部分(※2)については適用除外	
エレベーター (第7条)	① 必要階(多数の者が利用する居室または車いす使用者用便房・駐車施設・客室・浴室等のある階,地上階)に停止するエレベーターが1以上あるか	
	② 多数の者または主として高齢者,障害者等が利用するすべてのエレベーター・乗降ロビー	―
	(1) かごおよび昇降路の出入口の幅は80cm以上であるか	
	(2) かごの奥行きは135cm以上であるか	
	(3) 乗降ロビーは水平で,150cm角以上であるか	
	(4) かご内に停止予定階・現在位置を表示する装置を設けているか	

	⑸	乗降ロビーに到着する，かごの昇降方向を表示する装置を設けているか	
③		多数の者または主として高齢者，障害者等が利用する1以上のエレベーター・乗降ロビー	—
	⑴	②のすべてを満たしているか	
	⑵	かごの幅は140cm以上であるか	
	⑶	かごは，車いすが転回できる形状か	
	⑷	かご内および乗降ロビーに車いす使用者が利用しやすい制御装置を設けているか	
④		不特定多数の者が利用するすべてのエレベーター・乗降ロビー	—
	⑴	かごおよび昇降路の出入口の幅は80cm以上であるか	
	⑵	かごの奥行きは135cm以上であるか	
	⑶	乗降ロビーは水平で，150cm角以上であるか	
	⑷	かご内に停止予定階・現在位置を表示する装置を設けているか	
	⑸	乗降ロビーに到着する，かごの昇降方向を表示する装置を設けているか	
	⑹	かごの幅は140cm以上であるか	
	⑺	かごは，車いすが転回できる形状か	
⑤		不特定多数の者が利用する1以上のエレベーター・乗降ロビー	—
	⑴	④⑵，⑷，⑸，⑺を満たしているか	
	⑵	かごの幅は160cm以上であるか	
	⑶	かごおよび昇降路の出入口の幅は90cm以上であるか	
	⑷	乗降ロビーは水平で，180cm角以上であるか	
	⑸	かご内および乗降ロビーに車いす使用者が利用しやすい制御装置を設けているか	
⑥		不特定多数の者または，主として視覚障害者が利用する1以上のエレベーター・乗降ロビー ※3	—
	⑴	③のすべてまたは⑤のすべてを満たしているか	
	⑵	かご内に到着階・戸の閉鎖を知らせる音声装置を設けているか	
	⑶	かご内および乗降ロビーに点字その他の方法（文字等の浮き彫りまたは音による案内）によって，視覚障害者が利用しやすい制御装置を設けているか	
	⑷	かご内または乗降ロビーに到着する，かごの昇降方向を知らせる音声装置を設けているか	

※1 告示で定める以下の場合を除く（告示第1489号）
　・勾配が1/20以下の傾斜部分の上端に近接する場合
　・高さ16cm以下で勾配1/12以下の傾斜部分の上端に近接する場合
　・自動車車庫に設ける場合
　・傾斜部分と連続して手すりを設ける場合
※2 車いす使用者用駐車施設が設けられていない駐車場，階段等のみに通ずる傾斜路の部分（告示第1488号）
※3 告示で定める以下の場合を除く（告示第1487号）
　・自動車車庫に設ける場合

○一般基準

施設等	チェック項目	
特殊な構造または使用形態のエレベーターその他の昇降機（第8条）	① エレベーターの場合	―
	⑴ 段差解消機（平成12年建設省告示第1413号第1第7号のもの）であるか	
	⑵ かごの幅は70cm以上であるか	
	⑶ かごの奥行きは120cm以上であるか	
	⑷ かごの床面積は十分であるか（車いす使用者がかご内で方向を変更する必要がある場合）	
	② エスカレーターの場合	―
	⑴ 車いす使用者用エスカレーター（平成12年建設省告示第1417号第1ただし書のもの）であるか	
便所（第9条）	① 車いす使用者用便房を設けているか（各階原則2％以上）	
	⑴ 腰掛便座，手すり等が適切に配置されているか	
	⑵ 車いすで利用しやすいよう十分な空間が確保されているか	
	⑶ 車いす用便房および出入口は，幅80cm以上であるか	
	⑷ 戸は，車いす使用者が通過しやすく，前後に水平部分を設けているか	
	② 水洗器具（オストメイト対応）を設けた便房を設けているか（各階1以上）	
	③ 車いす使用者用便房がない便所には腰掛便座，手すりが設けられた便房があるか（当該便所の近くに車いす使用者用便房のある便所を設ける場合を除く）	
	④ 床置式の小便器，壁掛式小便器（受け口の高さが35cm以下のものに限る）その他これらに類する小便器を設けているか（各階1以上）	
ホテルまたは旅館の客室（第10条）	① 車いす使用者用客室を設けているか（原則2％以上）	
	⑴ 幅は80cm以上であるか	
	⑵ 戸は，車いす使用者が通過しやすく，前後に水平部分を設けているか	
	② 便所（同じ階に共用便所があれば免除）	―
	⑴ 便所内に，車いす使用者用便房を設けているか	
	⑵ 出入口の幅は80cm以上であるか（当該，便房を設ける便所も同様）	
	⑶ 出入口の戸は，車いす使用者が通過しやすく，前後に水平部分を設けているか（当該，便房を設ける便所も同様）	
	③ 浴室等（共用の浴室等があれば免除）	―
	⑴ 浴槽，シャワー，手すり等が適切に配置されているか	
	⑵ 車いすで利用しやすいように，十分な空間が確保されているか	

	⑶ 出入口の幅は80cm以上であるか	
	⑷ 出入口の戸は車いす使用者が通過しやすく，前後に水平部分を設けているか	

○一般基準

施設等	チェック項目	
敷地内の通路 (第11条)	① 幅は180cm以上であるか	
	② 表面は，滑りにくい仕上げであるか	
	③ 戸は，車いす使用者が通過しやすく，前後に水平部分を設けているか	
	④ 段がある部分	―
	⑴ 幅は140cm以上であるか（手すりの幅は10cm以内までは不算入）	
	⑵ けあげは16cm以下であるか	
	⑶ 踏面は30cm以上であるか	
	⑷ 両側に手すりを設けているか	
	⑸ 識別しやすいものか	
	⑹ つまずきにくいものか	
	⑤ 段以外に傾斜路またはエレベーターその他の昇降機を設けているか	
	⑥ 傾斜路	―
	⑴ 幅は150cm以上（段に併設する場合は120cm以上）であるか	
	⑵ 勾配は1/15以下であるか	
	⑶ 高さ75cm以内ごとに踏幅150cm以上の踊り場を設けているか（勾配1/20以下の場合は免除）	
	⑷ 両側に手すりを設けているか（高さ16cm以下または1/20以下の傾斜部分は免除）	
	⑸ 前後の通路と識別しやすいものか	
	⑦ 上記①，③，⑤，⑥⑴から⑶は地形の特殊性がある場合は車寄せから建物出入口までに限る	
	⑧ 上記①，③，④，⑥⑴から⑶は車いす使用者の利用上支障がないもの（※1）は適用除外	
駐車場 (第12条)	① 車いす使用者用駐車施設を設けているか（原則2％以上）	
	⑴ 幅は350cm以上であるか	
	⑵ 利用居室等までの経路が短い位置に設けられているか	
浴室等 (第13条)	① 車いす使用者用浴室等を設けているか（1以上）	
	⑴ 浴槽，シャワー，手すり等が適切に配置されているか	
	⑵ 車いすで利用しやすいように，十分な空間が確保されているか	
	⑶ 出入口の幅は80cm以上であるか	

	⑷ 出入口の戸は，車いす使用者が通過しやすく，前後に水平部分を設けているか	
標識 (第14条)	① エレベーターその他の昇降機，便所または駐車施設があることの表示が見やすい位置に設けているか	
	② 標識は，内容が容易に識別できるものか（日本工業規格Ｚ 8210に適合しているか）	
案内設備 (第15条)	① エレベーターその他の昇降機，便所または駐車施設の配置を表示した案内板等があるか（配置を容易に視認できる場合は除く）	
	② エレベーターその他の昇降機，便所の配置を点字その他の方法（文字等の浮き彫りまたは音による案内）によって，視覚障害者に示す設備を設けているか	
	③ 案内所を設けているか（①，②の代替措置）	

※１ 車いす使用者用駐車施設が設けられていない駐車場，段等のみに通ずる敷地内の通路の部分（告示第1488号）

○視覚障害者移動等円滑化経路（道等から案内設備までの主な経路に係る基準）　※１

施設等	チェック項目	
案内設備までの経路 (第16条)	① 線状ブロック等・点状ブロック等の敷設または音声誘導装置の設置（風除室で直進する場合は免除）　※１	
	② 車路に接する部分に点状ブロック等を敷設しているか	
	③ 段・傾斜がある部分の上端に近接する部分に点状ブロック等を敷設しているか　※２	

※１　告示で定める以下の場合を除く（告示第1489号）
　　・自動車車庫に設ける場合
　　・受付等から建物出入口を容易に視認でき，道等から当該出入口まで線状ブロック等・点状ブロック等または音声誘導装置で誘導する場合
※２　告示で定める以下の部分を除く（告示第1497号）
　　・勾配が1/20以下の傾斜部分の上端に近接する場合
　　・高さ16cm以下で勾配1/12以下の傾斜部分の上端に近接する場合
　　・段部分または傾斜部分と連続して手すりを設ける踊り場等

MEMO 法令条文の読み方 ⑤

ー注意したい法令用語（その１）ー

① 「以上，以下」，「超える，未満」

　法における規制を受ける場合，ある数値を「超える」場合に制限すると規定する場合と，ある数値「以上」のものを制限すると規定する場合がある。

　「以上，以下」，「超える，未満」の前に入る数値を法令上の言葉で「起算点」という。「○○以上」または「○○以下」という場合には起算点を含み，一方，「○○を超える」または「○○未満」という場合には起算点を含まない。

　たとえば，建築基準法第6条（建築物の建築等に関する申請及び確認）第1項第三号に「木造以外の建築物で2以上の階数を有し，又は延べ面積が200㎡を超えるもの」とあるが，この場合，階数が2のものは該当し，延べ面積がちょうど200㎡のものは該当しない。

② 「及び」，「並びに」，「かつ」

　いくつかの言葉をつなぐ並列的接続詞として，一般には「及び」が使われ，3つ以上の言葉を接続する場合は，各言葉の間は読点「，」で結び，最後の言葉の前に「及び」を用いる。

　いくつかの言葉のグループとグループとを結ぶ場合には，言葉同士は読点と「及び」で結び，グループとグループとを「並びに」で結ぶ。このことは修飾語がどの言葉までかかるかを知るうえで重要である。また，AとBの両方というような場合には，「A，かつ，B」とされることもある。

　「及び」と「並びに」の適用例として，建築基準法第6条（建築物の建築等に関する申請及び確認）第1項の条文は，次のようになっている。

　「その計画が建築基準関係規定（この法律並びにこれに基づく命令及び条例の規定（以下「建築基準法令の規定」という。）その他建築物の敷地，構造又は建築設備に関する法律並びにこれに基づく命令及び条例の規定で政令で定めるものをいう。以下同じ。）に適合するもの…」

　この場合，二重に括弧が使われており，複雑な文章であるが，

　　建築基準関係規定＝〔この法律＋（これに基づく命令＋条例）〕の規定＋
　　　　　　　　　　〔その他建築物の敷地，〜に関する法律＋（これに
　　　　　　　　　　基づく命令＋条例）〕の規定で政令で定めるもの

という関係にある。

　　　法律＋〔これに基づく（命令）＋（条例）の規定〕で政令で定めるもの

と称していることを理解すればよい。

[5] 耐震改修促進法
（建築物の耐震改修の促進に関する法律）

平成 7 年法律第123号，平成18年 6 月 2 日改正

1 法の目的

通称，耐震改修促進法は，正式な法律名を「建築物の耐震改修の促進に関する法律」といい，地震による建築物の倒壊等の被害から国民の生命および財産を保護するため，耐震診断（地震に対する安全性を評価すること）及び耐震改修（地震に対する安全性の向上を目的として，増築，改築，修繕もしくは模様替または敷地の整備をすること）の促進により，建築物の地震に対する安全性の向上を図ることを目的とする。

2 法の概要

耐震改修促進法の内容は，概ね以下のとおりである。
(1) 国，地方公共団体および国民の努力義務
　① 国の努力義務
　　国は，建築物の耐震診断および耐震改修の促進に資する技術に関する研究開発を促進するため，当該技術に関する情報の収集および提供その他必要な措置を講ずるよう努めなければならない。
　② 国および地方公共団体の努力義務
　　国および地方公共団体は，
　　ア 建築物の耐震診断および耐震改修の促進を図るため，資金の融通またはあっせん，資料の提供その他の措置
　　イ 建築物の耐震診断および耐震改修の促進に関する国民の理解と協力を得るため，建築物の地震に対する安全性の向上に関する啓発および知識の普及
　　に努めなければならない。

③　国民の努力義務

　　国民は，建築物の地震に対する安全性を確保するとともに，その向上を図る。

(2) **基本方針および都道府県耐震改修促進計画等の基本方針**

　国土交通大臣は，建築物の耐震診断および耐震改修の促進を図るため，以下の事項を内容とした基本方針を定める。

①　建築物の耐震診断および耐震改修の促進に関する基本的な事項

②　建築物の耐震診断および耐震改修の実施に関する目標の設定に関する事項

③　建築物の耐震診断および耐震改修の実施について技術上の指針となるべき事項

④　建築物の地震に対する安全性の向上に関する啓発および知識の普及に関する基本的な事項

⑤　都道府県における耐震改修促進計画の策定に関する基本的な事項その他建築物の耐震診断および耐震改修の促進に関する重要事項

(3) **特定建築物の所有者の努力義務**

　次に掲げる建築物のうち，地震に対する安全性に係る建築基準法またはこれに基づく命令もしくは条例の規定に適合しない建築物で法第3条第2項の規定の適用を受けているもの（以下「特定建築物」という）の所有者は，当該特定建築物について耐震診断を行い，必要に応じ，当該特定建築物について耐震改修を行うよう努めなければならない。

①　学校，体育館，病院，劇場，観覧場，集会場，展示場，百貨店，事務所，老人ホームその他多数の者が利用する建築物で政令で定めるものであって，政令で定める規模以上のもの

②　火薬類，石油類その他政令で定める危険物であって，政令で定める数量以上のものの貯蔵場または処理場の用途に供する建築物

③　地震によって倒壊した場合において，その敷地に接する道路の通行を妨げ，多数の者の円滑な避難を困難とするおそれがあるものとして，政令で定める建築物であって，その敷地が前条第3項第一号の規定により，都道府県耐震改修促進計画に記載された道路に接するもの

(4) 特定建築物の指導および助言ならびに指示等

　所管行政庁は，次に掲げる特定建築物のうち，地震に対する安全性の向上を図ることが特に必要なものとして，政令で定めるものであって，政令で定める規模以上のものについて，必要な耐震診断または耐震改修が行われていないと認めるときは，特定建築物の所有者に対し，必要な指示をすることができる。

　㋐　病院，劇場，観覧場，集会場，展示場，百貨店その他不特定かつ多数の者が利用する特定建築物
　㋑　小学校，老人ホームその他地震の際の避難確保上特に配慮を要する者が主として利用する特定建築物

(5) 建築物の耐震改修の計画認定制度

　建築物の耐震改修をしようとする者は，国土交通省令で定めるところにより，建築物の耐震改修の計画を作成し，所管行政庁の認定を申請することができる。

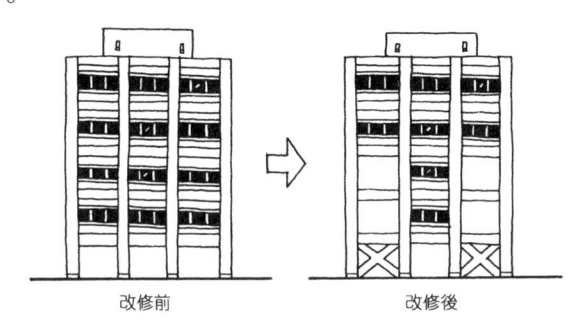

改修前　　　　改修後

3 Q&A

Q1 建築物の所有者は，この法令のもとで，どのような**義務**が課されていますか。

A 耐震改修促進法では，耐震関係規定に適合しない建築物で法第3条第2項の規定の適用を受けているものを特定建築物としている。特定建築物の所有者は，当該特定建築物について耐震診断を行い，必要に応じ，当該特定建築物について耐震改修を行うように努めなければならない。
　一方，所管行政庁は，特定建築物と同一の用途であっても規模の要件を

満たさないことから「特定建築物」とはならないものであっても，地震に対する安全性の向上を図ることが特に必要なものとして政令で定めるものであって，政令で定める規模以上のものについては，必要な耐震診断または耐震改修が行われていないと認めるときは，特定建築物の所有者に対して，必要な指示をすることができるとしている。これを「指示対象建築物」という。

表-5 特定建築物と指示対象建築物の一覧

用途		特定建築物の規模要件	指示対象となる特定建築物の規模要件
学校	小学校，中学校，中等教育学校の前期課程もしくは特別支援学校	階数2以上かつ1000㎡以上 *屋内運動場の面積を含む	1500㎡以上 *屋内運動場の面積を含む
	上記以外の学校	階数3以上かつ1000㎡以上	―
体育館（一般公共の用に供されるもの）		階数1以上かつ1000㎡以上	2000㎡以上
ボーリング場，スケート場，水泳場その他これらに類する運動施設		階数3以上かつ1000㎡以上	2000㎡以上
病院，診療所		階数3以上かつ1000㎡以上	2000㎡以上
劇場，観覧場，映画館，演芸場		階数3以上かつ1000㎡以上	2000㎡以上
集会場，公会堂		階数3以上かつ1000㎡以上	2000㎡以上
展示場		階数3以上かつ1000㎡以上	2000㎡以上
卸売市場		階数3以上かつ1000㎡以上	―
百貨店，マーケットその他の物品販売業を営む店舗		階数3以上かつ1000㎡以上	2000㎡以上
ホテル，旅館		階数3以上かつ1000㎡以上	2000㎡以上
賃貸住宅（共同住宅に限る），寄宿舎，下宿		階数3以上かつ1000㎡以上	―
事務所		階数3以上かつ1000㎡以上	―
老人ホーム，老人短期入所施設，身体障害者福祉ホームその他これらに類するもの		階数2以上かつ1000㎡以上	2000㎡以上

老人福祉センター，児童厚生施設，身体障害者福祉センターその他これらに類するもの	階数2以上かつ1000㎡以上	2000㎡以上
幼稚園，保育所	階数2以上かつ500㎡以上	750㎡以上
博物館，美術館，図書館	階数3以上かつ1000㎡以上	2000㎡以上
遊技場	階数3以上かつ1000㎡以上	2000㎡以上
公衆浴場	階数3以上かつ1000㎡以上	2000㎡以上
飲食店，キャバレー，料理店，ナイトクラブ，ダンスホールその他これらに類するもの	階数3以上かつ1000㎡以上	2000㎡以上
理髪店，質屋，貸衣装屋，銀行その他これらに類するサービス業を営む店舗	階数3以上かつ1000㎡以上	2000㎡以上
工場（危険物の貯蔵場または処理場の用途に供する建築物を除く）	階数3以上かつ1000㎡以上	―
車両の停車場または船舶もしくは航空機の発着場を構成する建築物で旅客の乗降または待合の用に供するもの	階数3以上かつ1000㎡以上	2000㎡以上
自動車車庫その他の自動車または自転車の停留または駐車のための施設	階数3以上かつ1000㎡以上	2000㎡以上
保健所，税務署その他これらに類する公益上必要な建築物	階数3以上かつ1000㎡以上	2000㎡以上
危険物の貯蔵場または処理場の用途に供する建築物	政令で定める数量以上の危険物を貯蔵，処理するすべての建築物	500㎡以上
地震によって倒壊した場合においてその敷地に接する道路の通行を妨げ，多数の者の円滑な避難を困難とするおそれがあり，その敷地が都道府県耐震改修促進計画に記載された道路に接する建築物	すべての建築物	―

Q2 建築物の耐震改修計画の認定制度とは，どのようなものでしょうか。

A 耐震改修計画の認定制度は，耐震改修促進法 8 条に規定されており，その概要は以下のとおりである。

① 建築物の耐震改修をしようとする者は，国土交通省令で定めるところにより，建築物の耐震改修の計画を作成し，所管行政庁の認定を申請することができる（耐震改修の認定申請は，特定建築物でなくても行うことができる）。

② 計画には，建築物の位置，階数，延べ面積，構造方法，用途，耐震改修の事業の内容及び耐震改修の事業に関する資金計画を記載しなければならない。

③ 所管行政庁は，申請内容が国土交通大臣が定める基準に適合する場合には，計画を認定することとなる。なお，耐震改修の認定の対象となる増築は，壁のない部分に壁を設けることにより，建築物の延べ面積を増加させるものに限られる。

④ 一定の基準に適合している「増築」または「大規模の修繕・模様替」の場合，耐震関係規定以外の規定の適用については，引き続き既存不適格の状態とすることができる。

⑤ 耐震改修が「建築確認等」を要するものである場合，所管行政庁が計画の認定をしたときは，確認済証の交付があったものとみなされる。

MEMO 法令条文の読み方 ⑥

－注意したい法令用語（その2）－

③ 「又は」,「若しくは」

いくつかの言葉からどれかを選ぶ場合に使われる選択的接続詞，つまり，ここかあそこかというようなときに使われる。選択される言葉が2つの場合には「A又はB」，選択される言葉が3つ以上の場合は，「A，B又はC」となる。また，言葉にグループ関係がある場合には，小さい方に「若しくは」か大きい方に「又は」が使われる。

たとえば，建築基準法施行令第37条（構造部材の耐久）では「…腐食，腐朽若しくは摩損しにくい材料又は有効なさび止め，防腐若しくは摩損防止のための措置をした材料を使用しなければならない。」と規定しているが，これは「（腐食，腐朽，摩損）しにくい材料 又は（有効なさび止め，防腐，摩損）防止のための構造とした材料」ということであり，この場合，「A，B若しくはC又はP，Q若しくはR」という構成である。

④ 「その他」,「その他の」

「A，BそのほかC」といった表現の場合は，A，B，Cが，それぞれ並列の関係にあるときに用いる。たとえば，建築基準法第2条第二号の条文では，「その他」以前に列挙される各用途は，特殊建築物である。そして，その他これらに類する用途に供する建築物も特殊建築物に該当する。

> 二　特殊建築物　学校（専修学校及び各種学校を含む。以下同様とする。），体育館，病院，劇場，観覧場，集会場，展示場，百貨店，市場，ダンスホール，遊技場，公衆浴場，旅館，共同住宅，寄宿舎，下宿，工場，倉庫，自動車車庫，危険物の貯蔵場，と畜場，火葬場，汚物処理場その他これらに類する用途に供する建築物をいう。

一方,「A，Bその他のC」といった表現の場合は，AとB，Cの例示であるときに用いる。たとえば，建築基準法第2条第七号の条文では，鉄筋コンクリート造またはれんが造は，単なる例示であるから，それらを含め国土交通大臣が定めた構造方法を用いるものまたは国土交通大臣の認定を受けたものが，耐火構造ということになる。

> 七　耐火構造　壁，柱，床その他の建築物の部分の構造のうち，耐火性能（通常の火災が終了するまでの間当該火災による建築物の倒壊及び延焼を防止するために当該建築物の部分に必要とされる性能をいう。）に関して政令で定める技術的基準に適合する鉄筋コンクリート造，れんが造その他の構造で，国土交通大臣が定めた構造方法を用いるもの又は国土交通大臣の認定を受けたものをいう。

[6] PL法
（製造物責任法）

平成6年7月1日法律第85号

1 法の目的

通称「PL法」は，正式な法律名を「製造物責任法」といい，製造物の欠陥により人の生命，身体または財産に係る被害が生じた場合における製造業者等の損害賠償の責任について定めることにより，もって国民生活の安定向上と国民経済の健全な発展に寄与することを目的としている。

2 法の概要

PL法の内容は，概ね以下のとおりである。

(1) PL法の対象

① 製造物であること

製造または加工された動産である。一般的には，大量生産・大量消費される工業製品を中心とした人為的な操作や処理がなされ，引き渡された動産が対象となる。

② 製造物の欠陥による被害であること

製造物の欠陥とは，当該製造物に関する特性，通常予見される使用形態および製造業者等が当該製造物を引き渡した時期を総合的に考慮して，製造物が通常有すべき安全性を欠いていることをいう。したがって，安全性にかかわらないような単なる品質上の不具合は，PL法による賠償責任の根拠とされる欠陥には当たらない。

③ 製造物の欠陥により生じた人の生命，身体等の被害であること

PL法による損害賠償の対象は，製造物の欠陥によって，人の生命，身体や当該製造物以外の財産に発生した損害（これを「拡大損害」という）である。製造物自体の損害は民法上の瑕疵担保責任や債務不履行責任，不法行為責任等による。

(2) 責任の性質

製造物責任は，民法の不法行為責任の特則であり，通常の不法行為責任の場合には被害者側で加害者側の不法行為の存在や故意過失を立証しなければならないが，PL法では，製造物の欠陥によって生じた被害につき，加害者側が自らの過失がないことを立証しなければならないとされる（このような責任の態様を「中間責任」と呼ぶことがある）。したがって，被害者側は，PL法に基づいて損害賠償を請求するためには，ア製造物に欠陥が存在していたこと，イ損害が発生したこと，ウ損害が製造物の欠陥によって生じたことの3つの事実を明らかにすることで足りる。

(3) 責任を負うべき者

PL法の責任を負う者は，当該製造物を業として製造，加工または輸入した者か，自ら当該製造物の製造業者と誤認させるような表示をした者などである。

3 Q&A

Q1 ビルの所有者や管理業者がPL法上の責任を負うことがあるのでしょうか。

A PL法の対象は「製造又は加工された動産」であることから，ビルなどの建築物そのもの（これは「不動産」である）はPL法の対象とはならない。ただしPL法の対象となる動産である設備等につき，ビル所有者や管理業者が製造業者等と誤認するような表示をしている場合には，「当該製造物の製造業者と誤認させるような表示をした者」となり，対象となりうるので注意が必要である。

Q2 PL法の対象とはならない設備等については，ビル所有者等が損害賠償責任を負うことはないのでしょうか。

A PL法の対象ではない設備等に起因する事故など，PL法が適用されない場合であっても，民法に基づく瑕疵担保責任，債務不履行責任，不法行為責任などの要件を満たせば，それぞれの責任内容に応じて損

害賠償責任を負うことになる。

Q3 安全性にかかわる欠陥による被害であれば，すべてPL法による損害賠償の請求権が認められるのでしょうか。

A 欠陥による被害が，その製造物自体の損害にとどまっている場合であれば，この法律の対象にならない。このような損害については，従来どおり，民法に基づく瑕疵担保責任や債務不履行責任等による救済が考えられる。PL法による損害賠償の請求権が認められるのは，製造物の欠陥によって，人の生命，身体に被害をもたらした場合や，欠陥のある製造物以外の財産に損害が発生したとき（拡大損害が生じたとき）とされている。

Q4 製品関連事故によって被害が生じた場合に，PL法に基づく損害賠償を受けるためにはどうすればいいのですか。

A PL法に基づいて損害賠償を受けるためには，被害者が①製造物に欠陥が存在していたこと，②損害が発生したこと，③損害が製造物の欠陥によって生じたことの3つの事実を明らかにすることが原則となる。なお，これらの認定に当たっては，個々の事案の内容，証拠の提出状況等によって，経験則，事実上の推定などを柔軟に活用することにより，事案に則した公平な被害者の立証負担の軽減が図られるものと考えられる。

損害賠償を求める場合の請求先としては，その製品の製造業者，輸入業者，製造物に氏名などを表示した事業者であり，単なる販売業者は原則として対象にならない。

なお，PL法による損害賠償責任請求が認められない場合であっても，民法に基づく瑕疵担保責任，債務不履行責任，不法行為責任などの要件を満たせば，被害者は，それぞれの責任に基づく損害賠償を請求することができる。

MEMO 法令条文の読み方 ⑺

－注意したい法令用語（その３）－

⑤ 「この限りでない」

　ただし書（条文の後段中，「ただし」で始まる規定）のなかで，一定の条件に合えば本文の制限を「適用しない」というような場合に使われる。

⑥ 「準用する」

　ある規定をほかのものにも適用する場合を表現する用語である。たとえば，建築基準法第88条（工作物への準用）第１項は，「…工作物で政令で指定するもの…については，第３条，第６条…の規定を準用する。」と規定している。つまり，この条文では，「建築物ではない工作物であっても，第３条，第６条等の建築物に関する規定を，建築物に準じて適用する」ことを示している。

⑦ 「確認」，「認可（認定・認める）」，「許可」

　確認とは，公の機関（＝建築主事）が，法律関係の存否（＝建築関係法令に適合しているかどうか）を確認する行為をいい，客観的判断で裁量のない行為を表現する場合に用いる。たとえば，建築基準法第６条の条文タイトルとなっている「建築物の建築等に関する申請及び確認」などで用いられる。

　認可とは，法律上の行為が，公の機関の同意を得なければ有効に成立しないとき，その効力を完成させるために公の機関の与える同意を表現する場合に用いる。たとえば，建築基準法第70条の条文タイトルとなっている「建築協定の認可の申請」などで用いられる。

　許可とは，法律上の一般的な禁止事項を，特定の場合に解除して適法にする行為を表現する場合に用いる。また，建築基準法では，特定行政庁が行う裁量行為で条件を付すこともある。

⑧ 「権限」，「権原」

　権限とは「国，地方公共団体，各種法人，個人の機関又はその代理人の行為が法律上，国・地方公共団体等の行為として効力を生ずる能力や，その限界を意味すること」を指す。

　一方，権原は「法律行為又は事実的行為をすることを正当とする法律上の原因」を表現する際に用いられる。

[7] 消防法

昭和23年法律第186号，平成21年12月1日改正

1 法の目的

消防法は，火災を予防し，警戒しおよび鎮圧し，国民の生命，身体および財産を火災から保護するとともに，火災または地震等の災害による被害を軽減し，もって安寧秩序を保持し，社会公共の福祉の増進に資することを目的としたものである。

2 法の概要

消防法の内容は，概ね以下のとおりである。

(1) **火災の予防のための措置**
　① 消防長等による火災予防措置等の命令
　② 建築許可等への同意
　③ 防火管理
　④ 防火対象物の点検
　⑤ 住宅用防災機器の設置・維持　　など

(2) **危険物に係る措置**
危険物の貯蔵等の取り締まり，管理体制の整備など

(3) **消防の設備等**
　① 学校等における消防用設備等の設置・維持の義務づけ
　② 消防用設備の基準の法定
　③ 消防用設備の定期点検，措置命令制度　　など

(4) **その他**
消防の用に供する機械器具等の検定，火災の警戒，消火活動などについて必要な定め。

③ 法令改正のポイント

消防法は，大きな事件・事故があると，その対象として速やかな改正がなされる傾向にある。たとえば，個室ビデオ店の火災を受けて，自動火災報知設備の設置基準の強化が図られた改正や，認知症高齢者グループホームの火災を受けて，自力避難困難者に対する施設の防火安全対策の強化が図られた改正などがある。

1．平成21年12月1日施行の改正

平成20年10月に発生した大阪市浪速区の個室ビデオ店火災を受けて，個室ビデオ店，カラオケボックスなどの施設に対して「自動火災報知設備」「通路誘導灯」などの設置基準が強化された。

(1) 主な改正点

カラオケボックスや個室ビデオ店等は，一般的に狭い廊下構造などから火災による煙・熱が内部で急激に滞留しやすく，またヘッドホンの使用，宿泊所代わりの利用形態から利用客が火災に気づきづらく，逃げ遅れによる人命の危険性が大きいことを考慮し，自動火災報知設備の機能の一部強化と，火災時において，速やかに避難できる経路作りが求められた。具体的な内容は以下の4つである。

① 各個室[※1]内の感知器は煙感知器とすること（すでに熱感知器が設置されている場合であっても，煙感知器への交換が必要となる。）。

② 火災受信機は再鳴動機能[※2]付きとすること（既存建築物で再鳴動機能の備わっていない火災受信機が設置されている場合は，再鳴動機能付き受信機への交換が必要となる）。

③ 地区音響装置および非常警報の警報音が各個室内で聞き取れるように措置すること。

　ア　従前からの「カラオケボックス等の音響が聞き取りにくい場所」（平成20年政令第215号）に加えて，ヘッドホン等を用いたサービス提供中の個室等も対象となった。

　イ　具体的な方法として，地区音響装置の各個室[※1]への設置やカットリレー等による警報音以外の音響の停止がある。

④ 通路誘導灯を廊下および通路の床面またはその直近の避難上有効な場所に設ける。

既存建築物で，すでに廊下や通路の壁面（比較的に高い位置）に通路誘導灯が設置されている場合には，「高輝度蓄光式誘導標識」[※3]を床面かその直近に追加して，設置すればよいとされている。

※1　「個室」とは，壁等で完全に区画されたスペースだけではなく，間仕切り等によって仕切られた閉鎖的なスペースも含まれる。

※2　「再鳴動機能」とは，地区音響装置（非常ベル）停止操作後に一定時間（約2〜10分）をおいて，火災が復旧していない場合，自動的に再鳴動する機能である。なお，本機能は平成9年の消防法施行規則の改正によって受信機に設けられた機能である。

※3　蓄光式誘導標識は，環境照度によって，停電時に発揮できる性能が異なるため，運用ガイドラインが消防庁よって示されている。

(2) 対象となる建築物

令別表第一（二）項ニに該当する建築物，および，その用途を含む複合用途の建築物や地下街等（＝（十六）項イ，（十六の二）項，（十六の三）項）が，延べ床面積にかかわらず，対象となる。

> ＜参考＞令別表第一（二）項ニ
> 「カラオケボックスその他遊興のための設備又は物品を個室（これに類する施設を含む。）において客に利用させる役務を提供する業務を営む店舗で総務省令で定めるもの。」
> （カラオケボックス，個室ビデオ店，インターネットカフェ，マンガ喫茶，テレフォンクラブ）

2．平成21年6月1日施行の改正　〜その1〜

大規模高層建築物や商業施設等については，従前から防火管理者を定め，防火管理業務を実施してきたが，平成21年6月1日からは，大地震発生時における災害に対応できる防災管理者を定め，防災管理業務も併せて行わせなければならなくなった。これに伴い，管理権原者には，防火・防災管理業務の委託，防災管理点検などの項目について，具体的に義務づけられ

た。なお，以下に主な改正点をまとめる。

(1) **防災管理の対象となる災害（令第45条）**
  ① 地震のうち，いわゆる東海地震，東南海・南海地震，日本海溝・千島海溝周辺海溝型地震や首都圏直下型地震の発生に切迫性のある大規模地震災害が対象となり，実際には，震度6強程度の地震被害を想定し，これに基づいて，消防計画を作成すべき地震が対象になる。
  ② 毒物，劇薬物質の発散その他の総務省令で定める原因で生ずる特殊災害（NBCR災害）が対象となり，消防計画上の対策は，通報連絡，避難誘導のみの実施となる。
  ③ その他の事故等についても，通報連絡や在館者の避難誘導が必要な場合には，火災，地震における実施体制や要領等について，共通する部分が多いので対象とし，消防計画上の対策は，通報連絡，避難誘導のみの実施となる。

(2) **防火管理の対象となる建築物（令第46条）**
  防火管理の対象となるのは，令第46条で規定されており，多数の人が利用する大規模・高層の防火対象物などの消防防災上でリスクが大きく，自衛消防隊を設置しなければならない防火対象物の要件に該当する建築物とされている。ただし，複合用途防火対象物（第16項）にあっては，自衛消防隊の設置対象部分のみに自衛消防隊の設置義務が課せられるのに対して，防災管理については，用途にかかわりなく，すべての部分に防災管理者の選任等の義務が課される。

(3) **防災管理者の選任と届出（法第36条において準用する法第8条，令第47条）**
  地震の災害による被害の軽減のため，管理権原者は，防災管理者（新設）を選任し，届け出るとともに，消防計画（防災管理編）の作成，届出，当該消防計画に基づく防災管理上必要な業務を実施させることが義務づけられた。なお，防災管理者の資格は，次の①，②の要件を両方満たすものである。
  ① 防災管理上必要な業務を遂行できる管理的または監督的な地位にある者

② 必要な知識技能を有する者

> ・甲種防火管理者の資格を有する者が，防災管理新規講習（5時間）を受講した場合（規則第51条の7第2項）
> ・防火・防災管理新規講習（14時間）を受講した者
> ・消防職員で管理監督的な職に1年以上の経験のある者
> ・消防団員で管理監督的な職に3年以上の経験のある者

ただし，法36条第2項によって，防災管理者は，防火管理業務を併せて行うこととなったことから，防災管理者と防火管理者は同一人でなければならず，委託する場合は，防火・防災管理業務を併せて行わなければならない。

また，甲種防火対象物の小規模テナント部分の特例によって，乙種防火管理者の資格で防火管理者を選任されていた部分について防災管理業務の対象となる場合は，防火・防災管理新規講習（14時間）を受講しなければならない。

(4) **消防計画の作成と届出（令第48条，規則第51条の8）**

地震等の災害による被害軽減のために，管理権原者の指示を受けて，防災管理者が消防計画を作成し，消防長へ届け出ることが義務づけられた。

消防計画に盛り込むべき項目は，規則第51条の8の規定および「消防計画作成ガイドライン」等に例示された事項を防火対象物の実態に合わせて取り入れることが必要である。

(5) **自衛消防組織の設置と届出（法第8条の2の5）**

災害時の応急対策を円滑に行い，防火対象物の利用者の安全を確保するため，多数の者の出入りをする大規模防火対象物について，自衛消防隊の設置が義務づけられた。

① 次の要件を備えた自衛消防組織を編成することとされた。

　㋐ 自衛消防組織の全体の指揮をするものとして，総括管理者（自衛消防隊長）を配置する（令第4条の2の8，規則第4条の2の13）。総括管理者の資格は，自衛消防業務講習受講者（新設）等の法定資格者でなければならない。

イ　要員の配置については，基本的な自衛消防業務（❶初期消火活動，❷情報の収集，伝達，消防設備等の監視，❸在館者の避難誘導，❹在館者の救出救護）について最低2名以上の要員が必要である。

　　ウ　自衛消防隊は，本部隊と地区隊とで編成するが，内部組織を編成する場合は，本部隊の基本的な自衛消防業務（上述の❶～❹）の各班の班長（総括者）には，自衛消防業務講習をさせなければならない。このことは，教育の一環として消防計画に記載しなければならない。

　② 自衛消防組織の設置に伴う消防長等への届出が義務づけられた（法第8条の2の5，規則第4条の2の15）。

　③ 自衛消防組織未設置の際の設置命令制度が新設された。

　④ 防火対象物の使用禁止命令の要件等に，自衛消防隊組織設置命令違反等が追加された。

(6) **防火管理点検の実施と報告（法第36条において準用する法第8条の2の2）**

　防災管理業務の実施が義務となる対象物すべてが防災管理点検制度の対象となり，管理権原者は，防災管理点検資格者（新設）の点検を年1回受け，その結果を消防長等に報告することが義務づけられた（防火対象物点検の対象外でも義務となることがある）。

(7) **共同防災管理協議会の設置と協議事項の届出（法第36条において準用する法第8条の2，規則第51条の11において準用する法第4条の2）**

　防災管理業務の実施が義務となるが，防火対象物で管理権原が分かれているものは，防災管理上必要な業務について次の①の事項につき協議して定め，消防長等へ届出することが義務づけられた。また，この場合，②の事項については，防災管理者となる資格が必要となる。

　① 共同防災管理協議事項

　　ア　共同防災管理協議会の設置運用に関すること

　　イ　共同防災管理協議会の代表者の選任に関すること

　　ウ　総括防災管理者の選任および付与すべき権限に関すること

　② 防災管理者となる資格が必要な事項

ア　全体の消防計画の作成およびその計画に基づく避難の訓練の実施に関すること
　　イ　避難口等の避難施設の維持管理。案内に関すること
　　ウ　地震等の災害が発生した場合の通報訓練。避難訓練に関すること
　　エ　消防隊に対する必要な情報提供。誘導に関すること
　　オ　その他の共同防災管理に関し，必要な事項

　なお，共同**防火**管理協議会と共同**防災**管理協議会は，同じ組織等（共同防火・防災管理協議会，総括防火・防災管理者等）とすることが望ましい。また，共同防災管理の全体の消防計画については，共同防火管理全体の消防計画と併わせて，ひとつの計画とすることが望ましい。この場合，協議事項の届け出様式は，共同防災管理と2枚となるが，中身の協議事項はひとつでよい。また，被害想定の反映等についても指導することが必要である。

3．平成21年6月1日施行の改正　～その2～

(1) 改正の背景

　一般住宅などに住宅用火災警報器の設置が義務づけられた。義務化された理由として，以下の点が挙げられている。

　① 火災の発生を早期発見し，避難することで，危険を軽減することができること
　② 住宅火災における死者数（放火自殺等を除く）は，毎年1000人を超えていること
　③ 住宅火災で死亡した主な原因は，火災に気付くのが遅れたことによる「逃げ遅れ」であり，死者の半数以上が高齢者であり，今後の高齢化社会での死者数増加が危惧されること
　④ アメリカやイギリスでは，すでに住宅用火災警報器の設置が義務づけられており，死者数の低減が認められていること

(2) 対象となる一般住宅

　① 戸建住宅，共同住宅
　② 併用住宅（店舗併用，事務所併用など）の住宅部分
　③ 建築物（規模・用途は問わない）の一部分を住宅として使用してい

る場合の住宅部分

(3) **住宅用火災警報器の設置場所**

　🔲 は，住宅用火災警報器を示す（煙感知式のもの）。

　🔲 は，義務ではないが，設置することが望ましいとされている（熱感知式のもの）。

① 寝室（普段就寝している室）

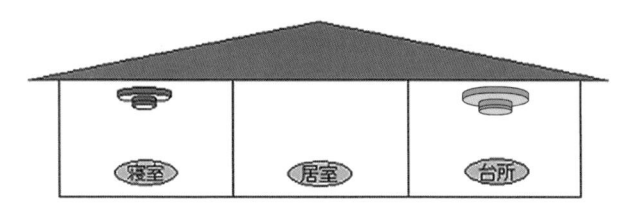

② 寝室がある階における階段の踊り場にある天井または壁面（避難階（通常は1階）は除く）

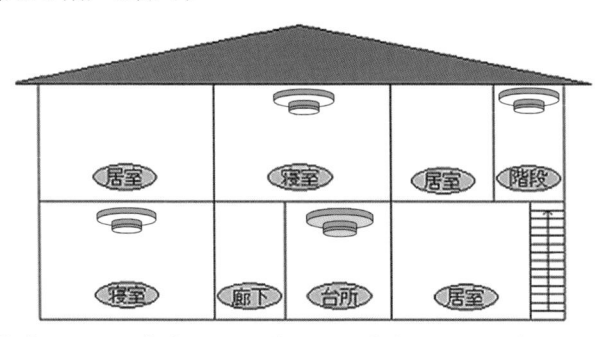

③ 3階建て以上の住宅で，3階のみに寝室がある場合，2階から1階に通じる階段の下端等

　3階建ての住宅で，避難階（通常は1階）にのみ寝室があり，かつ，3階にも居室がある場合，3階から2階に通じる階段の上端等。

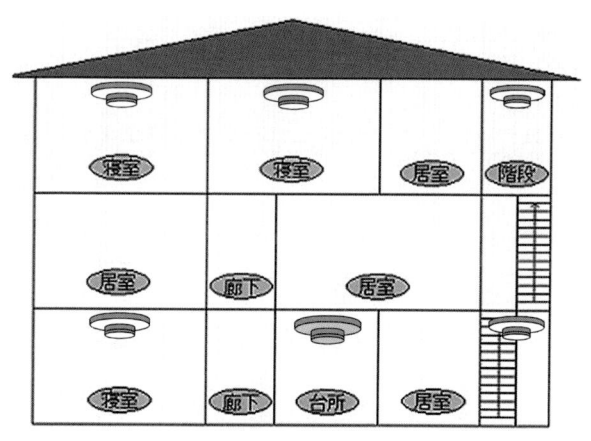

④ 1つの階で床面積が7㎡（約4畳半間に相当）以上の居室が5室以上ある階の廊下等

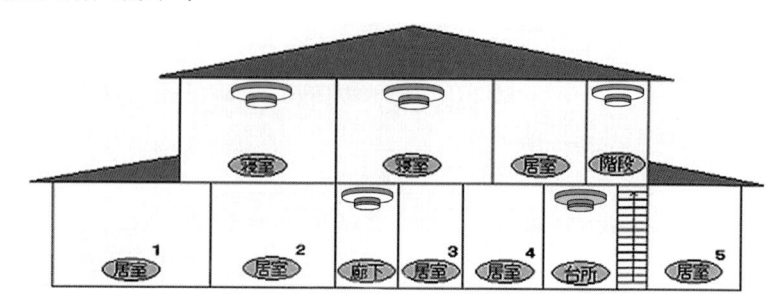

(4) **設置する方法**

① 天井に設置する場合は，壁または，はりから60cm以上離れた位置に設置する。

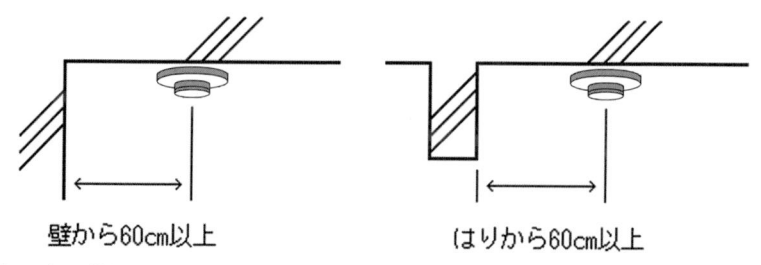

壁から60cm以上　　　はりから60cm以上

② 壁に設置する場合は，天井から15cm以上，50cm以内の壁の位置に設置する。

天井から15cm以上

天井から50cm以内

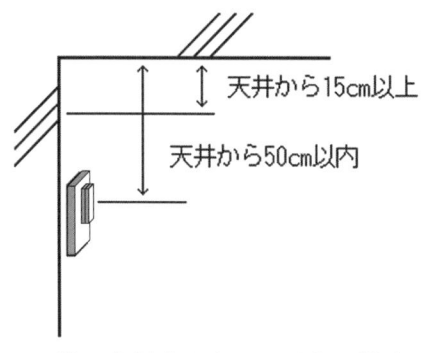

③ 付近にエアコン等の空気吹き出し口がある場合，吹き出し口から150cm以上離れた位置に設置する。

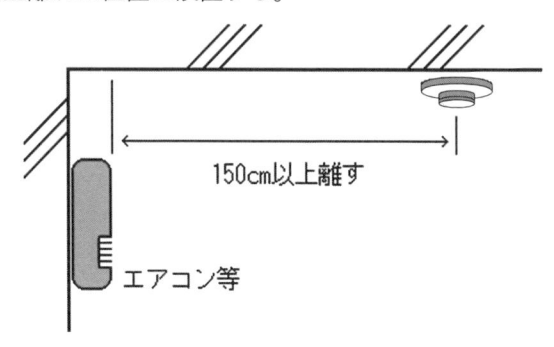

150cm以上離す

エアコン等

4．平成21年4月1日施行の改正

認知症高齢者グループホームの火災が発生したことによって，自力避難困難者が入所している社会福祉施設について，防火安全対策を強化する改正がなされた。

(1) **対象となる施設**

① 老人短期入所施設，養護老人ホーム，特別養護老人ホーム，有料老人ホーム（主として，要介護状態にある者を入所させるものに限る），介護老人保健施設

② 救護施設

③ 乳児院

④ 知的障害者施設，盲ろうあ児施設（通所施設を除く），肢体不自由児施設（通所施設を除く），重症心身障害児施設，障害者支援施設

（主として，障害の程度が重い者を入所させるものに限る）
　⑤　老人短期入所事業もしくは認知症対応型老人共同生活援助事業（いわゆる認知症高齢者グループホーム）を行う施設
　⑥　短期入所または共同生活介護（いわゆる，障害者ケアホーム）を行う施設（いずれも主として，障害の程度が重い者を入所させるものに限る）

(2) 防火管理者の選任

　認知症高齢者グループホーム等の社会福祉施設について，収容人員10人以上の施設について防火管理者を選任し，消防計画作成など防火管理の業務を実施することが義務づけられた（従来は30人以上）。

(3) 消火器の設置

　消火器の設置については，すべての面積の対象物に設置が義務づけられた（従来は延べ面積150㎡以上）。

(4) スプリンクラー設備の設置

　スプリンクラー設備の設置については，延べ面積275㎡以上の建築物が，スプリンクラー設備の設置を義務づけられたが，一定の防火区画を有するもの，または延べ面積1000㎡未満の施設に設置するスプリンクラー設備については，技術上の基準の緩和もありうる（従来は延べ面積1000㎡以上）。

(5) 自動火災報知設備の設置

　自動火災報知設備の設置については，すべての面積の対象物に設置が義務づけられた（従来は延べ面積300㎡以上）。

(6) 消防機関へ通報する火災報知設備の設置

　消防機関へ通報する火災報知設備の設置については，すべての面積の対象物に設置が義務づけられた（従来は延べ面積500㎡以上）。

(7) 施行時期

　新規施設への設置等については平成21年4月1日から施行されている，既存施設は平成24年3月31日まで猶予期間が設けられている（ただし，消火器の設置に関しては平成22年4月1日から施行されている）。

(8) スプリンクラー設備免除に関する特例

　延べ面積1000㎡未満の小規模社会福祉施設について，下記の条件のいず

れかに該当するものについては，特例が適用され，スプリンクラー設備の設置を免除されることがある（令32条）。ただし，適用可否の判断は，必要に応じて，設計図書や事業計画などによって，確認することとされている。

① 夜間に，自力避難困難者（要介護3以上の高齢者，障害程度区分4以上の障害者，乳児，幼児）の避難介助のため必要な介助者が，表-8を満たす人数以上確保されているもの（2階建て以下で，内装仕上げが不燃，準不燃または難燃材料であること）

表-8　介助者の区分と介助者1人当たりが介助できる自力避難困難者の数

介助者の区分	介助者一人当たりが介助できる自力避難困難者の数
従業者など（夜勤職員，宿直職員，宿直ボランティア，住み込みの管理者など）	4人以内
近隣協力者（併設施設の職員，近隣住民，警備会社の職員など）	3人以内

② 各居室から地上または一時避難場所に，扉または掃き出し窓を介して直接出ることができるもの，または火災室の開口部に面する部分を経由せずに至ることができるもの（2階建て以下で，内装仕上げが不燃，準不燃または難燃材料であること）

③ 共同住宅の複数の室を占有し，その総面積が小規模社会福祉施設に該当するもので，1区画あたりの床面積が100m²以下，自力避難困難者の数が1区画あたり4人以下（誘導に従って，自立的に歩行避難可能であること）であるもの（内装仕上げが不燃，準不燃または難燃材料であり，3階以上の階にある場合は，耐火構造かつ開口部に防火設備が必要）

④ 上記以外で，避難所要時間が避難限界時間を超えないもの（計算値または実際の避難訓練における所要時間による）。避難所要時間＜避難限界時間

4 Q＆A

Q1 防火管理体制は，火災以外の災害のためにも必要とされますか。

A 消防法の防火管理に関する規定は，火災以外の災害にも準用され，一定の大規模・高層建築物等の管理権原者は，資格を有する者のうちから防災管理者を定め，次に掲げるとおり，地震災害に対応した消防計画を作成し，これに基づいて地震発生時に特有な災害事象に関する応急対応や避難訓練の実施その他防災管理上必要な業務を行わせなければならないこととされている。

(1) **防災管理の対象となる災害**
　① 地震のうち切迫性のある大規模地震災害
　② 毒物，劇薬物質の発散その他の総務省令で定める原因で生ずる特殊災害（NBCR※災害）
　③ その他の事故等についても，通報連絡や在館者の避難誘導が必要な場合

　　※ここで，NBCRは，大量破壊兵器テロのことで，Nは核兵器，Bは生物兵器，Cは化学兵器，Rは放射兵器のことを指す。

(2) **防災管理の対象となる建築物（令第46条）**

　防火管理の対象となるのは，多数の人が利用する大規模・高層の防火対象物などの消防防災上でリスクが大きく，自衛消防隊を設置しなければならない防火対象物の要件に該当する建築物とされている。

(3) **防災管理者の選任と届出（法第36条において準用する法第8条，令第47条）**

　地震の災害による被害の軽減のため，管理権原者は，防災管理者（新設）を選任し，届け出るとともに，消防計画（防災管理編）の作成，届出，当該消防計画に基づく防災管理上必要な業務を実施させる。

　また，防災管理者と防火管理者は同一人でなければならず，委託する場合は，防火・防災管理業務を併せて行わせなければならない。

　また，甲種防火対象物の小規模テナント部分の特例によって，乙種防火

管理者の資格で防火管理者を選任されていた部分について防災管理業務の対象となる場合は，防火・防災管理新規講習（14時間）を受講しなければならない。

(4) 消防計画の作成と届出（令第48条，規則第51条の8）

防火管理者は，管理権原者に指示を受けて，消防計画を作成し，消防長へ届け出なければならない。

(5) 自衛消防組織の設置と届出（法第8条の2の5）

災害時の応急対策を円滑に行い，防火対象物の利用者の安全を確保するため，多数の者の出入りをする大規模防火対象物については，自衛消防隊を設置しなければならない。

(6) 防災管理点検の実施と報告（法第36条において準用する法第8条の2の2）

防災管理業務の実施が義務となる対象物すべてが防災管理点検制度の対象となり，管理権原者は，防災管理点検資格者（新設）の点検を年1回受け，その結果を消防長等に報告しなければならない（防火対象物点検の対象外でも義務となることがある）。

(7) 共同防災管理協議会の設置と協議事項の届出（法第36条において準用する法第8条の2，規則第51条の11において準用する法第4条の2）

防火対象物で管理権原が分かれているものは，防災管理上必要な業務について，次の①の事項を協議して定め，消防長等へ届出なければならない。また，次の②の事項は防災管理者となる資格が必要とされている。

① 共同防災管理協議事項

ア 共同防災管理協議会の設置運用に関すること

イ 共同防災管理協議会の代表者の選任に関すること

ウ 総括防災管理者の選任および付与すべき権限に関すること

② 防災管理者となる資格が必要な事項

ア 全体の消防計画の作成およびその計画に基づく避難の訓練の実施に関すること

イ 避難口等の避難施設の維持管理。案内に関すること

ウ 地震等の災害が発生した場合の通報訓練。避難訓練に関すること

エ　消防隊に対する必要な情報提供。誘導に関すること
　　オ　その他の共同防災管理に関し，必要な事項
　なお，共同防火管理協議会と共同防災管理協議会は，同じ組織等（共同防火・防災管理協議会，総括防火・防災管理者等）とすることが望ましい。共同防災管理の全体の消防計画については，共同防火管理全体の消防計画と併わせて，ひとつの計画とすることが望ましい。この場合，協議事項の届け出様式は，共同防災管理と2枚となるが，中身の協議事項はひとつでよい。また，被害想定の反映等についても指導することが必要である。

Q2 自衛消防組織とはどのようなものでしょうか。

A　一定の大規模・高層建築物等の管理権原者は，火災その他の災害による被害を軽減するために必要な業務を行うため，次のような自衛消防組織を設置しなければならないとされている。
① 自衛消防組織の編成
　　ア　自衛消防組織の全体の指揮をするものとして，総括管理者（自衛消防隊長）を配置する（令第4条の2の8，規則第4条の2の13）。総括管理者は，自衛消防業務講習受講者（新設）等の法定資格者でなければならない。
　　イ　要員の配置については，基本的な自衛消防業務（❶初期消火活動，❷情報の収集，伝達，消防設備等の監視，❸在館者の避難誘導，❹在館者の救出救護）について最低2名以上の要員が必要である。
　　ウ　自衛消防隊は，本部隊と地区隊とで編成するが，内部組織を編成する場合は，本部隊の基本的な自衛消防業務（上述の❶～❹）の各班の班長（総括者）には，自衛消防業務講習をさせなければならない。このことは，教育の一環として消防計画に記載しなければならない。
② 自衛消防組織を設置した場合，消防長等へ届出が必要である（法第8条の2の5，規則第4条の2の15）。

③ 自衛消防組織未設置の場合には，消防長等は設置命令をすることができ，自衛消防隊組織設置命令違反等の場合には防火対象物の使用禁止命令をすることができる。

Q3 防災管理の対象となる防火対象物とは，具体的にどのようなものでしょうか。

A 防災管理の対象となるのは，多数の人が利用する大規模・高層建築物等の防火対象物などの消防・防災上のリスクが大きく，自衛消防隊を設置しなければならない防火対象物の要件に該当する建築物とされている（令46条）。

ただし，複合用途防火対象物にあっては，自衛消防隊の設置対象部分のみに自衛消防隊の設置義務が課せられるのに対して，防災管理については，用途にかかわりなく，すべての部分に防災管理者の選任等の義務が課される。具体的な対象要件は次のとおりである。

(1) 用途

百貨店，旅館・ホテル，病院，学校，事務所ビル，地下街等のすべての用途（共同住宅，格納庫，倉庫等は除く）

(2) 規模等

① 延べ面積50000㎡以上

② 階数5以上かつ延べ面積20000㎡以上

③ 階数11以上かつ延べ面積10000㎡以上

④ 地下街で延べ面積1000㎡以上

なお，従来からこれらの防火対象物においては，消防・防災上のリスクが大きく，全体の状況把握や応急活動が困難となるものであることから，防災センターにおいて総合操作盤等を中心に一元的な消防・防災システムの構築が図られてきた。また，対象外となっている防火対象物の消防計画においても，大規模地震等への対応等についてのガイドラインなどを参考とすることが望ましい。

Q4 消防計画には，どのような項目を盛り込む必要があるのでしょうか。

A 消防計画に盛り込むべき項目は，規則第51条の8の規定および「消防計画作成ガイドライン」等に例示された事項を，防火対象物の実態に合わせて取り入れることが必要である。

具体的には以下のとおりである。
① 地震発生時の被害の想定およびその対策を盛り込むこと。
　ア 火災については，建築構造，消防設備等において，その極限が織り込まれていること
　イ 地震については，建築物全体で同時多発的にその影響が生じることから，その被害を事前に想定し，対策（業務内容，実施体制）を検討することが不可欠であること
② 訓練を検証して，消防計画を見直すことを明文化すること。
③ PDCAサイクルによって，良好な体制を構築していくこと。
④ NBCR災害については，関係機関への通報および避難誘導の実施を求めること。
⑤ なお，防災管理に係る消防計画と防火管理に係る消防計画は，一本化することが望ましい。

Q5 防火管理点検の実施と報告について，その主な点検事項，防災管理点検資格者，防災基準点検済証の内容はどのようになっているのでしょうか。

A 防火管理点検の実施と報告（法第36条において準用する法第8条の2の2）が義務づけられている対象物すべてが防災管理点検制度の対象となり，管理権原者は，防災管理点検資格者（新設）の点検を年1回受け，その結果を消防長等に報告することが義務づけられた。

主な点検事項，防災管理点検資格者，防災基準点検済証の内容は，以下のとおりである。

① 主な点検事項

ア 防災管理者選任の届出および防災管理に係る消防計画作成の届出がなされていること
イ 自衛消防組織設置の届出がなされていること
ウ 防災管理に係る消防計画に基づく防災管理業務が適切に実施されていること
エ 共同防災管理の協議事項の届出がなされていること
オ 避難施設等が適切に管理されていること
② 防災管理点検資格者
　以下の条件のいずれかに該当する者で，登録機関が実施する講習（8時間）を受講した者
ア 防火対象物点検者として3年以上の実務経験を有する者
イ 市町村の消防職員で，防災管理に関する業務について1年以上の実務経験を有する者
ウ 防災管理者として3年以上の実務経験を有する者
③ 防災基準点検済証（規則第51条の12第2項において準用する法第4条の2の4第1項）
　防火対象物点検・防災管理点検の両方が義務となる防火対象物は，両方の点検基準を満たしている場合にのみ，防火・防災基準点検済証の表示が付される。

Q6 定期点検報告制度はどのような趣旨で行われているのでしょうか。

A 防火対象物の管理権原者等による防火管理の徹底を図ることを目的に，一定の規模および用途の管理権原者に対し，点検報告が義務づけられている。これは，消防法に基づき管理権原者の責任において行わなければならない防火管理業務等全般について，防火対象物点検資格者が火災予防に関する専門的な観点から定期に点検することにより，管理体制の補完を図り，継続的に火災の危険性を排除し，人命安全を確保しようとするものである。

Q7 防火管理者制度の概要を教えてください。

A 防火管理者制度は，消防法第8条で規定されており，その概要は以下のとおりである。

(1) 学校，病院，工場，事業場等で施行令で定める防火対象物の管理について権原を有するものは，一定の資格を有する者のうちから，「防火管理者」を定め，防火管理上必要な業務を行わせなければならない（法第8条第1項）。

(2) 対象となる建築物は，次のとおりである（施行令第1条の2第3項）。
　① 次に掲げる用途に供される建築物で，収容人員が30人以上のもの
　　・劇場，映画館，演芸場又は観覧場
　　・公会堂又は集会場
　　・キャバレー，カフェー，ナイトクラブその他これらに類するもの
　　・遊技場又はダンスホール
　　・風俗営業等の規制及び業務の適正化等に関する法律（昭和二十三年法律第百二十二号）第二条第五項に規定する性風俗関連特殊営業を営む店舗等
　　・カラオケボックスその他遊興のための設備又は物品を個室（これに類する施設を含む。）において客に利用させる役務を提供する業務を営む店舗等
　　・待合，料理店その他これらに類するもの
　　・飲食店
　　・百貨店，マーケットその他の物品販売業を営む店舗又は展示場
　　・旅館，ホテル，宿泊所その他これらに類するもの
　　・病院，診療所又は助産所
　　・老人短期入所施設，養護老人ホーム，特別養護老人ホーム，有料老人ホーム等
　　・老人デイサービスセンター，更生施設，助産施設，保育所，児童養護施設，知的障害児通園施設等
　　・幼稚園又は特別支援学校

- 公衆浴場のうち，蒸気浴場，熱気浴場その他これらに類するもの
- 複合用途防火対象物のうち，その一部が上記用途に供されているもの
- 地下街

② ①以外で収容人員が50人以上のもの

(3) 「防火管理上必要な業務」とは，消防計画の作成，消火・通報・避難訓練の実施，設備・施設等の点検・整備および維持管理，火気取扱いの監督，収容人員の管理等である（法第8条第1項）。

(4) 防火管理者の資格

次の①，②の両方の要件を満たす者である。

① 防災管理上必要な業務を遂行できる管理的または監督的な地位にある者

② 必要な知識技能を有する者

　ア 甲種防火管理者の資格を有する者が，防災管理新規講習（5時間）を受講した場合（規則第51条の7第2項）

　イ 防火・防災管理新規講習（14時間）を受講した者

　ウ 消防職員で管理監督的な職に1年以上の経験のある者

　エ 消防団員で管理監督的な職に3年以上の経験のある者

Q9 平成21年6月1日施行の改正における住宅用火災警報器とは，どういうものでしょうか。

A 住宅用火災警報器は，住宅の壁や天井に設置することで，火災発生の初期段階で煙等の発生を感知し，警報音や音声によって，知らせ

る器具の総称である。大きく次の2つの器具に分けることができる。
① 住宅用防災警報器
感知部・警報部等が一体化されており，単体型と連動型がある。
② 住宅用防災報知設備
感知器・受信機・補助警報装置から構成されるシステム型の警報設備である。

なお，住宅用火災警報器には，日本消防検定協会の鑑定に合格したことを示す以下のような「NSマーク」が貼付されたものが推奨されている。

Q10 平成21年4月1日施行の改正における防火対象物の用途区分の改正点，消防用設備等の設置基準強化，防火管理者の選任が必要となる条件，消防検査が必要となる条件の改正点について教えてください。

A (1) 防火対象物の用途区分の改正点（消防法施行令別表第1）
表-7.1に防火対象物の用途区分について，改正前と改正後を比較する。

表-7.1 防火対象物の用途区分における改正前と改正後の比較

改正前		改正後
福祉施設 （⑥項ロ）	特定施設 （自力避難困難者が入所する施設）	グループホーム，ショートステイ，特別養護老人ホームなど（⑥項ロ）
	特定施設以外	デイサービス，小規模多機能型居宅介護施設，軽費老人ホームなど（⑥項ハ）
幼稚園など （⑥項ハ）		幼稚園など（⑥項ニ）

(2) 消防用設備等の設置基準強化

表-7.2に消防用設備等の設置基準強化について，改正前と改正後を比較する。

表-7.2　消防用設備等の設置基準強化における改正前と改正後の比較

	改正前	改正後
消火器	150㎡以上	すべて
スプリンクラー	1000㎡以上 （平屋建て以外）	275㎡以上(※) （平屋建て含む）
自動火災報知器	300㎡以上	すべて
火災通報装置	500㎡以上	すべて

※総務省令で定める構造を有するものを除く
※延べ面積1000㎡未満の場合，特定施設水道連結型SP設備とすることができる

(3) 防火管理者の選任が必要となる条件，消防検査が必要となる条件の改正点

表-7.3に防火管理者の選任が必要となる条件，消防検査が必要となる条件について，改正前と改正後を比較する。

表-7.3　防火管理者の選任が必要となる条件，消防検査が必要となる条件における改正前と改正後の比較

	改正前	改正後
防火管理者の選任が必要となる条件	収容人員30人以上	収容人員10人以上
消防検査が必要となる条件	300㎡以上	すべて

MEMO 法令条文の読み方 ⑻

－耐火・防火等に関する用語の表現－

　平成12年6月1日に施行された建築基準法の改正（平成10年6月公布）では，性能規定制度が導入されたことにより，耐火・防火等の構造方法等については，法令の規定においては最低の性能のもののみを規定している。

　そして，規定されたものよりも上位の性能を有するものについては，当然，その規定に適合するものになることによって，それ以前の規定のように，それぞれの構造方法等においてそれに該当するものすべてのものを併記しないことになった。

　たとえば，「準耐火構造としなければならない。」とされた規定では，準耐火構造よりも上位の性能を有する耐火構造も，当然，適合するものとなる。また，建築材料についても同様で「難燃材料としなければならない。」とされた規定では，不燃材料または準不燃材料も適合するものとなる。

　特定防火設備（改正前の甲種防火戸相当）および防火設備（改正前の乙種防火戸相当）についても同様である。たとえば，「法第2条第九号のロに規定する防火設備で…」とした場合，「特定防火設備」も対象となる。

[8] 景観法

平成16年法律第110号，平成21年6月24日改正

1 法の目的

景観法は，わが国の都市，農山漁村等における良好な景観の形成を促進するため，景観計画の策定その他の施策を総合的に講ずることにより，美しく風格のある国土の形成，潤いのある豊かな生活環境の創造および個性的で活力ある地域社会の実現を図り，もって国民生活の向上ならびに国民経済および地域社会の健全な発展に寄与することを目的とする。

2 法の概要

景観法は，平成16年（2004年）6月18日に制定され，平成17年6月1日から，全面施行されている。その概要は以下のとおりである。

(1) 景観計画制度

景観計画内の建築物や工作物につき増改築等をする場合には，景観行政団体への届出が必要とされる。

(2) 景観重要構造物等

景観重要構造物等に指定された建築物等は，景観行政団体の長の許可がなければ増改築等はできない。

(3) 景観地区制度

景観地区等内においては，建築物の形態意匠の制限，工作物等の制限が課される。

(4) その他

景観協定や，景観地区等における行為規制に反した場合の罰則等が規定されている。

3 Q & A

Q1 景観法は強制力を持つ規制なのでしょうか。

A 景観法では，比較的広い地域に対して緩やかな規制を行う「景観計画区域」の制度とともに，より積極的に良好な景観形成を誘導していく「景観地区」の制度を用意し，地域の特性に応じた規制誘導手法を可能としている。なお，これらの区域で法令による行為規制の違反する行為があった場合は，罰則が科される。

Q2 景観法によって，屋外広告物はどのように取り扱われるのでしょうか。

A 景観法では，次のような広告等の工作物設置の届け出，広告等の工作物の形態の制限が規定されている。

(1) **広告等の工作物設置の届け出（法16条）**

景観計画区域内において，建築物の新築，増築，改築若しくは移転，外観を変更することとなる修繕若しくは模様替又は色彩の変更や，工作物の新設，増築，改築若しくは移転，外観を変更することとなる修繕若しくは模様替又は色彩の変更等をしようとする場合（ただし，通常の管理行為等や，非常災害のため必要な応急措置として行う行為は除かれる）は，あらかじめ，行為の種類，場所，設計又は施行方法，着手予定日その他国土交通省令で定める事項を景観行政団体の長に届け出なければならない。

(2) **広告等の工作物の形態の制限（法72条）**

市町村は，景観地区内の工作物について，政令で定める基準に従い，条例で，その形態意匠の制限，その高さの最高限度若しくは最低限度または壁面後退区域における工作物（土地に定着する工作物以外のものを含む）の設置の制限を定めることができるとされている。

※違反広告物の簡易除去制度（屋外広告物法8条）

景観地区内の制限や景観重要構造物の制限違反の場合には，屋外広告物法に基づき，都道府県知事が違反広告物を除去できることとされている。

[9] 文化財保護法

昭和25年法律第214号，平成19年3月30日改正

1 法の目的

文化財保護法は，文化財を保存し，かつ，その活用を図り，もって国民の文化的向上に資するとともに，世界文化の進歩に貢献することを目的としている。

2 法の概要

① 文化財保護法は，昭和25年（1950年）5月30日に制定され，重要文化財や史跡名勝天然記念物，地方公共団体指定文化財等について現状変更等につき規制することなどを内容としている。
② 対象となる重要文化財等には，有形文化財，無形文化財，民族文化財，埋蔵文化財，史跡名勝天然記念物，重要文化的景観などがある。
③ 文化財を保存するための施策として，伝統的建造物群保存地区，文化財の保存技術の保護なども定められている。

3 Q＆A

Q1 工事予定地が遺跡（周知の埋蔵文化財包蔵地）の範囲内にある場合は，どのような手続きが必要になりますか。

A 埋蔵文化財発掘届出書による届出を，工事着手60日前までに文化庁長官に提出する必要がある。

Q2 埋蔵文化財保護に係る取扱い事項とは，どのようなものですか。また，その基準について教えてください。

A 文化財保護法に基づき，工事内容等によって以下のように取扱われる。

① 工事によって埋蔵文化財が影響を受ける場合や恒久的な構造物を築造する場合
　⇒工事着手前に，記録のために発掘調査を実施することになる。
② 工事区域が狭小で，安全上，通常の発掘調査が困難な場合や，工事影響深度が埋蔵文化財を包含する層の上面から30cm以上の保護層が確保できない場合
　⇒工事施工時に工事立会を求めることになる。
③ 工事によって埋蔵文化財に影響を及ぼさない場合や，試掘・確認調査の結果，埋蔵文化財が確認されなかった場合
　⇒届出内容のとおり慎重に工事を実施する必要がある。

Q3 埋蔵文化財発掘届出書の審査には，どのくらいの期間がかかりますか。

A 試掘調査を実施しない場合は通常10日間程度，試掘調査を実施する場合は試掘結果の回答後1週間程度となっているようである。

Q4 遺跡（周知の埋蔵文化財包蔵地）の範囲は，どのようにして決められているのですか。

A 遺跡の存在を調査する試掘調査や発掘調査のデータや地形などによって，遺跡の範囲を決定される。一般的には，地方自治体が，毎年，遺跡の範囲について検討し，その範囲の変更が必要な場合は改定される。

Q5 埋蔵文化財発掘届出書を提出した後は，どのようになるのですか。

A 届出地およびその周辺の埋蔵文化財の状況や，工事内容を検討し，埋蔵文化財保護に関する取扱い事項が通知される。埋蔵文化財の存在状況が不明な場合は，現地の試掘調査を実施し，その結果に基づき取扱いが通知される。

Q6 文化財保護法に基づいた届出書に「埋蔵文化財発掘届出書」とあるのは、発掘調査をするための届出のことですか。

A 届出書でいう「発掘」とは、埋葬文化財を包蔵する土地を「掘削」という広義の意味である。したがって、工事内容の計画図を添付し届け出る必要がある。

Q7 敷地は、遺跡（周知の埋蔵文化財包蔵地）の範囲内にありますが、計画している建築物の場所には入っていないのですが、その場合でも、届出は必要ですか。

A 敷地が遺跡の範囲内であれば届出は必要とされるため、この場合も届出を要する。

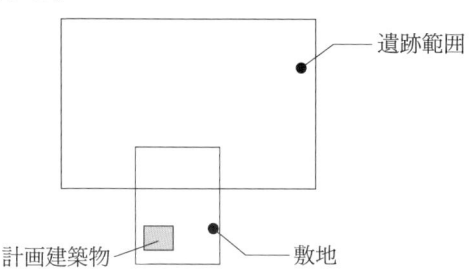

（図：遺跡範囲、計画建築物、敷地）

Q8 遺跡の範囲内でも届出が不要な場合がありますか。

A 掘削を伴う工事について届出が必要とされるため、既存の建築物の模様替え等軽微な工事や用途のみの変更、不動産売買など、掘削を伴わない事業については、届出の必要はない。

[10] 駐車場法

昭和32年法律第106号，平成18年 5 月31日改正

1 法の目的

駐車場法は，都市における自動車の駐車のための施設の整備に関し必要な事項を定めることにより，道路交通の円滑化を図り，もって公衆の利便に資するとともに，都市の機能の維持および増進に寄与することを目的としている。

2 法の概要

駐車場法の内容は，概ね以下のとおりである。

(1) **駐車車場整備地区**

自動車交通が著しくふくそうする区域等において，駐車場整備を都市計画として進めることができる旨規定している。

(2) **路上駐車場**

駐車場整備地区内に路上駐車場（道路の路面に一定の区画を限って設置される自動車の駐車のための施設であって一般公共の用に供されるもの）を設置し，料金等を徴収することができる旨規定している。

(3) **路外駐車場**

駐車場整備地区を定めた場合，路外駐車場（道路の路面外に設置される自動車の駐車のための施設であって一般公共の用に供されるもの）の設置を義務づけ，その構造，管理，立入検査等につき規定している。

(4) **建築物における駐車施設の附置および管理**

一定の規模以上の建築物を新築，増築する場合に駐車場施設の附置を義務付けるとともに，設置目的に従った管理等を規定している。

※なお，駐車場法上の「駐車」は，道路交通法における定義と同様，継続的に停止または直ちに運転することができない状態を指す。

3 Q&A

Q1 駐車場法において，駐車場等は，どのように定義されているのですか。

A 駐車場法では，表-10のように定義されている。

表-10 用語の定義

用　語	定　　　　　義
路上駐車場	駐車場整備地区内の道路の路面に一定の区画を限って設置される自動車の駐車のための施設であって一般公共の用に供されるもの
路外駐車場	道路の路面外に設置される自動車の駐車のための施設であって一般公共の用に供されるもの
道路	道路法による道路をいい，一般交通の用に供する道で，トンネル，橋等道路と一体となってその効用を全うする施設や道路の附属物を含む
自動車	道路交通法の自動車のうち，大型自動二輪車（側車付のものを除く）および普通自動二輪車（側車付のものを除く）以外のもの
駐車	道路交通法に規定（継続的に停止または直ちに運転することができない状態）する駐車

Q2 駐車場法によって，届出等が必要な駐車場とは，どのような駐車場をいうのでしょうか。

A 平成18年11月30日の対象に自動二輪車が追加され，自動二輪車専用駐車場や自動車と二輪車を併用かつ駐車場所を分けて運用している駐車場で，駐車の用に供する部分の面積が500㎡以上の駐車場については，法に基づく届出が必要となった。なお，既設であっても変更の届出が必要な場合がありうる。

(1) **技術基準を守る必要がある駐車場**

(2)の①，②の条件に該当する駐車場は，駐車場法に定める技術基準を守る必要がある。この2条件に該当するものであれば，季節的に設置する駐

車場や祭りなどのために臨時に設置される駐車場についても，駐車場法に定める技術基準を守る必要がある。

(2) **届出が必要となる路外駐車場**

次の①，②，③の条件すべてに該当する駐車場の営業には，さらに駐車場法に基づく届出が必要となる。この3条件に該当するものであれば，季節的に営業する駐車場や祭りなどのために臨時に設置される駐車場についても届出の対象となる。

① 道路の路面外に設置される自動車の駐車のための施設であって，一般公共の用に供される[※1]もの
② 駐車の用に供する部分の面積[※2]が500㎡以上であるもの
③ 都市計画区域内に設置され，かつ，その利用について料金を徴収[※3]するもの

※1 駐車場を利用する人の資格が限定されず，一般公衆の自由な利用に供される。なお，建築物内の事務所等に働く人のみに供され，それ以外の人の利用が拒否される駐車場，月極め契約など特定者の車のみを取り扱う駐車場は該当しない（これらは届出不要である）。

※2 一般公共の用に供する駐車ますの合計面積のこと。

※3 料金の徴収については，提携する商店等のレシートのチェックを行い，レシートのないもの，または時間超過分について別途料金を支払うもの，一定時間無料の後，料金を徴収するもの，駐車場の直接の利用者以外の者が相当料金を支払うものも料金を徴収する駐車場として取り扱う。

(3) **管理等につき定めがある駐車場**

地方公共団体は，駐車施設の所有者や管理者に対し，条例で，当該駐車施設をその設置の目的に適合するように管理しなければならない旨を定めることができるとされている（駐車場法20条の3）。例えば東京都駐車場条例では，一定規模以上の事務所ビルにつき，所定の台数以上の駐車場を敷地内に附置しなければならないとしており，増築や用途変更等がある場合には，当該条例の規定に従い新たに駐車場施設を設けなければならないことに注意する必要がある。

[11] 省エネルギー法
（エネルギーの使用の合理化に関する法律）
昭和54年法律第49号，平成20年5月30日改正

1　法の目的

通称，省エネルギー法は，正式な法律名を「エネルギーの使用の合理化に関する法律」といい，内外におけるエネルギーをめぐる経済的社会的環境に応じた燃料資源の有効な利用の確保に資するため，工場，建築物および機械器具についてのエネルギーの使用の合理化に関する所要の措置その他エネルギーの使用の合理化に関する所要の措置その他エネルギーの使用の合理化を総合的に進めるために必要な措置等を講ずることを目的としている。

2　法の概要

省エネルギー法の内容は，概ね以下のとおりである。

(1)　**基本方針**

経済産業大臣は，エネルギーの使用の合理化に関する基本指針を定め，公表する。

(2)　**工場等に係る措置**

一定の規模以上の事業者を特定事業者として指定する。特定事業者は，内部組織の確立（エネルギー管理統括者の設置等），中長期計画の作成，定期報告等を行わなければならない。

(3)　**輸送に係る措置**

貨物輸送，旅客輸送，航空輸送に当たる各事業者は，それぞれの事業ごとに法令の定めに従い，(2)と同様の措置を講じなければならない。

(4)　**建築物に係る措置**

建築物の所有者等は，エネルギーの使用の合理化に努めなければならない。

特にエネルギーの使用の合理化を図る必要のある大規模な建築物（第一種特定建築物），第一種特定建築物以外の特定建築物（第二種特定建築物）の所有者等は，一定の事項の届出や建築物の維持保全状況に係る定期報告等をしなければならない。所管行政庁は，必要に応じ当該所有者に勧告等をすることができる。

住宅事業建築主に対し，所管行政庁は，性能向上に関する勧告を行うことができる。

住宅の販売業・賃貸業を行う事業者は，住宅・建築物の省エネルギー性能の表示を行うなど顧客への情報提供に努めなければならない。

(5) **機械器具に係る措置**

所管行政庁は，製造事業者に対し，性能向上に関する勧告を行うことができる。

3 法令改正のポイント

大規模な工場・オフィス等に係る省エネルギー対策と，住宅・建築物に係る省エネルギー対策の強化等
　　　　　（エネルギーの使用の合理化に関する法律の一部を改正する法律
　　　　　平成20年法律第47号）

（公布日）	平成20年5月30日
（施行日）	平成22年4月1日

(1) 工場・事業場単位のエネルギー管理から，事業者単位（企業単位）でのエネルギー管理に規制体系が変更

事業者全体（本社，工場，支店，営業所，店舗等）の1年度間のエネルギー使用量（原油換算値）が合計して1500kl（キロリットル）以上であれば，そのエネルギー使用量を事業者単位で国へ届け出て，特定事業者の指定を受けなければならない。

(2) 床面積の合計が2000㎡以上の大規模な建築物が新築，大規模改修を行う際に省エネ措置の届出をする必要があったが，改正後は大規模建築物

だけでなく，中小規模の建築物（床面積合計300m²以上）にまで対象範囲が拡大

住宅の建築・販売を行うハウスメーカーなどに対しても，省エネルギー性能向上を促している。また，住宅の販売業・賃貸業を行う事業者へは，住宅・建築物の省エネルギー性能の表示を行うなど，顧客への情報提供に努めることが義務づけられている。

(3) テナントビルにおけるエネルギー管理のあり方の変更

テナントはエネルギー管理権原が存在しないテナント専用部のエネルギー（例：空調や照明にかかるエネルギー）も含めて報告が必要。ビルオーナーはテナントに対してテナント専用部のエネルギー使用量について可能な範囲で情報提供することが求められる。

(4) 事業者全体のエネルギー使用量（原油換算値）が1500kl/年以上の事業者に対し，新たな省エネルギー法に基づくエネルギー管理を義務づけ

対象となる事業者は「特定事業者」の指定を受け，企業単位でエネルギー管理統括者とエネルギー管理企画推進者を１名ずつ選任し，定期報告書・中長期計画書の提出が義務づけされる。これに伴い，企業全体でのエネルギー使用量把握を平成21年４月から行う必要がある。なお，エネルギーのうち，廃棄物からの回収エネルギーや，風力・太陽光発電などの自然エネルギーは対象外。

(5) エネルギーを使用して事業を行う者が遵守すべき判断の基準が改正

判断の基準となる事項を，「専ら事務所その他これらに類する用途に供するもの」と，それ以外の「工場等」に分割して規定した。判断の基準とは，エネルギーを使用し事業を行う事業者（企業）が，エネルギーの使用の合理化を適切かつ有効に実施するために必要な判断の基準となるべき事項を，経済産業大臣が定め，告示として公表したもの。基準部分と目標部分で構成される。

(6) 建築物環境計画書制度の強化（たとえば，都民の健康と安全を確保する環境に関する条例／通称：東京都環境確保条例）

建築物環境計画書の提出対象を延べ面積5000m²超える建築物から義務化（延べ面積2000m²以上5000m²以下は任意提出）。

4 Q&A

Q1 ビルの所有者や管理者は，通称，省エネルギー法に従い，どのように対応が求められるのでしょうか。

A ビルの所有者等は，省エネ法に基づき，次のような対応が必要となる。

① 床面積合計300㎡以上の建築物の新築，大規模改修を行う際には，省エネ措置の届出をしなければならない。

② 賃貸業を行う事業者においては，住宅・建築物の省エネルギー性能の表示を行うなど顧客への情報提供に努める

③ テナントはエネルギー管理権原が存在しないテナント専用部のエネルギー（たとえば空調や照明にかかるエネルギー）も含めて報告しなければならないことから，ビル所有者等は，テナントに対し，テナント専用部のエネルギー使用量について可能な範囲で情報提供することが求められる。

④ 事業者全体のエネルギー使用量（原油換算値）が1500kl・年以上の事業者は「特定事業者」の指定を受け，企業単位でエネルギー管理統括者とエネルギー管理企画推進者を1名ずつ選任し，定期報告書・中長期計画書の提出をしなければならない。

⑤ エネルギーの使用の合理化を適切かつ有効に実施するために必要な判断の基準となるべき事項が公表されている（「工場等におけるエネルギーの使用の合理化に係る事業者の判断基準」平成21年経済産業省告示第66号）ので，当該内容に従い，対応する。

⑥ 延べ面積5000㎡超の建築物の所有者等は，建築物環境計画書を提出しなければならない（延べ面積2000㎡以上5000㎡以下は任意で提出することができる）。(都民の健康と安全を確保する環境に関する条例／通称：東京都環境確保条例など)

Q2 以下に記載した項目は，届出におけるエネルギー使用量の算入の対象となりますか。

> ①営業車両・工事現場
> ②社員食堂・研修所・保養所　③社宅・社員寮

A　主に工場等の敷地外で走行する自動車等の移動体のエネルギー使用量は対象外となるが，工場等の敷地内のみを走行する移動体（たとえば，構内専用フォークリフト）のエネルギー使用量は算入の対象となる。

工事現場，マンション販売のための仮設展示場，仮設興行小屋（たとえばサーカス小屋，劇団小屋）等といった，特定の区画において継続的に事業活動を行う工場等に該当しないものについては，算入の対象外となる。なお，常設の住宅展示場は算入の対象となる。

社員食堂，研修所，保養所などの社員の「福利厚生」に供している施設は，算入の対象となる。

社宅・社員寮の住居部分およびその共用部分は，算入の対象外となる。

Q3 エネルギー管理統括者として，どのような者を選任しなければならないのですか。また，どのような役割を担っているのでしょうか。

A　事業経営の一環として，事業者が設置している全工場等につき鳥瞰的なエネルギー管理を行いうる者，原則として役員等の役職に就いている者を選任する必要がある。たとえば，財務担当や情報担当といった担当役員が置かれているように，エネルギー担当といった役員を設置し，その任に当たらせることも一案として考えられる。なお，エネルギー管理講習修了者またはエネルギー管理士免状の交付を受けている者といった資格の要件はない。

エネルギー管理統括者の役割としては，①エネルギーを消費する設備やエネルギーの使用の合理化に関する設備の維持，新設および改造または撤去の決定，②定期報告書や中長期計画等の作成事務，③エネルギー管理指

定工場等を設置している事業者にあっては，エネルギー管理者またはエネルギー管理員の選任，指導に関することが挙げられる。

Q4 エネルギー使用状況届出書はどこに提出すればよいでしょうか。また，定期報告書，中長期計画書はどこに提出すればよいでしょうか。

A エネルギー使用状況届出書は，本社の所在地を管轄する経済産業局に提出することになる。また，登記簿上の本店と，実質的な本社機能のある事務所（事業者全体のエネルギー管理の状況について把握し，管理体制の整備等を行いうる事務所）の所在地が異なる場合は，実質的な本社機能のある事務所の所在地を管轄する経済産業局に提出することになる。

定期報告書，中長期計画書は，経済産業局および各事業を所管している省庁の地方分部局（いずれも本社の所在地を管轄する局）となる。なお，複数事業を行っている場合については，各事業を所管している省庁の地方支部局ごとに提出が必要となる。

[12] グリーン購入法

(国等による環境物品等の調達の推進等に関する法律)

平成12年法律第100号,平成15年7月16日改正

1 法の目的

通称,グリーン購入法は,正式な法律名を「国等による環境物品等の調達の推進等に関する法律」といい,国等の公的機関が率先して環境物品等(環境負荷低減に資する製品・サービス)の調達を推進するとともに,環境物品等に関する適切な情報提供を促進することにより,需要の転換を図り,持続的発展が可能な社会の構築を推進することを目的としており,国等の各機関の取組みに関することのほか,地方公共団体,事業者および国民の責務などについても定めている法律である。

2 法の概要

グリーン購入法は,循環型社会の形成のためには,再生品等の供給面の取組みに加え,需要面からの取組みが重要であるという観点から,循環型社会形成推進基本法の個別法のひとつとして,平成13年4月1日から完全施行された。その内容は,概ね以下のとおりである。

(1) **環境物品等**

再生資源その他の環境への負荷の低減に資する原材料や部品等を環境物品等という。国や地方公共団体のみならず,事業者や国民も,この法律により,環境物品等を選択するよう努める。

(2) **特定調達物品等**

グリーン購入法に基づき環境大臣が定める基本方針に記載される判断基準(以下「グリーン購入法判断基準」という)に対応し,各省庁等が重点的に調達を推進すべき物品を特定調達物品等という。特定調達物品等は,製造事業者等が,この法律の判断基準に適合すると自ら判断して登録する。

(3) **各省庁，地方公共団体，独立行政法人等の責務**

各省庁及び独立行政法人の長は，特定調達物品やそれ以外の環境物品等の調達方針を作成し，実績概要を報告しなければならない。

地方公共団体や地方独立行政法人は，特定調達物品やそれ以外の環境物品等の調達方針を作成するよう努める。

(4) **事業者や国民の責務**

事業者及び国民は，物品を購入するなどに当たり，できる限り環境物品等を選択するよう努める。

3 Q & A

Q1 グリーン購入法の対象物品には，どのようなものがあるのでしょうか。また，グリーン購入法判断基準とは何ですか。

A グリーン購入法の対象物品は以下のとおりである。

特定調達品目の一覧

分野	品目数	特定調達品目 品目名称	分野	品目数	特定調達品目 品目名称
1 紙類	9	コピー用紙			回転ゴム印
		フォーム用紙			定規
		インクジェットカラープリンター用塗工紙			トレー
		OCR用紙			消しゴム
		ジアゾ感光紙			ステープラー
		印刷用紙(カラー用紙を除く)			ステープラー針リムーバー
		印刷用紙(カラー用紙)			連射クリップ（本体）
		トイレットペーパー			事務用修正具(テープ)
		ティッシュペーパー			事務用修正具（液状）
2 文具類	75	シャープペンシル			クラフトテープ
		シャープペンシル替芯			粘着テープ（布粘着）
		ボールペン			両面粘着紙テープ
		マーキングペン			製本テープ
		鉛筆			ブックスタンド
		スタンプ台			ペンスタンド
		朱肉			クリップケース
		印章セット			はさみ
		ゴム印			マグネット（玉）

分野	特定調達品目		分野	特定調達品目	
	品目数	品目名称		品目数	品目名称
		マグネット（バー）			黒板拭き
		テープカッター			ホワイトボード用イレーザー
		パンチ（手動）			額縁
		モルトケース（紙めくり用スポンジケース）			ごみ箱
					リサイクルボックス
		紙めくりクリーム			缶・ボトルつぶし機（手動）
		鉛筆削（手動）			名札（机上用）
		OAクリーナー（ウエットタイプ）			名札（衣服取付/首下げ型）
			3 機器類	10	いす
		OAクリーナー（液タイプ）			机
		ダストブロワー			棚
		レターケース			収納用什器（棚以外）
		メディアケース			ローパーティション
		マウスパッド			コートハンガー
		OAフィルター（デスクトップ（CRT・液晶）用）			傘立て
					掲示板
		丸歯式紙裁断機			黒板
		カッターナイフ			ホワイトボード
		カッティングマット	4 OA機器	12	コピー機
		デスクマット			複合機
		OHPフィルム			拡張性のあるデジタルコピー機
		絵筆			
		絵の具			電子計算機
		墨汁			プリンタ
		のり（澱粉のり）			プリンタ/ファクシミリ兼用機
		のり（液状）			
		のり（固形）			ファクシミリ
		のり（テープ）			スキャナ
		ファイル			磁気ディスク装置
		バインダー			ディスプレイ
		ファイリング用品			シュレッダー
		アルバム			デジタル印刷機
		つづりひも	5 家電製品	6	電気冷蔵庫
		カードケース			電気冷凍庫
		事務用封筒（紙製）			電気冷凍冷蔵庫
		窓付き封筒（紙製）			テレビジョン受信機
		けい紙			ビデオテープレコーダー
		起案用紙			電気便座
		ノート	6 エアコンディショナー等	3	エアコンディショナー
		タックラベル			ガスヒートポンプ式冷暖房機
		インデックス			ストーブ
		付箋紙	7 温水器等	4	電気給湯器
		付箋フィルム			ガス温水機器

[12] グリーン購入法

分野	品目数	特定調達品目 品目名称
		石油温水機器
		ガス調理機器
8 照　　明	2	蛍光灯照明器具
		蛍光管
9 自動車等	3	自動車
		ETC車載器
		VICS車載機
10 制服・作業服	2	制服
		作業服
11 インテリア・寝装寝具	7	カーテン
		織じゅうたん
		ニードルパンチカーペット
		毛布
		ふとん
		ベッドフレーム
		マットレス
12 作業手袋	1	作業手袋
13 その他繊維製品	3	集会用テント
		ブルーシート
		防球ネット
14 設　　備	4	太陽光発電システム
		太陽熱利用システム
		燃料電池
		生ゴミ処理機
15 公共工事	53	<資材>
		建設汚泥から再生した処理土
		土工用水砕スラグ
		地盤改良用製鋼スラグ
		再生加熱アスファルト混合物
		再生骨材等
		高炉スラグ骨材
		フェロニッケルスラグ骨材
		銅スラグ骨材
		鉄鋼スラグ混入アスファルト混合物
		鉄鋼スラグ混入路盤材
		小径丸太材のうちの間伐材
		高炉セメント
		フライアッシュセメント
		エコセメント
		透水性コンクリート
		フライアッシュを用いた吹付けコンクリート

分野	品目数	特定調達品目 品目名称
		下塗用塗料（重防食）
		低揮発性有機溶剤型の路面標示用水性塗料
		再生材料を用いた舗装用ブロック（焼成）
		再生材料を用いた防砂シート（吸出防止材）
		バークたい肥
		下水汚泥を使用した汚泥発酵肥料（下水汚泥コンポスト）
		環境配慮型道路照明
		陶磁器質タイル
		断熱サッシ・ドア
		製材
		集成材
		合板
		単板積層材
		パーティクルボード
		繊維版
		木質系セメント板
		断熱材
		照明制御システム
		変圧器
		吸収冷温水機
		氷蓄熱式空調機器
		ガスエンジンヒートポンプ式空気調和機
		排水用再生硬質塩化ビニル管
		自動水栓
		自動洗浄装置およびその組み込み小便器
		水洗式大便器
		<建設機械>
		排出ガス対策型建設機械
		低騒音型建設機械
		<工法>
		低品質土有効利用工法
		建設汚泥再生処理工法
		コンクリート塊再生処理工法
		路上表層再生工法
		路上再生路盤工法
		伐採材または建設発生土を活用した法面緑化工法
		<目的物>

分野	特定調達品目		分野	特定調達品目	
	品目数	品目名称		品目数	品目名称
		排水性舗装			印刷
		透水性舗装			食堂
		屋上緑化			自動車専用タイヤ更生
16 役務	5	省エネルギー診断			自動車整備

次に，グリーン購入法判断基準は，各対象物品ごとに調査を推進すべき物品として判断される基準である。たとえば，紙類のうち，印刷用紙（カラー用紙を除く）に係る基準は，以下のとおりになっている。

［判断の基準］

① 古紙配合率70％以上であること。

② 塗工されていないものについては，白色度70％程度以下であること。

③ 塗工されているものについては，塗工量が両面で30 g/m²以下であること。

④ 再生利用しにくい加工が施されていないこと。

［配慮事項］

製品の包装は，再生利用の容易さおよび焼却処理時の負荷低減に配慮されていること。

Q2 グリーン購入法判断基準のうち，ビル管理に関連がある設備はどのように規定されているのですか。

A グリーン購入法判断基準のうち，ビル管理に関連がある「設備」について，以下のような基準等が設定されている。

(1) 品目および判断の基準等

① 太陽光発電システム

［判断の基準］ 商用電源の代替として，太陽電池モジュールを使用した太陽光発電による電源供給ができるシステムであること。

配慮事項：分解が容易であるなど，部品の再使用または素材の再生利用が容易になるような設計がなされていること。

② 太陽熱利用システム

［判断の基準］ 給湯用または冷暖房用の熱エネルギーとして，太陽エネルギーを利用したシステムであること。

配慮事項：分解が容易であるなど，部品の再使用や素材の再生利用が容易になるような設計がなされていること。

③ 燃料電池

［判断の基準］ 商用電源の代替として，燃料中の水素と空気中の酸素を結合させ，電気エネルギーまたは熱エネルギーを取り出すものであること。

［配慮事項］ 分解が容易であるなど，部品の再使用または素材の再生利用が容易になるような設計がなされていること。

④ 生ごみ処理機

［判断の基準］ バイオ式または乾燥式等などの処理方法によって，生ごみの減容および・減量等などを行う機器であること。

［配慮事項］ 分解が容易であるなど，素材の再生利用が容易になるような設計がなされていること。使用時のエネルギー節減のための設計上の工夫がなされていること。処理後の生成物は，肥料化，飼料化またはエネルギー化等など再生利用されるものであること。

(2) **目標の立て方**

① 太陽光発電システムまたは燃料電池にあっては，当該年度における調達による各品目ごとの総設備容量（kW）とする。

② 太陽熱利用システムにあっては，当該年度における調達による総集熱面積（m^2）とする。

③ 太陽光発電システムと太陽熱利用システムの複合システムにあっては，当該年度における調達による総設備容量（kW）と総集熱面積（m^2）をそれぞれ計上する。

④ 生ごみ処理機にあっては，当該年度における調達（リース・レンタル契約および食堂運営受託者による導入を含む）総量（台数）とする。

[13] 水道法

昭和32年法律第177号，平成18年6月2日改正

1 法の目的

水道法は，水道の布設および管理を適正かつ合理的ならしめるとともに，水道を計画的に整備し，および水道事業を保護育成することによって，清浄にして豊富低廉な水の供給を図り，もって公衆衛生の向上と生活環境の改善に寄与することを目的としている。

2 法の概要

水道法の内容は，概ね以下のとおりである。

(1) 水質基準の定め

水道により供給される水は，次の要件を備えるものでなければならない。

① 病原生物に汚染され，または病原生物に汚染されたことを疑わせるような生物・物質を含むものでないこと。
② シアン，水銀その他の有毒物質を含まないこと。
③ 銅，鉄，フッ素，フェノールその他の物質をその許容量をこえて含まないこと。
④ 異常な酸性またはアルカリ性を呈しないこと。
⑤ 異常な臭味がないこと。ただし，消毒による臭味を除く。
⑥ 外観は，ほとんど無色透明であること。

（以上の各項目につき，厚生労働省令で，基準が定められている）

(2) 施設基準の定め

各種水道施設につき，法令に定める施設基準を満たさなければならない。

(3) 各事業主体の認可，人的要件，事業内容の規制等

水道事業者は，料金，給水槽し工事の費用の負担区分その他の供給条件につき，法律の定める要件に従った供給規程を定めなければならない。

(4) 専用水道や簡易専用水道については，工事に当たって知事の確認等の手続きが必要である。また，設置者は，基準に従った管理の実施や，定期報告等を行わなければならない（Q2）。

3 Q＆A

Q1 給水装置の立ち入り検査をするとして，水道事業者の職員が来た際に留意すべき点は何ですか。

A 水道法では，水道事業者は，日出後日没前に限り，その職員をして，当該水道によって水の供給を受ける者の土地または建築物に立ち入り，給水装置を検査させることができるとされている。そして，人が看守し，または人が住居に使用する建築物や，閉鎖された門内に立ち入るときは，その看守者，居住者またはこれに代るべき者の同意が必要とされる（水道法17条）。

建築物を管理する者が立ち入り検査を同意するに当たっては，検査の時間を確認するとともに，立ち入り調査をする職員は身分証明書を携帯しているのでその提示を求め，適法な検査であることを確認することになる。

また，水道事業によって水の供給を受ける者の方も，水道事業者に対して，給水装置の検査及び供給を受ける水の水質検査を請求することができる（水道法18条）。したがって，水質等に疑念が生じたり，点検の不備等が疑われるような場合には，給水装置の検査等を積極的に求めることも大切である。

Q2 貯水槽の管理上のことで，簡易専用水道の法定検査等について教えてください。

A 簡易専用水道の設置者は，水道法第34条の2および水道法施行規則第56条に基づき，厚生労働大臣の登録を受けた検査機関による検査

を1年に1回以上受ける義務があり，同規則第55条に規定する管理基準に従い管理の実施や定期報告を行うこととされている。そして，貯水槽（受水槽）については，この簡易専用水道に準じた衛生管理が求められていることに留意する必要がある。

以下，その概要について説明する。

ビルやマンション，学校，病院などの多くでは，水道水をいったん貯水槽（たとえば，受水槽や高置水槽）に貯めてから給水ポンプ等を使って各階へ給水する受水槽方式を採用しており，このような水道を「貯水槽水道」と呼んでいる。

水道水のみを給水源としている貯水槽水道は，受水槽の有効容量により以下のとおり分類されるが，このうち簡易専用水道は水道法の適用を受ける。

貯水槽水道
- ①簡易専用水道：有効容量が10㎥を超える施設
（水道法の適用あり……○）
- ②準簡易専用水道：有効容量が5㎥を超え10㎥以下の施設
（水道法適用のなし……×　→各市町村条例等で）
- ③小規模受水槽水道：有効容量が5㎥以下の施設
（水道法適用のなし……×　→各市町村条例等で）

(1) 水道法による検査等

簡易専用水道の設置者は，水道法に基づき，年1回の水槽の清掃や水の汚染防止措置などの施設管理を行うとともに，その管理の状況について厚生労働大臣の登録を受けた検査機関による定期検査を受けなければならない。（水道法第34条の2）

検査内容

①給水栓における水質の検査	給水栓における臭気・味・色・色度・濁度・残留塩素の検査※1
②書類検査	設備等の関係書面，水槽の清掃記録，日常の点検・整備の記録など特定建築物の備え付け帳簿類の検査※2
③水槽等の外観検査	水槽等の給水設備及びその周辺の管理状況

※1　給水栓における水の色，濁り，臭い，味その他の状態により供給する水に異常を認めたときは，水質基準に関する省令の表の中欄に掲げる事項のうち必要なものについて検査を行う。

※2　この際，簡易専用水道の設置者は，建築物衛生法第10条に規定する帳簿書類を，検査者に提出する必要がある。

(2) 検査後の措置
　① 検査者から，設置者に対して「検査済みを証する書類」が交付される。
　② 検査の結果，判定基準（「水質基準に関する省令」の表の中欄に掲げる事項）に適合しなかった事項がある場合には，検査者は設置者に対して，当該事項について速やかに対策を講じるように助言を行うこととされている。
　　ア 水質基準項目のうち必要な項目についての検査
　　イ 供給する水が人の健康を害するおそれがあることを知った場合，給水の停止および関係者に対する危険周知の措置　など
　③ とくに衛生上問題がある場合には，検査者が設置者に対して，管轄の都道府県知事等に，その旨を報告するように助言を行うこととされている。

[14] 下水道法

昭和33年法律第79号，平成17年6月22日改正

1 法の目的

下水道法は，流域別下水道整備総合計画の策定に関する事項ならびに公共下水道，流域下水道および都市下水路の設置その他の管理の基準等を定めて，下水道の整備を図り，もって都市の健全な発達および公衆衛生の向上に寄与し，あわせて公共用水質の保全に資することを目的とする。

2 法の概要

下水道法は，昭和33年（1958年）4月24日，法律第79号として制定され，その内容は，概ね以下のとおりである。

(1) 流域別下水道整備総合計画

都道府県は，それぞれの水域・海域ごとに下水道整備総合計画を定める。

(2) 公共下水道

公共下水道の設置・管理等は市町村が行い，管理を行う者は事業計画の認可を受けて事業を行う。公共下水道の使用開始により，建築物所有者等には排水設備の設置等が義務づけられる。公共下水道の設備等を横断等するような工作物を設置しようとする者は，公共下水道管理者の許可を得なければならない。

(3) 流域下水道

流域下水道の設置・管理等は都道府県が行い，管理を行う者は事業計画の認可を受けて事業を行う。流域下水道には他の施設等の設置は原則として行えない。

(4) 都市下水路

都市下水路の設置・管理等は市町村が行う。都市下水路を横断等する工作物を設置する者は，都市下水路の管理者の許可を得なければならない。

3 Q&A

Q1 下水道の使用開始に伴い，ビルの所有者等はどのような設備等を設置することが義務づけられますか。

A 下水道法において，下水道の使用開始に伴い，排水設備の設置と，水洗便所への改造義務が定められている。この２つは，下水道がその役割を果たすために必要不可欠なものといえる。

(1) **排水設備の設置等（下水道法第10条第１項）**

　公共下水道の供用開始の公示がなされた場合には，その法律効果として，当該排水区域内の土地の所有者，使用者または占有者は当該土地の下水を公共下水道に流入させるために，必要な排水設備を設置しなければならない。

　この排水設備の設置義務は，「特例の事情により，公共下水道管理者の許可を受けた場合」には免除されることとなっているが，その土地からの下水の水質が終末処理場からの放流水について定められている水質基準に適合しており，かつ，そのような水質が将来にわたって保証されると判断されるものである場合などに限られ，建築物の冷却水やプール排水のように何ら処理を施さなくても水質が確保されているような水以外については，排水設備の設置が義務づけられるものと理解しておくべきである。

(2) **水洗便所への改造義務等（下水道法第11条の３）**

　公共下水道の処理開始の公示がなされた場合には，その法律効果として，当該処理区域内において汲み取り便所が設けられている建築物の所有者は，処理開始の日から３年以内に，その便所を水洗便所（汚水管が公共下水道に連結されたものに限る）に改造しなくてはならない。

　なお，当該処理区域内において建築物を新築・増築・改築する場合については，下水道法10条１項の規定ではなく，建築基準法により，便所は水洗便所以外の便所としてはならないことになる（建築基準法31条１項）。

　また，浄化槽を使用している場合には，浄化槽の汚水管も下水道法第10条に規定する排水設備であるので，その汚水管を公共下水道に接続するか，浄化槽から排出される放流水を排水設備を設けて公共下水道に流入させるかのいずれかの措置を講じなければならない。

Q2 排水設備の改修,維持,管理は誰が行うのですか。

A 公共下水道の処理開始に基づいて設置された排水設備の改修等の主体は,次のようになっている。

① 排水設備の改築・修繕
　ア 建築物の敷地である土地の下水に係る排水設備については,建築物の所有者
　イ 建築物の敷地でない土地の下水に係る排水設備については,土地の所有者
　ウ 道路その他の建築物以外の公共施設の敷地である土地の下水に係る排水設備については,公共施設を管理すべき者

② 排水設備の清掃その他の維持
　・ア・イについては土地の占有者
　・ウについては,当該公共施設を管理する者

[15] 浄化槽法

昭和58年5月18日法律第43号，平成20年5月23日改正

1 法の目的

浄化槽法は，浄化槽の設置，保守点検，清掃および製造について規制するとともに，浄化槽工事業者の登録制度および浄化槽清掃業の許可制度を整備し，浄化槽設備士および浄化槽管理士の資格を定めること等により，公共用水域等の水質の保全等の観点から浄化槽による，し尿および雑排水の適正な処理を図り，もって生活環境の保全および公衆衛生の向上に寄与することを目的としている。

2 法の概要

浄化槽法の内容は，概ね以下のとおりである。

(1) 浄化槽の設置

浄化槽を設置する場合には，都道府県知事等に届け出る必要がある。設置工事は，法令の定める技術上の基準に従わなければならない（平成13年度から，河川等の水質保全のため，し尿とあわせて生活雑排水を処理できる合併処理浄化槽の設置が義務づけられている）。

浄化槽を設置し，使用開始後3か月を経過した日から5か月以内に，都道府県知事が指定した検査機関（指定検査機関）の行う設置後の検査を受けなければならない。検査の結果是正勧告等がなされた場合には，それに従う義務がある。

(2) 浄化槽の保守点検・清掃

浄化槽管理者は，原則として毎年1回浄化槽の保守点検，清掃を，法令で定める技術上の基準に従い行うとともに，指定検査機関が行う水質検査を受ける必要がある。検査の結果是正勧告等がなされた場合には，それに従う義務がある。

(3) その他

そのほか，浄化槽法では，浄化槽の型式認定，浄化槽工事業に係る登録，浄化槽清掃業に係る許可，浄化槽設備士，浄化槽管理士などが定められている。

また，都道府県では，平成13年以前に設置された単独処理浄化槽の合併処理浄化槽への転換を推進している。

3 Q&A

Q1 浄化槽の維持管理は，なぜ必要なのですか。

A 下水道と同程度の汚水処理性能を持つ合併処理浄化槽の構造は建築基準法で定められており，正しい使い方と適正な管理を行えば，本来の機能を十分に発揮することができる。しかし，使い方を誤ったり，維持管理を適切に行わないと，放流水の水質が悪化したり，悪臭が発生してしまうことになり，逆に生活環境を悪くする原因となることから，維持管理は重要である。

Q2 水質検査では，どのようなことを検査するのですか。

A すべての浄化槽は，「水質に関する検査」を受けなければならない。この検査には「設置状況検査（7条検査）」と「維持管理状況検査（11条検査）」がある。表-15に，検査のチェック項目を示す。

表-15　浄化槽法における検査のチェック項目

外観検査	水質検査	書類検査
1. 設置状況 2. 設備の稼動状況 3. 水の流れ方状況 4. 使用の状況 5. 悪臭の発生状況 6. 消毒の実施状況 7. 力、ハエ等の発生状況	1. 水素イオン濃度指数（pH） 2. 溶存酸素量 3. 透視度 4. 残留塩素濃度 5. 生物化学的酸素要求量（BOD） 6. 汚泥沈殿率※ 7. 塩素イオン濃度※ （※11条検査では除く項目）	7条検査 使用開始直前に行った保守点検の記録等を参考とし、適正に設置されているか否か等が検査される。 11条検査 保存されている保守点検および清掃の記録ならびに前回の検査の記録等を参考とし、保守点検および清掃が適正に実施されているか否かが検査される。

（注）11条検査では，外観検査を一部省略する場合がある。

Q3 浄化槽の使用を始めてから半年程度たち，設置後の検査（7条検査）を受けるようにいわれましたが，それはどういう意味ですか。

A 新たに設置された浄化槽や，構造，規模の変更をした浄化槽については，その使用開始後3か月を経過した日から5か月以内に，都道府県知事が指定した検査機関（指定検査機関）の行う設置後の検査を受けなければならない。この検査は，浄化槽法の第7条に規定されているので「7条検査」と呼ばれている。

　これは浄化槽が適正に設置され，所期の機能を発揮しうるかどうかは，実際に使用を開始された後でなければ確認できないため，機能に着目した設置状況を検査し，欠陥があれば早期にそれを是正することを目的としたものである。

Q4　7条検査の目的と内容を，詳しく教えてください。

A 7条検査は，浄化槽が適正に設置され，かつ浄化槽が本来の機能を発揮しているか否かを早い時期に確認するものであり，検査の項目等は，次のとおりである。

(1) **外観検査**

外観検査は，浄化槽の設置場所において，その設置されている状態を観察するとともに，浄化槽内部を目視すること等によって，原則として，次に掲げる項目について実施する。

① 設置状況
② 設備の稼動状況
③ 水の流れ方の状況
④ 使用の状況
⑤ 悪臭の状況
⑥ 消毒の状況
⑦ 蚊・ハエ等の発生状況

(2) **水質検査**

原則として，次に掲げる項目について検査が行われる。

① 水素イオン濃度
② 汚泥沈殿率
③ 溶存酸素量
④ 透視度
⑤ 塩素イオン濃度
⑥ 残留塩素濃度
⑦ 生物化学的酸素要求量

(3) **書類検査**

使用開始直前に行った保守点検の記録等を参考とし，適正に設置されているか否か等が検査される。

Q5 毎年1回定期検査（11条検査）を受けるようにいわれましたが，それはどういう意味ですか。

A 浄化槽管理者は，浄化槽が所期の機能を十分発揮し，放流水質が悪くなって，身近な生活環境の悪化等につながるようなことがないように，都道府県知事の指定する検査機関の定期検査を毎年1回受けることとされている。この定期検査は，浄化槽法第11条に規定されているので「11条検査」と呼ばれている。なお，この検査は保守点検や清掃が法律の規定どおりに実施され，浄化槽の機能が正常に維持されているかどうかについて検査するもので，浄化槽の規模や処理方式等にかかわらず，すべての浄化槽が受検の対象となっている。また，平成19年4月から，10人槽以下の浄化槽については，従来の検査方式（ガイドライン検査）の検査項目の一部を軽減した「効率化検査」が導入された。

Q6 11条検査の目的と内容を，詳しく教えてください。

A 11条検査は，浄化槽の保守点検，清掃が適正に実施され，浄化槽の機能が正常に維持されているか否かを定期的，継続的に判断するものであり，検査の方法等は，次のとおりとなっている。なお，10人槽以下の浄化槽の11条検査には「ガイドライン検査」と「効率化検査」の2方式があり，後者は検査項目の一部を軽減して実施する。以下に，11条検査の項目を示す。

(1) **外観検査**

外観検査は，浄化槽の設置場所において，その設置されている状態を観察するとともに，浄化槽内部を目視すること等によって，原則として，次に掲げる項目について行われる。

① 設置状況
② 設備の稼動状況
③ 水の流れ方の状況
④ 使用の状況

⑤ 悪臭の発生
⑥ 消毒の実施状況
⑦ 蚊・ハエ等の発生状況

(2) **水質検査**

原則として，次に掲げる項目について検査が行われる。

① 水素イオン濃度
② 溶存酸素量
③ 透視度
④ 残留塩素濃度
⑤ 生物化学的酸素要求量

(3) **書類検査**

保存されている保守点検および清掃の記録ならびに前回の検査の記録等を参考とし，保守点検および清掃が適正に実施されているか否かが検査される。

Q7 検査後，「不適正」という通知をもらいました。どうすればよいでしょうか。

A 指定検査機関は，検査を終了した後，検査結果書を作成し，浄化槽管理者へ提出することになっており，この検査結果書に(1)適正，(2)概ね適正，(3)不適正の3段階の判定が記載されることになっている。ここで「不適正」と判断されたということは，検査を受けた浄化槽の設置および維持管理に関し，法に基づく浄化槽の構造，工事，保守点検および清掃に係る諸基準に違反しているおそれがあると考えられ，改善の必要性が認められる場合をいう。このため，「不適正」という通知をもらった場合には，検査結果書に従い，自らの浄化槽の状態，改善点を把握し，工事業者等と相談のうえ，適切な措置をとる必要がある。

Q8 浄化槽法に違反した場合,「罰則」とはどのようなものですか。

A 浄化槽管理者に関係する違反行為と,その罰則は次のようなものがある。

(1) 保守点検や清掃が定められた基準に従っていないとして,都道府県知事が,改善処置や使用停止を命じた場合,この命令に違反すると処罰される（第12条第2項）。

→6か月以下の懲役または100万円以下の罰金（第62条）

(2) 無届で浄化槽を設置した場合には処罰される（第5条第1項）。

→3か月以下の懲役または50万円以下の罰金（第63条）

(3) 届け出た浄化槽の設置計画が不適正であると認められ,出された変更命令または廃止命令に違反すると処罰される（第5条第3項）。

→3か月以下の懲役または50万円以下の罰金（第63条）

(4) 都道府県知事から浄化槽の保守点検や清掃等に関して報告を求められたのに報告をしなかったり,嘘の報告をすると処罰される（第53条第1項）。

→30万円以下の罰金（第64条）

(5) 都道府県知事の立ち入り検査を拒んだり,妨げたり,質問に答えなかったりまた嘘をついた場合処罰される（第53条第2項）。

→30万円以下の罰金（第64条）

(6) 水質検査および定期検査の未受検者に対し,都道府県が指導,勧告,命令をすることができるとともに,この命令に従わない場合は処罰される（第7条第2項,第3項,第12条第2項,第3項）。

→30万円以下の過料（第66条の2）

(7) 浄化槽を廃止した場合に,届出をせず,または虚偽の届出をした場合は処罰される（第11条第2項）。

→5万円以下の過料（第68条）

[16] 建築物衛生法〔ビル衛生管理法〕
（建築物における衛生的環境の確保に関する法律）

昭和45年法律第20号，平成18年6月2日改正

1 法の目的

通称，建築物衛生法は，正式な法律名を「建築物における衛生的環境の確保に関する法律」といい，従前，「ビル衛生管理法」あるいは「ビル管法」と言い習わされてきたものである。この法律は多数の者が使用し，または利用する建築物における衛生的な環境の確保を図り，もって公衆衛生の向上および増進に資することを目的とした法律である。

2 法の概要

建築物衛生法の内容は，概ね以下のとおりである。

① 興行場，百貨店，店舗，事務所，学校，旅館など特定の用に供せられる相当程度の規模を有する建築物で，政令で定めるものを，特定建築物とする。

② 特定建築物の維持管理

特定建築物の所有者等には，次の義務が課されている。

ア 建築物環境衛生管理基準に従って，特定建築物の維持管理をすること

イ 当該特定建築物の使用開始後1か月以内に都道府県知事に所定の事項につき届出をすること

ウ 建築物環境衛生管理技術者を選任すること

エ 環境衛生上必要な事項を記載した帳簿書類を備えておくこと

③ 行政の監督

都道府県知事は，特定建築物の所有者等に対し，報告を求め，検査を行うことができ，その結果を受けて改善命令等を行うことができる。

④ 建築物における衛生的環境の確保に関する事業の登録

建築物の清掃，空気環境の測定等の事業を行う者は，都道府県知事の登録を受けることができる。

3 法令改正のポイント

3.1 水道法の改正に連動しての改正
（建築物における衛生的環境の確保に関する法律施行規則の一部を改正する省令　平成21年厚生労働省令第61号）

（公布日）	平成21年3月30日
（施行日）	平成21年3月31日と平成21年4月1日

(1) **登録業者等の団体の指定の基準の新設**（平成21年3月31日から施行）

法第12条の6第1項の規定について，「指定基準の詳細な事項を法令又は告示で定める」との措置を講ずることとされた。

→指定の基準の新設にあわせ，指定の申請の際に添付する書類を追加（厚労省通知：平成21年3月30日健発第0330017号）

(2) **飲料水の水質検査項目の変更**（平成21年4月1日から施行）

「1.1-ジクロロエチレン」に係る水質基準が削除されることから，規則第4条の規定に基づく水質検査の項目から，「1.1-ジクロロエチレン」が削除された。

3.2 特定建築物の範囲や，建築物環境衛生管理基準の見直し
（建築物における衛生的環境の確保に関する法律施行規則の一部を改正する省令　平成14年厚生労働省令第156号）

（公布日）	平成14年12月3日
（施行日）	平成15年4月1日

建築物衛生法は，昭和45年（1970年）に制定されたが，近年は建築物の大型化・複合用途化が進むとともに，地球温暖化問題や省エネルギーなど取り巻く環境やニーズの変化を背景として，「建築物環境衛生管理規準」（令第2条）を中心に，平成15年4月1日に以下の点が改正された。

(1) 特定建築物の範囲の見直し
- 特定建築物における「10％除外規定」の撤廃

(2) 建築物環境衛生管理基準の見直し
- 空気調和設備および機械換気設備における「中央管理方式」の限定除外
- 「ホルムアルデヒドの量」の建築物環境衛生管理基準への追加
- 空気調和設備における「病原体による汚染」の防止対策強化
- 建築物環境衛生管理基準の適用を受ける「飲料水」の範囲の明確化
- 雑用水規定の新設
- ねずみ等の防除方法等の見直し

4 Q＆A

Q1 特定建築物には，すべてこの法律が適用されるのでしょうか。

A 以前は，興行場，百貨店，店舗，事務所，学校，旅館など特定の用に供せられる相当程度の規模を有する建築物（特定建築物）につき，これら特定の用途以外に用いられる部分が特定の用途に用いられる部分の面積の10％を超える建築物（以下「10％除外規定の適用建築物」という）については，特定建築物の対象範囲から除外されてきた。

しかし，平成15年（2003年）4月1日から，10％除外規定適用建築物も，特定建築物として，法の適用を受けることとなっている。したがって，10％除外規定の適用建築物であった所有者等は，保健所に相談のうえ，届出の手続きが必要とされる。

Q2 特定建築物への保健所の立入検査は，どのような建築物が対象となるのですか。

A もっぱら事務所の用途に供される特定建築物については，従前は，都道府県労働局長から要請があった場合のみ，保健所等による立入検査が行われることとされてきた。

しかし，もっぱら事務所の用途に供される特定建築物についても，多くの場合，一の管理者の下に複数の事業所が入居している建築物が少なくないことから，建築物衛生の実効をあげるためには，個々の事業主に対する監督にとどまらず，建築物全体の維持管理権原者に対して保健所等による指導を行うことが適当であることから，現在では，もっぱら事務所の用途に供される特定建築物についても，建築物衛生行政の面から必要があると認めるときは，保健所等が立入検査等を行うこととなっている。

Q3 空気調和設備および機械換気設備の維持管理は，すべてこの法律の対象になるのでしょうか。

A 　空気調和設備・機械換気設備の維持管理については，従前は「中央管理方式」（すなわち，各居室に供給する空気を中央管理室等で一元的に制御する方式）の設備に限って，建築物環境衛生管理基準が適用されることとされていた。

　しかし，当時はもっぱら家庭用ルームクーラーとして利用されていた中央管理方式以外の方式（各居室において個別に管理する方式）の空気調和設備が，最近は，技術改良等によって，比較的規模の大きな建築物においても導入され，また，1台の室外機によって複数室の室内機に冷媒を供給する方式の空気調和設備も普及している。しかし，この中央管理方式以外の空気調和設備を設けている建築物は，建築物環境衛生管理基準の適用外とされていたため，①換気量が十分確保されず，室内空気の汚染が懸念される場合がある，②十分な湿度管理が行われておらず，冬期には低湿度状態になる傾向にあるなどの問題が指摘されていた。

　このため，中央管理方式以外の空気調和設備・機械換気設備についても，基準に適合するように維持管理を行うこととなっている。

Q4 室内化学汚染物質への対応はどのようにする必要があるのでしょうか。

A 最近，ホルムアルデヒド等の化学物質が比較的高いレベルで認められる住宅が存在することが明らかになった一方で，建築物が室内に特殊な発生源が存在せず，かつ，十分な換気量が確保されている条件下では，ホルムアルデヒド等の化学物質の室内濃度は比較的低い状況にあること，また建築物の竣工後，時間の経過に伴い，化学物質の濃度は低減する傾向にあることが各種調査で明らかになった。

そこで，法令では，ホルムアルデヒドの濃度の基準を「空気1立方メートルにつき0.1ミリグラム以下」と定め，空気調和設備または機械換気設備を設けている場合には，この基準に適合するように維持管理を行うこととされる。また，新築・増築，大規模の修繕，大規模の模様替えを完了し，当該建築物の使用を開始した時点から直近の6月1日から9月30日までの間に実施することとされている。測定値が基準値を上回った場合には，必要に応じて保健所等に相談のうえ，適切な対応を講じる必要がある。

なお，表-16.1に厚生労働省がガイドラインとして策定した揮発性有機化合物（VOC）の濃度指針値の一覧を示す。

表-16.1 室内空気中における化学物質濃度の指針値

化 学 物 質	指 針 値	主 な 用 途
①ホルムアルデヒド	100μg/m³ (0.08ppm)	・合板，パーティクルボード，壁紙用接着剤等に用いられる尿素系，メラニン系，フェノール系等の合成樹脂，接着剤 ・一部の，のり等の防腐剤
②トルエン	260μg/m³ (0.07ppm)	内装材等の施工用接着剤，塗料等
③キシレン	870μg/m³ (0.20ppm)	内装材等の施工用接着剤，塗料等
④パラジクロロベンゼン	240μg/m³ (0.04ppm)	衣類の防虫剤，トイレの芳香剤等
⑤エチルベンゼン	3800μg/m³ (0.88ppm)	内装材等の施工用接着剤，塗料等
⑥スチレン	220μg/m³ (0.05ppm)	ポリスチレン樹脂等を使用した断熱材等

⑦クロルピリホス	1μg/m³ (0.07ppb) (小児の場合は 0.1μg/m³ (0.007ppb))	防蟻剤
⑧フタル酸ジ-n-ブチル	220μg/m³ (0.02ppm)	塗料，接着剤等の可塑剤
⑨テトラデカン	330μg/m³ (0.04ppm)	灯油，塗料等の溶剤
⑩フタル酸ジ-2-エチルヘキシル	120μg/m³ (7.6ppb)	壁紙，床材等の可塑剤
⑪ダイアジノン	0.29μg/m³ (0.02ppb)	殺虫剤
⑫フェノブカルブ	33μg/m³ (3.8ppb)	防蟻剤
⑬総揮発性有機化合物量（TVOC）	暫定目標値 400μg/m³	

Q5 空気環境の測定は，どのように行うのでしょうか。

A 浮遊粉じんの量，一酸化炭素含有量，二酸化炭素含有量，温度，相対湿度及び気流（機械換気設備を設けている場合には温度，相対温度は除く）を，2か月に1回定期的に測定する必要がある。

Q6 冷却塔，加湿装置の管理は，どのようにすればよいでしょうか。

A 法令では，空気調和設備の衛生上必要な措置として，冷却塔と加湿装置の管理につき，以下のように定められているので，その規定に従い対応する必要がある。

(1) 供給する水は，省令によって水道法第4条に規定する水質基準に適合することとされており，水道水を使用することを前提として適合する水とする。

(2) 地域再生水，広域再生水等の再利用水，雨水，空調排水等を使用することはできない。
(3) 飲料水として井戸水を使用している場合は，早急に上水に切り替えることが必要である。上水に切り替えるまでの間，飲料水として井戸水を使用する際は，省令で規定している水質検査と維持管理を実施する必要がある。
(4) 水道水を冷却塔および加湿装置の補給水に使用している場合であっても，上水系統とは別に補給水槽を設けて供給する際（雑用系上水）には，補給水槽の適正な管理を行う必要がある。
(5) 雑用系上水を冷却塔の補給水として使用する場合には，次のとおり，管理する必要がある。
・使用開始時および使用期間中1か月以内ごとに1回定期に点検し，必要に応じて清掃，換水等を行う。
・空気調和設備内に設けられた排水受け（ドレン受け）について，使用開始時および使用期間中1か月以内ごとに1回定期に点検し，必要に応じ清掃等を行う。
(6) 加湿装置につき，清掃を1年以内ごとに1回定期に行う。

Q7 飲料水に関する水質管理は，どのように行うのでしょうか。

A 遊離残留塩素の検査および貯水槽の清掃を，それぞれ7日以内，1年以内ごとに1回，定期的に行う必要がある。

また，大腸菌，鉛，亜鉛，鉄等について，水質基準に合致しているかを6か月以内ごとに1回，定期的に行う。

Q8 清掃や，ねずみ等の点検，防除はどのように行えばよいのでしょうか。

A 掃除は，日常行うもののほか，大掃除を6か月以内ごとに1回，定期に，統一的に行う必要がある。

ねずみ等の発生および侵入の防止ならびに駆除としては，その発生場所や生息場所，侵入経路さらにその被害の状況について，①6か月に1回，定期的に，統一的に調査を実施し，当該調査の結果に基づき，ねずみ等の発生を防止するため必要な措置を講ずる必要がある。また，②ねずみ等の防除のため殺そ剤または殺虫剤を使用する場合は，薬事法で承認を受けた医薬品または医薬部外品を用いる。

なお，これらの掃除，ねずみ等の発生および侵入の防止ならびに駆除については，厚生労働大臣が別に定める技術上の基準に従うよう努めなければならないとされている。

Q9 建築物衛生法の事業者としての登録制度とは，どのようなものでしょうか。

A 法第12条の2では，建築物の衛生管理に係る事業者の登録者の登録制度が規定されており，一定の要件を満たす事業者は，都道府県知事の登録を受け，登録業者であると名乗ることを認めるものである。この登録制度は，建築物の大型化や建築物の衛生管理業務の外注化に伴い，事業者数が増加するとともに，事業者の役割が増大したことを背景として，建築物所有者等に対して優良業者の目安を示すこと，事業者にインセンティブを付与することで，その資質の向上を図ることなどを目的として，設けられている。

したがって，専門業者の選定に際しては，登録の有無をひとつの参考にすることが考えられる。

5 参考資料

特定建築物（3000m²以上の商業施設・事務所など）は，ビル衛生管理法に基づき，下記の基準等により管理することとなっている。

表-16.2　建築物環境衛生管理基準等（施行規則（厚生労働省令）等）

内　容	回数	基準値等
貯水槽清掃	1／年	—
残留塩素測定	1／週	項　目／平常時／緊急時 遊離残留塩素濃度／0.1mg/ℓ以上／0.2mg/ℓ以上 結合残留塩素濃度／0.4mg/ℓ以上／1.5mg/ℓ以上 ＊給水栓末端の残留塩素濃度測定
水質検査	3／年	＊水質基準に基づく水質検査の実施 ＊3回はそれぞれ15項目・10項目・特殊11項目に分かれる。
排水槽清掃	2／年	＊6か月以内ごとに1回清掃 　雑排水槽，汚水槽など
定期清掃	2／年	＊日常清掃のほか，6か月以内ごとに1回大清掃を定期的に行う。
害虫・ねずみ等の防除	12／年	＊月以内ごとに1回，特に発生しやすい場所については2か月以内ごとに1回定期に統一的に調査を実施し，当該結果に基づき必要な措置を講ずる。
空気環境測定	6／年	＊各階で測定（ホルムアルデヒドについては，建築等を行った場合，使用開始日以降最初の6月～9月の間に1回）

[17] 警備業法

昭和47年7月5日法律第117号，平成17年7月26日改正

1 法の目的

この法律は，警備業について必要な規制を定め，もって警備業務の実施の適正を図ることを目的としている。

2 法の概要

警備業法の概要は，以下のとおりである。

(1) **警備業務**

「警備業務」とは，次の各号のいずれかに該当する業務であって，他人の需要に応じて行うものを指す。

① 事務所，住宅，興行場，駐車場，遊園地等（以下「警備業務対象施設」という）における盗難等の事故の発生を警戒し，防止する業務（施設警備業務）

② 人もしくは車両の雑踏する場所またはこれらの通行に危険のある場所における負傷等の事故の発生を警戒し，防止する業務（交通誘導警備業務・雑踏警備業務）

③ 運搬中の現金，貴金属，美術品等に係る盗難等の事故の発生を警戒し，防止する業務（輸送警備業務）

④ 人の身体に対する危害の発生を，その身辺において警戒し，防止する業務（身辺警備業務）

(2) **警備業の認定**

警備業を行おうとする者は公安委員会の認定を受けなければならない。

(3) **警備業務の規制**

警備員になるためには一定の要件が必要とされ，服装も内閣府令で決められている。護身用具は公安委員会から使用制限がなされることがある。

警備業者との間の警備業務に係る契約は，事前の書面による説明と，内閣府令に定める事項を記載した契約書面が必要とされる。

(4) **機械警備業務の届出**

警備業者が機械警備業務を行う場合，所定事項を記載して公安委員会に届出をする必要がある。

(5) **行政の監督等**

公安委員会は，警備業者に対し，報告を求め，立ち入り検査や指示，営業停止処分等をすることができる。

3 Q&A

Q1 警備業法上の警備の業務とは，どのようなものがあるのですか。

A 警備業法では，警備の業務は，次の4種類に分けられている。
(1) 施設警備業務（建築物，一般住宅，遊園地，駐車場などの施設の警備）で，「一号警備」という。センサーなどを設置して，離れたところで監視する機械警備業務も含む。
(2) 交通誘導警備業務または雑踏警備業務（工事現場での誘導警備，祭礼や催しものなど大勢の人出がある場所での誘導警備）で，「二号警備」という。
(3) 輸送警備業務（現金，貴重品，核燃料等の運搬を警備）で，「三号警備」という。
(4) 身辺警備業務（いわゆるボディーガード。携帯型の端末で身辺を見守るサービスなども含む）で，「四号警備」という。

Q2 百貨店，スーパー等における開店，大売出し，イベント等に伴う警備は，警備業法上の警備業務に該当するのでしょうか。

A 一般に，百貨店，スーパー等における開店，大売出し，イベント等に伴う警備は，多数集まった客が混雑によって，転倒し，負傷すること等を警戒し，防止する業務（具体的には，アナウンス，誘導等により，

集まった客の整理を行う業務）である場合が多いと考えられ，このような「人の雑踏の整理」を行う業務は，雑踏警備業務に該当する。

一方，開店や大売出しに伴う警備であっても，混雑に乗じた万引きやスリの警戒を行う業務は，「人の雑踏の整理」に係る業務ではないことから，雑踏警備業務には該当しないが，イベントが警備業務対象施設内で行われる場合には，施設警備業務に該当する。

よって，いずれの場合でも，警備業法に従った対応（書面による契約の締結等）が求められる。

Q3 イベントのための来場者用駐車場における警備業務は，警備業法の適用があるのでしょうか。

A 一般に，駐車場における警備業務は，車両の誘導がその業務であり，それに伴い発生する駐車場内を歩く乗降客の誘導も「人の雑踏の整理」には該当しないことから，当該業務は交通誘導警備業務となる。しかし，たとえば，駐車場を横切ってイベント会場へ向かう多数の歩行者の整理を行うなど，「人の雑踏の整理」を行うような場合には，その業務は雑踏警備業務に該当する（1人の警備員が交通誘導警備業務と雑踏警備業務の両方を行う場合もある）。よって，いずれの場合でも，警備業法に従った対応（書面による契約の締結等）が求められる。

Q4 警備員には仕事をする上での特別な権限がありますか。

A 警備員には法的に特別な権限はない。あくまで一般市民と同じ立場で安全を見守り，事故や事件の発生を防ぐのが警備業務である。警備の現場では，契約先はもちろん，その場を利用する人々との信頼関係が重要なのは他の職場と変わらない。警備業務は，特別な権限によるのではなく，警備のプロとしての知識や能力，信頼関係によって成り立っている。

Q5 プール監視業務は雑踏警備業務に該当するのでしょうか。

A 一般に、プール監視業務は、来場者が溺れたり、飛込み等の際に、けがをしたりすることを防止するとともに、そのような事態が生じた際に適切に対処することがその業務であると考えられ、このような業務は「人の雑踏の整理」に係る業務ではないことから、雑踏警備業務には該当しない。ただし、プール監視業務であっても、多数の来場者が混雑によって、転倒し、負傷すること等を警戒し、防止する業務（具体的には、アナウンス、誘導等により、来場者の整理を行う業務）を行う場合には、当該業務は雑踏警備業務に該当する。

Q6 サッカーやコンサート等に伴う警備において、来場者に対する金属探知機を使用した手荷物検査や警備区域内の巡回など、一号業務にあたるような業務を行う場合もあるが、これらの業務は雑踏警備業務に該当するのですか。

A 手荷物検査や警備区域内の巡回といった業務は、通常、一号業務に該当し、雑踏警備業務には該当しない。ただし、これらの業務がサッカーやコンサート等に伴って行われる場合には、たとえば、混雑する入口ゲートにおいて、手荷物検査を行っている警備員が入場客に対する整列の呼び掛けも行うような場合や、巡回警備を行っている警備員が雑踏事故防止の呼び掛けも行う場合など、手荷物検査や警備区域内の巡回を行っている警備員がその任務として「人の雑踏の整理」を兼ねている場合もあり、このような業務は雑踏警備業務に該当する（この場合、1人の警備員が一号業務と雑踏警備業務の両方を行っていることとなる）。

[18] 健康増進法

平成14年法律第103号，平成21年6月5日改正

1 法の目的

　健康増進法は，わが国における急速な高齢化の進展および疾病構造の変化に伴い，国民の健康の増進の重要性が著しく増大していることから，国民保健の向上を図ることを目的として，国民の健康の増進の総合的な推進に関し基本的な事項を定めるとともに，国民の栄養の改善その他の国民の健康の増進を図ることを目的としている。

2 法の概要

　健康増進法の内容は，概ね以下のとおりである。

(1) **基本方針等**
　① 厚生労働大臣は，国民の健康の増進の総合的な推進を図るための基本的な方針を定め，都道府県知事は当該方針を勘案して，都道府県健康増進計画を定める。
　② 厚生労働大臣は，健康診断等に係る指針を作成する。

(2) **国民健康・栄養調査等**
　国民健康・栄養調査等が毎年一定の地域ごとに実施される。

(3) **保健指導等**
　市町村は，生活習慣相談や保健指導等を行う。都道府県は，専門性を有する事項につき保健指導等を行う。

(4) **特定給食施設における栄養管理，受動喫煙の防止**
　① 特定給食施設（特定かつ多数の者に対し給食を提供する施設で政令で定めるもの）を設けた者は，都道府県知事に届出を行い，管理栄養士を置いて栄養管理を行う。
　② 学校，体育館，病院，劇場，観覧場，集会場，展示場，百貨店，事

務所，官公庁施設，飲食店その他の多数の者が利用する施設を管理する者は，これらを利用する者について，受動喫煙（室内又はこれに準ずる環境において，他人のたばこの煙を吸わされることをいう）を防止するために必要な措置を講ずるように努めなければならない。

(5) **特別用途表示・栄養表示基準等**
① 販売に供する食品につき，乳児用，幼児用，妊産婦用，病者用その他内閣府令で定める特別の用途に適する旨の表示（以下「特別用途表示」という）をしようとする者は，内閣総理大臣の許可を受ける必要がある。
② 販売に供する食品につき栄養表示をしようとする者及び栄養表示食品を輸入する者は，内閣総理大臣が定めた栄養表示基準に従い，必要な表示をする必要がある。

3 Q&A

Q1 健康増進法では，受動喫煙防止対策として，どのような措置が求められているのでしょうか。

A 健康増進法では，受動喫煙防止対策に関し，「学校，体育館，病院，劇場，観覧場，集会場，展示場，百貨店，事務所，官公庁施設，飲食店その他の多数の者が利用する施設を管理する者は，これらを利用する者について，受動喫煙（室内又はこれに準ずる環境において，他人のたばこの煙を吸わされることをいう。）を防止するために必要な措置を講ずるよう努めなければならない。」と規定されている（同法25条）。

そもそも受動喫煙とは，他人が吸っているたばこの煙を吸うことをいうが，受動喫煙は，喫煙者同様，がんや，心臓病など，様々な健康障害を引き起こすおそれがある。健康増進法では，受動喫煙防止対策として，受動喫煙防止対策実施施設の認定を受けたうえで，対象施設の禁煙・分煙を推進するため，施設のある地域を管轄する保健所が，禁煙施設，分煙施設の認定等をすることになっている。

禁煙施設，分煙施設についての定義の一例は，表-18.1のとおり。

表-18.1 禁煙施設・分煙施設の定義

施設	定義
禁煙施設	建築物全体が禁煙で，そのことを表示しており，屋内には灰皿が置いていない施設
分煙施設	次の要件を満たしている施設 (1) 喫煙場所を設置し，表示していること (2) 喫煙場所に十分な能力の換気装置があり，非喫煙場所へ，たばこの煙と臭いの漏れがないこと (3) 喫煙場所以外の屋内に灰皿を置いていないこと

Q2 健康増進法では，飲食店にも受動喫煙防止対策が義務づけられているのでしょうか。

A 健康増進法は，第25条により，学校などの公共施設と並んで飲食店も対象としており，店内で受動喫煙を防止するための対策を，飲食店の責任者である店長などに義務づけている。なお，健康増進法は，あくまで努力義務であり，法律自体に強制力は発生しないが，受動喫煙防止対策をとるかどうかによって，その飲食店の評判にもつながることはいうまでもない。

Q3 健康増進法では，給食施設をどのように分類しているのでしょうか。

A これまで，栄養改善法第9条の2で規定されていた集団給食施設は，平成15年（2003年）5月1日からの健康増進法の施行に伴い，特定給食施設と規定された。

健康増進法で定められた特定給食施設は，給食の開始・届出事項の変更，休止・廃止および再開した時には都道府県知事等に届出が必要である。

また，給食施設の栄養管理を適切に行う観点から，栄養管理の基準が法的に位置づけられ，特定給食施設の設置者の遵守義務が規定された。

なお，給食施設の分類を表-18.2に示す。

表-18.2 給食施設の分類

給食施設区分	施 設 内 容	根拠法規等
特定給食施設	特定かつ多数の者に対して，継続的に食事を供給する施設のうち，栄養管理が必要なもので，継続的に1回100食以上または1日250食以上の食事を供給する施設	健康増進法第20条第1項 健康増進法施行規則第5条
小規模 特定給食施設	上記以外の施設であって，特定かつ多数の者に対して，継続的に食事を供給する施設のうち，1回20食以上100食未満または1日50食以上250食未満の食事を供給する施設	都道府県条例等

[19] 労働安全衛生法

昭和47年法律第57号，平成18年6月2日改正

1 法の目的

労働安全衛生法は，職場における労働者の安全と健康を確保するとともに，快適な職場環境の形成を促進することを目的として労働基準法（昭和22年法律第49号）と相まって，労働災害の防止のための危害防止基準の確立，責任体制の明確化および自主的活動の促進の措置を講ずる等，その防止に関する総合的計画的な対策を定める法律である。

2 法の概要

労働安全衛生法は，もともと労働基準法第5章「安全と衛生」の部分を独立させる形で制定された法律である。したがって，労働安全衛生法第1条にも規定されているように，労働基準法と相まって（労働基準法の原則を当然の前提として）運用されなければならない。

労働安全衛生法は，職場における労働者の安全と健康を守るための包括的な法規であり，安全衛生管理体制の確立，労働者を健康障害や有害物から守るための措置，産業医の制度等を通じて，職場の安全衛生に関する網羅的な法規制を行っている。

(1) **事業者等の責務**

事業者は，職場における労働者の安全と健康を確保するよう努めなければならない。

労働者は，事業者等が実施する労働災害の防止に関する措置に協力するよう努めなければならない。

(2) **労働災害防止計画**

厚生労働大臣は，労働災害防止計画を策定し，公表する。

(3) **安全衛生管理体制**

　事業者は，事業規模等に応じ，総括安全管理者，安全管理者，衛生管理者，安全衛生推進者，産業医等を選任し，衛生委員会や安全委員会等を設置しなければならない。

(4) **労働者の危険または健康障害を防止するための措置，**

　事業者は，機械等による危険や健康障害を防止し，健康，風紀等を保持するために，厚生労働大臣が定める技術上の基準に従い必要な措置を講じなければならない。

(5) **機械等および有害物に関する規制，**

　機械等については，危険度に応じ，製造に際し許可を要し，譲渡等が禁止される。

　有害物の製造には許可が必要とされる。

(6) **労働者の就業に当たっての措置，**

　事業者は，労働者を雇い入れたときは，遅滞なく，以下の事項に関する安全衛生の教育を行わなければならない。

　①機械等，原材料等の危険性・有害性およびこれらの取扱い方法，②安全装置，③有害物抑制装置，④保護具の性能およびこれらの取扱い方法，⑤作業手順，⑥作業開始時の点検，⑦当該業務に関して発生するおそれのある疾病の原因および予防，⑧事故時等における応急措置および退避など。

(7) **健康の保持増進のための措置**

　事業者は，労働者の健康に配慮して作業管理をし，健康教育等をするよう努めるとともに，労働者に対し，医師による健康診断を行わなければならない。

(8) **安全衛生改善計画**

　都道府県労働局長は，必要に応じ，事業者に対し，安全衛生改善計画の作成を指示することができる。

3 Q&A

Q1 労働安全衛生法の仕組みを教えてください。

A 労働安全衛生法は，職場における労働者の安全と健康を守るための包括的な法規であり，安全衛生管理体制の確立，労働者を健康障害や有害物から守るための措置，産業医の制度等を通じて，職場の安全衛生に関する網羅的な法規制を行っている。

労働安全衛生法は，13章および附則からなり，総則，労働災害防止計画，安全衛生管理体制，労働者の危険または健康障害を防止するための措置，機械等および有害物に関する規制，労働者の就業に当たっての措置，健康の保持増進のための措置，快適な職場環境形成のための措置，安全衛生計画等について定めを置いている。

Q2 労働安全衛生法上では，労働災害防止，安全衛生管理体制として，事業者に対しどのような対応を求めているのでしょうか。

A 労働災害は，各事業場それぞれにおいて事業者の責任において防止されねばならない。そこで労働安全衛生法は，安全衛生管理体制の確立を重視し，各事業場の責任者を「総括安全衛生管理者」として，当該事業場における安全衛生業務全般の統括管理を義務づけるとともに，そのもとに安全管理者，衛生管理者，小規模事業場における安全衛生推進者を配置して，万全の体制を求めている。さらに常時100人以上の労働者を使用する事業場（特定業種にあっては50人以上）では安全委員会を，すべての業種で常時50人以上を使用する事業場では衛生委員会を，それぞれ設置することも義務づけている。

事業者は，安全委員会，衛生委員会，安全衛生委員会開催の都度，遅滞なく，その議事の概要を労働者に周知しなければならないとされている。

Q3 総括安全管理者・安全管理者は，どのような場合に選任しなければならないのでしょうか。

A

(1) 総括安全管理者は，次の場合に選任しなければならない。
① 林業，鉱業，建設業，運送業，清掃業⇒100人以上の労働者を使用する事業場
② 製造業（物品の加工業を含む），電気業，ガス業，熱供給業，水道業，通信業，各種商品卸売業，家具・建具・じゅう器等卸売業，各種商品小売業，家具・建具・じゅう器等小売業，燃料小売業，旅館業，ゴルフ場業，自動車整備業および機械修理業
　　⇒300人以上の労働者を使用する事業場
③ その他の業種　1000人以上の労働者を使用する事業場
(2) 安全管理者は，次の場合に選任しなければならない。
　林業，鉱業，建設業，運送業，清掃業，製造業（物品の加工業を含む），電気業，ガス，熱供給業，水道業，通信業，各種商品卸売業，家具・建具・じゅう器等卸売業，各種商品小売業，家具・建具・じゅう器等小売業，燃料小売業，旅館業，ゴルフ場業，自動車整備業および機械修理業の事業場で，常時50人以上の労働者を使用する場合〔なお，安全管理者は，厚生労働大臣が定める研修（危険性・有害性等の調査に関する事項を含み，計9時間）を受けた者の中から選任しなければならない（平成18年10月1日において安全管理者として選任された経験が2年未満の者も，同日以降に安全管理者として選任されるためには，研修を受ける必要がある）。〕

Q4 労働安全衛生法では，労働者の危険または健康障害を防止するための措置，機械等および有害物に関する規制など労働災害防止に対して，どのように規定されているのでしょうか。

A 労働者の危険と健康障害を防止するために，事業者に対して，様々な労働災害防止措置を講ずることが義務づけられている。ただし，

それらの詳細は，技術的細部にわたることも多いので，かなりの部分が厚生労働省令に委ねられている。

また，有害物の規制に関しては，まず，製造または取扱いの過程において労働者に重大な健康障害を生ずる物質の中で，通常の手段をもってしても，これらの健康障害を完全には防止できないものについては，製造，輸入，譲渡，提供，使用が禁止されている（労働安全衛生法第55条）。これに至らない場合でも，製造が厚生労働大臣の許可に服せしめられていたり，有害性の表示が義務づけられるなどの規定が置かれており，有害性の調査も求められている。

Q5 労働者安全衛生法上，危険性・有害性等の調査が要求されるのは，どのような場合ですか。

A 安全管理者を選任しなければならない業種の事業場（規模は問われない）では，危険性・有害性等の調査および必要な措置を講じなければならない（なお，化学物質等で労働者の危険または健康障害を生ずるおそれのある者に係る調査は，すべての事業場が対象となる）。

具体的には，職場における労働災害発生の芽（リスク）を事前に摘み取るため，設備，原材料等や作業行動等に起因する危険性・有害性等の調査（リスクアセスメント）を行い，その結果に基づき，必要な措置を実施するように努めなければならないとされている。

リスクアセスメントの実施時期は，次の①～④である。
① 建設物を設置し，移転し，変更し，または解体するとき。
② 設備，原材料等を新規に採用し，または変更するとき。
③ 作業方法または作業手順を新規に採用し，または変更するとき。
④ その他危険性または有害性等について変化が生じ，または生ずるおそれがあるとき。

なお，厚生労働省からは，危険性・有害性等の調査および必要な措置の適切かつ有効な実施を図るための指針が公表されている。

[20] 大気汚染防止法

昭和43年法律第97号，平成22年5月10日改正

1 法の目的

　大気汚染防止法は，工場および事業場における事業活動ならびに建築物の解体等に伴うばい煙ならびに粉じんの排出等を規制し，有害大気汚染物質対策の実施を推進し，ならびに自動車排出ガスに係る許容限度を定めること等により，大気の汚染に関し，国民の健康を保護するとともに生活環境を保全し，ならびに大気の汚染に関して人の健康に係る被害が生じた場合における事業者の損害賠償の責任について定めることにより，被害者の保護を図ることを目的としている。

2 法の概要

　大気汚染防止法の内容は，概ね以下のとおりである。
(1) ばい煙の排出の規制等
　環境省令で定めるばい煙排出基準に従い排出の規制がなされる。ばい煙発生施設の設置に際しては届出を要するとともに，ばい煙排出者は排出状況を測定し，記録する。排出基準に適合しない場合には，改善命令等がなされる。
(2) 有害大気汚染物質対策の推進
　事業者は，その事業に伴う有害大気汚染物質の大気への排出等の状況を把握し，排出等を抑制するために必要な措置を講じなければならない。国，地方公共団体，国民もそれぞれの立場において必要な対応を行う。
(3) 自動車排出ガスに係る許容限度等
　環境大臣は，自動車排出ガスに係る許容限度を定め，都道府県知事は一定の地域において排出ガス濃度を測定し，それが許容限度を超えている場合には，公安委員会に対し道路交通法に基づく措置を要請する。国民は，

自動車排出ガスの排出抑制に努めなければならない。
(4) 大気の汚染の状況の監視等
都道府県知事は，大気の汚染状況を常時監視し，必要に応じ，ばい煙排出者等に対し排出施設の使用の制限等を命じることができる。
(5) 損害賠償の特例定
工場または事業場における事業活動に伴う健康被害物質の大気中への排出により人の生命身体を害したときは，当該排出に係る事業者は，損害賠償責任を負う（無過失責任）。

3 Q & A

Q1 大気中の汚染物質のうち，大気汚染防止法で対象となる有害大気汚染物質とは，どのような物質ですか。

A 大気汚染物質には，自然に発生するもの（自然発生源）と，工場等の固定発生源，自動車等の移動発生源など，われわれが社会活動を行うことによって発生するものとがある。発生する形状もガス，エアロゾル（大気中に浮遊している固体・液体の微粒子状物質），粒子と様々に存在する。

大気汚染物質は，大気汚染防止法で定められている。大気汚染防止法では，工場や事業場の施設ごとの排出規制，指定地域での総量規制，自動車排出ガスの許容限度の設定などによって，大気汚染の防止を図っている。

対象物質としては，ばい煙（硫黄酸化物，ばいじん，有害物質5種），粉じん（一般粉じん，特定粉じん），自動車排出ガス，特定物質（28物質），および平成8年（1996年）の法改正によって指定された有害大気汚染物質（234種類，うち指定物質3物質）が該当する。

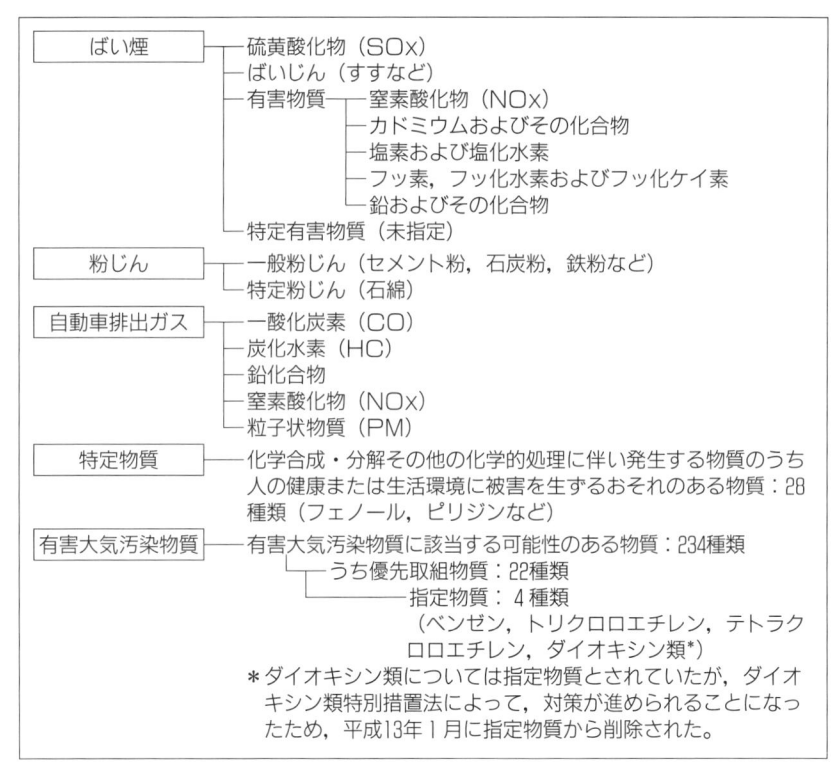

```
┌─────────┐
│  ばい煙  │──┬─ 硫黄酸化物（SOx）
└─────────┘  ├─ ばいじん（すすなど）
             ├─ 有害物質─┬─ 窒素酸化物（NOx）
             │          ├─ カドミウムおよびその化合物
             │          ├─ 塩素および塩化水素
             │          ├─ フッ素，フッ化水素およびフッ化ケイ素
             │          └─ 鉛およびその化合物
             └─ 特定有害物質（未指定）

┌─────────┐
│  粉じん  │──┬─ 一般粉じん（セメント粉，石炭粉，鉄粉など）
└─────────┘  └─ 特定粉じん（石綿）

┌──────────────┐
│ 自動車排出ガス │──┬─ 一酸化炭素（CO）
└──────────────┘  ├─ 炭化水素（HC）
                  ├─ 鉛化合物
                  ├─ 窒素酸化物（NOx）
                  └─ 粒子状物質（PM）

┌──────────┐
│ 特定物質  │── 化学合成・分解その他の化学的処理に伴い発生する物質のうち
└──────────┘   人の健康または生活環境に被害を生ずるおそれのある物質：28
               種類（フェノール，ピリジンなど）

┌──────────────┐
│有害大気汚染物質│── 有害大気汚染物質に該当する可能性のある物質：234種類
└──────────────┘        ├─ うち優先取組物質：22種類
                        └─ 指定物質：4種類
                           （ベンゼン，トリクロロエチレン，テトラク
                           ロロエチレン，ダイオキシン類*）
                *ダイオキシン類については指定物質とされていたが，ダイオ
                キシン類特別措置法によって，対策が進められることになっ
                たため，平成13年1月に指定物質から削除された。
```

図-20　大気汚染防止法の対象物質

Q2 大気汚染防止法における規制対象物質の規制基準の設定方法，規制措置等は，どのような仕組みになっているのでしょうか。

A 大気汚染防止法における規制対象物質の発生形態，発生施設，規制基準の設定方法，規制措置等は，表-20.1のような仕組みになっている。

表-20　規制対象物質と規制基準

規制物質		発生形態	発生施設	規制基準の設定方法	規制措置等
	硫黄酸化物（SOx）	物の燃焼 石油燃焼	ばい煙発生施設	・排出基準 →量規制，地域ごとにK値方式 ・特定工場については総量規制基準	改善命令，直罰など

ば い 煙	ばいじん	物の燃焼または熱源としての電気の使用	ばい煙発生施設	→指定地域内，工場単位量規制，知事が定める。 排出基準 →濃度規制，施設の種類・規模ごと	改善命令，直罰など
	有害物質	窒素酸化物（NOx）	物の燃焼，合成，分解など	ばい煙発生施設	排出基準 →濃度規制，施設の種類・規模ごと ・特定工場については総量規制基準 →指定地域内，工場単位量規制，知事が定める。	改善命令，直罰など
		カドミウム鉛フッ化水素塩素および塩化水素	物の燃焼，合成，分解など	ばい煙発生施設	排出基準 →濃度規制，施設の種類・物質の規模ごと	改善命令，直罰など
粉じん	一般粉じん	物の粉砕，選別たい積など	一般粉じん発生施設	構造・使用・管理基準	基準適合命令
	特定粉じん	物の粉砕，選別たい積など	特定粉じん発生施設	規制基準 →敷地境界での濃度基準	改善命令
自動車排出ガス		自動車の運行	特定の自動車	許容限度 保安基準（道路運送車両法）で考慮	車両検査，整備命令など
特定物質		物の合成等の化学的処理中の事故	特定施設（政令等で特定せず）	なし	事故時の措置命令

Q3 ばい煙の排出に関しては，どのような規制がなされているのでしょうか。

A ばい煙発生施設において発生するばい煙を大気中に排出する者（ばい煙排出者）は，ばい煙量やばい煙濃度が，ばい煙施設の排出口において，排出基準に適合したものでなければならないとされている（法13条1項）。

そして，ばい煙排出者は，環境省令（大気汚染防止法施行規則15条）に従い，排出口におけるばい煙排出量およびばい煙濃度を測定し，その結果を記録して3年間保存しなければならない（同法16条）。

[21] 水質汚濁防止法

昭和45年法律第138号，平成22年5月10日改正

1 法の目的

　水質汚濁防止法は，工場および事業場から公共用水域に排出される水の排出および地下に浸透する水の浸透を規制するとともに，生活排水対策の実施を推進すること等によって，公共用水域および地下水の水質の汚濁（水質以外の水の状態が悪化することを含む）の防止を図り，もって国民の健康を保護するとともに生活環境を保全し，ならびに工場および事業場から排出される汚水および廃液に関して人の健康に係る被害が生じた場合における事業者の損害賠償の責任について定めることにより，被害者の保護を図ることを目的としている。

2 法の概要

　水質汚濁防止法の内容は，概ね以下のとおりである。

(1) 排出水の排出の規制等

　環境省令で定める排水基準に従い，排水の規制がなされる。カドミウム等を含む汚水を排水する特定施設の設置に際しては届出を要するとともに，排出水を排出する者は，排水の汚濁負荷量を測定し，記録する。排水基準に適合しない場合には，改善命令等がなされる。

(2) 生活排水対策の推進

　生活排水を排出する者は，生活排水による汚濁の負荷の低減に資するような設備の整備に努めなければならない。国，地方公共団体，国民もそれぞれの立場において必要な対応を行う。

(3) 水質の汚濁の状況の監視等

　都道府県知事は，公共用水域等の水質の汚濁の状況を常時監視し，必要に応じ排出水の排出者等に対し排出水の量の減少等を命じることができる。

(4) **損害賠償の特例**

　工場または事業場における事業活動に伴う有害物質の汚水等により人の生命身体を害したときは，当該排出等に係る事業者は，損害賠償責任を負う（無過失責任）。

3 Q&A

Q1　水質汚濁防止法の適用を受ける工場または事業場とは，どのような施設ですか。

A　環境負荷の高い汚水を発生するおそれのある施設は，「特定事業場」として，水質汚濁防止法の適用を受ける。ただし，雨水を含む特定事業場からの排水をすべて下水道終末処理場に接続する公共下水道に放流する場合は，特定施設の設置等の届出が免除される。

　水質汚濁防止法の適用を受ける工場または事業場についてまとめると，以下のとおりである。

① 特定施設（水質汚濁防止法施行令別表第1に規定）を設置し，公共用水域に水を排出する工場・事業場。

② 有害物質を製造し，使用し，または処理する特定施設（有害物質使用特定施設）を設置する特定事業場（有害物質使用特定事業場）から有害物質使用特定施設に係る汚水等（これを処理したものを含む）を受けて，これを地下に浸透させる工場・事業場。

③ 貯油施設等を設置する事業場のうち，事故等があった場合，油を含む水を排出するおそれのある工場・事業場。

Q2　水質汚濁防止法で定められている健康項目と生活環境項目とは，どのようなものですか。

A　水質汚濁防止法では，「カドミウムその他の人の健康に係る被害を生ずるおそれがある物質」（カドミウムおよびその化合物等26項目）を「健康項目」とし，「有害物質に係る排水基準」を適用する。そして，有害物質以外の「化学的酸素要求量その他の水の汚染状態を示す項目に関

し，生活環境に係る被害を生ずるおそれのある程度もの」（水素イオン濃度等12項目）を「生活環境項目」とし，「生活環境項目に係る排水基準」を適用する。

それぞれの項目は以下のとおりである。

表-21.1 水質汚濁防止法で定められている健康項目

有害物質の種類	許容限度
カドミウムおよびその化合物	0.1mg/ℓ
シアン化合物	1mg/ℓ
有機リン化合物	1mg/ℓ
鉛およびその化合物	0.1mg/ℓ
六価クロム化合物	0.5mg/ℓ
ヒ素およびその化合物	0.1mg/ℓ
総水銀	0.005mg/ℓ
アルキル水銀化合物	検出されないこと
PCB	0.003mg/ℓ
トリクロロエチレン	0.3mg/ℓ
テトラクロロエチレン	0.1mg/ℓ
ジクロロメタン	0.2mg/ℓ
四塩化炭素	0.02mg/ℓ
1,2-ジクロロエタン	0.04mg/ℓ
1,1-ジクロロエチレン	0.2mg/ℓ
シス-1,2-ジクロロエチレン	0.4mg/ℓ
1,1,1-トリクロロエタン	3mg/ℓ
1,1,2-トリクロロエタン	0.06mg/ℓ
1,3-ジクロロプロペン	0.02mg/ℓ
チウラム	0.06mg/ℓ
シマジン	0.03mg/ℓ
チオベンカルブ	0.2mg/ℓ
ベンゼン	0.1mg/ℓ
セレンおよびその化合物	0.1mg/ℓ

表-21.2 水質汚濁防止法で定められている生活環境項目

項　目	許容限度
水素イオン濃度（pH）	5.8～8.6
生物化学的酸素要求量（BOD）	160mg/ℓ
化学的酸素要求量（COD）	160mg/ℓ
浮遊物質量	200mg/ℓ
ノルマルヘキサン抽出物質	30mg/ℓ
フェノール類	5mg/ℓ
銅	3mg/ℓ
亜鉛	5mg/ℓ
鉄	10mg/ℓ
マンガン	10mg/ℓ
クロム	2mg/ℓ
ふっ素	15mg/ℓ
大腸菌群数	3000個/cm³
窒素	120mg/ℓ
リン	16mg/ℓ

Q3 総量規制指定地域とは，どのような地域が指定され，規制はどのように違っているのですか。

A 人口が集中し，生活活動や事業活動に伴い排出される水が大量に流入する広域の公共用水域や指定水域の汚濁負荷量の総量を削減するために指定されるのが，総量規制指定地域である（水質汚濁防止法施行令別表第二に具体的な地名が詳細に記載されている）。総量規制指定地域での規制は，通常の規制よりも厳しくなっている。

[22] 騒音規制法

昭和43年法律第98号，平成17年4月27日改正

1　法の目的

騒音規制法は，工場および事業場における事業活動ならびに建設工事に伴って発生する相当範囲にわたる騒音について必要な規制を行うとともに，自動車騒音に係る許容限度を定めること等により，生活環境を保全し，国民の健康の保護に資することを目的とする。

2　法の概要

騒音規制法の内容は，概ね以下のとおりである。

(1)　特定工場等に関する規制

都道府県知事が定める規制基準に従い，規制がなされる。都道府県知事が指定した地域内で工場または事業場が著しい騒音を発生させる施設（特定施設）を設置する場合には，市町村長への届出が必要とされる。市町村長は，騒音が規制基準に適合せず周辺の生活環境が損なわれると認めたときには，勧告や改善命令等をすることができる。

(2)　特定建設作業に関する規制

都道府県知事が指定した地域内で，著しい騒音を発生するくい打機の使用など，建設工事として行われる作業等（特定建設作業）を伴う建設工事を施工しようとする場合には，市町村長への届出が必要とされる。市町村長等は，騒音が規制基準に適合せず周辺の生活環境が損なわれると認めたときには，勧告や改善命令等をすることができる。

(3)　自動車騒音に係る許容限度

環境大臣が定める自動車騒音の大きさの許容限度に従い，規制がなされる。市町村長は，指定地域内で騒音測定を行い，その結果，自動車騒音が許容限度を超え，周辺の生活環境が著しく損なわれていると認められる場

合，市町村長等は都道府県公安委員会に，道路交通規制等の措置をとるように要請することができる。

3 Q＆A

Q1 騒音規制法では，どのような分類によって，騒音を規制しているのでしょうか。

A 騒音規制法では，①工場・事業場騒音の規制，②建設作業騒音の規制，③自動車騒音の規制，④深夜騒音等の規制の4つに分類して，法規制を実施している。ビルの管理においては，このうちの①と④が関係するので，以下にこの2つにつき概要を説明する。

(1) 工場・事業場騒音の規制

騒音規制法では，機械プレスや送風機など，著しい騒音を発生する施設であって政令で定める施設（「特定施設」という。騒音規制法施行令別表第1で規定）を設置する工場・事業場を特定工場等として，規制対象と指定されている。

具体的には，都道府県知事等が騒音について規制する地域を指定する（指定地域）とともに，環境大臣が定める基準（特定工場等において発生する騒音の規制に関する基準。表-22.1）の範囲内において，時間および区域の区分ごとの規制基準を定め，市町村長等が規制対象となる特定施設等に関し，必要に応じて改善勧告等を行う。

表-22.1 特定工場等において発生する騒音の規制に関する基準

区域の区分 \ 時間の区分	昼間 （午前7，8時） ～ （午後6，7，8時）	朝・夕 （午前5，6～7，8時） ・ （午後6，7，8～9，10，11時）	夜間 （午後9，10，11時） ～ （翌午前5，6時）
・第1種区域 良好な住居の環境を保全するために，特に静穏の保持を必要とする区域	45dB以上 50dB以下	40dB以上 45dB以下	40dB以上 45dB以下
・第2種区域 住居の用に供されているため，静穏の保持を必要とする区域	50dB以上 60dB以下	45dB以上 50dB以下	40dB以上 50dB以下

・第3種区域 住居の用に併せて商業・工業等の用に供されている区域であって，その区域内の住民の生活環境を保全するため，騒音の発生を防止する必要がある区域	60dB以上 65dB以下	55dB以上 65dB以下	50dB以上 55dB以下
・第4種区域 主として，工業等の用に供されている区域であって，その区域内の住民の生活環境を悪化させないため，著しい騒音の発生を防止する必要がある区域	65dB以上 70dB以下	60dB以上 70dB以下	55dB以上 65dB以下

・基準値は，工場敷地境界線における騒音レベル
・時間の区分は，地域の生活態様に応じて決める

(2) 深夜騒音等の規制

　深夜騒音等の規制に関しては，地方公共団体が，住民の生活環境保全の観点から，当該地域の自然的，社会的条件に応じて必要な措置を講ずることとされている。

Q2 騒音発生施設としての届出が要請されるのは，どのような場合でしょうか。

A　都道府県知事が指定した地域内にある工場または事業場が，著しい騒音を発生させる施設として次に掲げるもの（特定施設）を設置する場合には，その特定施設の設置工事の開始の日の30日前までに，特定施設の種類ごとの数や騒音の防止方法等の事項を，市町村長に届出なければならないとされている。

表-22.2　政令で定められている特定施設

大　分　類	小　分　類
① 金属加工機械	イ　圧延機械（原動機の定格出力の合計が二二・五キロワット以上のものに限る。） ロ　製管機械 ハ　ベンディングマシン（ロール式のものであつて，原動機の定格出力が三・七五キロワット以上のものに限る。） ニ　液圧プレス（矯正プレスを除く。）

		ホ 機械プレス（呼び加圧能力が二九四キロニュートン以上のものに限る。） ヘ せん断機（原動機の定格出力が三・七五キロワット以上のものに限る。） ト 鍛造機 チ ワイヤーフォーミングマシン リ ブラスト（タンブラスト以外のものであつて，密閉式のものを除く。） ヌ タンブラー ル 切断機（といしを用いるものに限る。）
②	空気圧縮機及び送風機	原動機の定格出力が七・五キロワット以上のものに限る。
③	土石用又は鉱物用の破砕機，摩砕機，ふるい及び分級機	原動機の定格出力が七・五キロワット以上のものに限る。
④	織機	原動機を用いるものに限る。
⑤	建設用資材製造機械	イ コンクリートプラント（気ほうコンクリートプラントを除き，混練機の混練容量が〇・四五立方メートル以上のものに限る。） ロ アスファルトプラント（混練機の混練重量が二〇〇キログラム以上のものに限る。）
⑥	穀物用製粉機	ロール式のものであつて，原動機の定格出力が七・五キロワット以上のものに限る。
⑦	木材加工機械	イ ドラムバーカー ロ チッパー（原動機の定格出力が二・二五キロワット以上のものに限る。） ハ 砕木機 ニ 帯のこ盤（製材用のものにあつては原動機の定格出力が一五キロワット以上のもの，木工用のものにあつては原動機の定格出力が二・二五キロワット以上のものに限る。） ホ 丸のこ盤（製材用のものにあつては原動機の定格出力が一五キロワット以上のもの，木工用のものにあつては原動機の定格出力が二・二五キロワット以上のものに限る。） ヘ かんな盤（原動機の定格出力が二・二五キロワット以上のものに限る。）
⑧	抄紙機	
⑨	印刷機械	原動機を用いるものに限る。
⑩	合成樹脂用射出成形機	
⑪	鋳型造型機	ジョルト式のものに限る。

[23] 振動規制法

昭和51年法律第64号，平成16年6月9日改正

1 法の目的

振動規制法は，工場および事業場における事業活動ならびに建設工事に伴って発生する相当範囲にわたる振動について必要な規制を行うとともに，道路交通振動に係る要請限度を定めること等により，生活環境を保全し，国民の健康の保護に資することを目的としている。

2 法の概要

振動規制法の内容は，概ね以下のとおりである。

(1) 特定工場等に関する規制，

都道府県知事が定める規制基準に従い，規制がなされる。都道府県知事が指定した地域内で工場または事業場が著しい振動を発生させる施設（特定施設）を設置する場合には，市町村長への届出が必要とされる。市町村長は，振動が規制基準に適合せず周辺の生活環境が損なわれると認めたときには，勧告や改善命令等をすることができる。

(2) 特定建設作業に関する規制

都道府県知事が指定した地域内で，著しい振動を発生するくい打機による作業など，建設工事として行われる作業等（特定建設作業）を伴う建設工事を施工しようとする場合には，市町村長への届出が必要とされる。市町村長等は，振動が規制基準に適合せず周辺の生活環境が損なわれると認めたときには，勧告や改善命令等をすることができる。

(3) 道路交通振動に係る要請

市町村長は，指定地域内で振動測定を行い，その結果，道路交通振動が基準を超え，周辺の生活環境が著しく損なわれていると認められる場合，市町村長等は，道路管理者に当該道路の修繕等の措置を要請し，または都

道府県公安委員会に，道路交通規制等の措置をとるように要請することができる。

3 Q & A

Q1 振動規制法では，工場等からの振動において，どのような規制基準が設けられているのでしょうか。

A 振動規制法では，特定工場等に関する規制として，「特定工場等において発生する振動の規制に関する基準」が規定されている。

振動規制法第4条第1項に規定する時間の区分および区域の区分ごとの基準は，表-23.1のとおりである。ただし，学校，保育所，病院および診療所のうち患者の収容施設を有するもの，図書館ならびに特別養護老人ホームの敷地の周囲おおむね50mの区域内における当該基準については，都道府県知事または振動規制法施行令第5条に規定する市町村長等が，規制基準として同表の時間の区分および区域の区分に応じて定める値から5 dBを減じた値以上とすることができるとされている。

表-23.1 特定工場等において発生する振動の規制に関する基準

区域の区分	時間の区分	基準値
第1種区域	昼間	60dB以上65dB以下
第1種区域	夜間	55dB以上60dB以下
第2種区域	昼間	65dB以上70dB以下
第2種区域	夜間	60dB以上65dB以下

備考
1) 第1種区域および第2種区域とは，それぞれ次の各号に掲げる区域をいう。ただし，必要があると認める場合は，それぞれの区域をさらに2区分することができる。
   ① 第1種区域：良好な住居の環境を保全するため，特に静穏の保持を必要とする区域および，住居の用に供されているため，静穏の保持を必要とする区域
   ② 第2種区域：住居の用に併せて商業，工業等の用に供されている区域であって，その区域内の住民の生活環境を保全するため，振動の発生を防止する必要がある区域および，主として工業等の用に供されている区域であって，その区域内の住民の生活環境を悪化させないため，著しい振動の発生を防止する必要がある区域
2) 昼間とは，午前5時，6時，7時または8時から午後7時，8時，9時または10時までとし，夜間とは，午後7時，8時，9時または10時から翌日の午前5時，6時，7時または8時までとする。
3) dB（デシベル）とは，計量法（平成4年法律第51号）別表第二に定める振動加速度レベルの計量単位をいう。

Q2 振動発生施設としての届出が要請されるのは，どのような場合でしょうか。

A 都道府県知事が指定した地域内にある工場または事業場が，著しい振動を発生させる施設として次に掲げるもの（特定施設）を設置する場合には，その特定施設の設置工事の開始の日の30日前までに，特定施設の種類ごとの数や振動の防止方法等の事項を，市町村長に届出なければならないとされている。

表-23.2 政令で定められている特定施設

大 分 類	小 分 類
① 金属加工機械	イ 液圧プレス（矯正プレスを除く。） ロ 機械プレス ハ せん断機（原動機の定格出力が一キロワット以上のものに限る。） ニ 鍛造機 ホ ワイヤーフォーミングマシン（原動機の定格出力が三七・五キロワット以上のものに限る。）
② 圧縮機	原動機の定格出力が七・五キロワット以上のものに限る。
③ 土石用又は鉱物用の破砕機，摩砕機，ふるい及び分級機	原動機の定格出力が七・五キロワット以上のものに限る。
④ 織機	原動機を用いるものに限る。
⑤ コンクリートブロックマシン	原動機の定格出力の合計が二・九五キロワット以上のものに限る。並びにコンクリート管製造機械及びコンクリート柱製造機械 原動機の定格出力の合計が一〇キロワット以上のものに限る。
⑥ 木材加工機械	イ ドラムバーカー ロ チッパー（原動機の定格出力が二・二キロワット以上のものに限る。）
⑦ 印刷機械	原動機の定格出力が二・二キロワット以上のものに限る。
⑧ ゴム練用又は合成樹脂練用のロール機	カレンダーロール機以外のもので原動機の定格出力が三〇キロワット以上のものに限る。
⑨ 合成樹脂用射出成形機	－
⑩ 鋳型造型機	ジョルト式のものに限る。

[24] 悪臭防止法

昭和46年法律第91号，平成18年6月2日改正

1 法の目的

　この法律は，工場その他の事業場における事業活動に伴って発生する悪臭について必要な規制を行い，その他悪臭防止対策を推進することにより，生活環境を保全し，国民の健康の保護に資することを目的としている。

2 法の概要

　悪臭防止法の内容は，概ね以下のとおりである。

(1) 規制等

　都道府県知事が定める規制基準に従い，規制がなされる。都道府県知事が指定した規制地域内の工場・事業場において，事業活動に伴って発生する悪臭原因物の排出が規制基準に適合せず，住民の生活環境が損なわれると認めたときには，市町村長は，当該事業場等を設置している者に対し，勧告や改善命令等をすることができる。

　市町村長は，規制地域において，政令で定める特定悪臭物の濃度等の測定を行う。

(2) 悪臭防止対策の推進

　国，地方公共団体，水路管理者，国民は，悪臭の発生を防止するのに必要な施策の実施や行動に努めなければならない。

3 Q&A

Q1 悪臭防止法の対象となる規制対象施設とは，どのような施設ですか。

A 悪臭防止法第1条では，都道府県知事が指定する「規制地域」内に設置される工場・事業場は，すべて規制対象となる（大気汚染防止

法等のような「特定施設」に限定して規制をかけるような制度は採用していない）。

なお，工場・事業場の概念に含まれない規制除外施設としては，以下のものが挙げられる。

① 一般住宅
② 自動車，船舶，航空機等の移動発生源
③ 建設工事，しゅんせつ，埋立て等のために一時的に設置される作業現場
④ 下水道の排水管，排水渠等

Q2 悪臭防止法における規制基準と規制内容について，教えてください。

A 悪臭防止法における規制基準と規制内容は，以下のとおりである。

(1) 規制基準

工場や事業場の敷地境界，排出口，排水口について規制される。

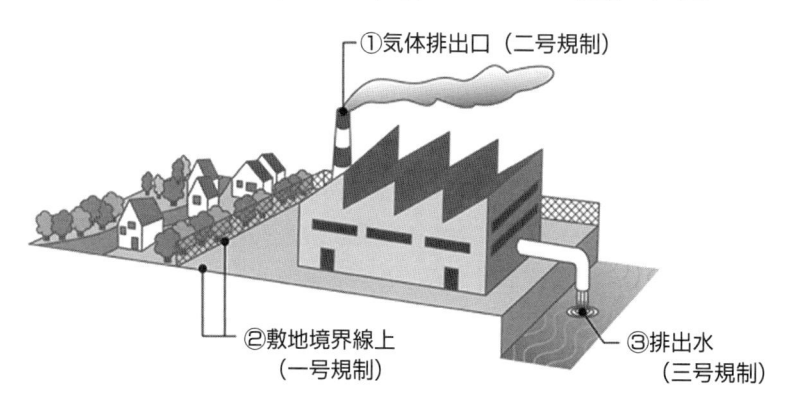

①気体排出口（二号規制）
②敷地境界線上（一号規制）
③排出水（三号規制）

出所：環境省HP（/www.env.go.jp）
図-24　規制基準のイメージ

(2) 規制内容

臭気強度2.5〜3.5に相当する特定悪臭物質（Q3で示す）の濃度または

臭気指数の範囲内で規制されている。また，これらを同時に適用することはできず，特定悪臭物質規制か臭気指数規制のどちらかの規制になっている。なお，表-24.1に地域区分と目標とする臭気強度を，表-24.2に一号～三号規制の内容を，それぞれ示す。

表-24.1　地域区分と目標とする臭気強度

規制地域の区分	目標とする臭気強度
主として工業に供されている地域 その他悪臭に対する順応の見られる地域	3.0～3.5
上記以外の地域	2.5～3.0

表-24.2　一号～三号規制の内容

区分	規制基準	特定悪臭物質	臭気指数
一号規制	事業所の敷地境界線	22物質	臭袋法での臭気指数
二号規制	事業所の気体排出口	有効煙突高さ5m以上 13物質	排出口15m以上： 　臭気排出強度 排出口15m未満： 　臭気指数
三号規制	事業所の排水口	4物質	フラスコ法での臭気指数

Q3 悪臭防止法による規制基準では，どのような物質が悪臭物質として指定され，その規制基準値は，どのように規定されているのでしょうか。

A 悪臭防止法第2条第1項および悪臭防止法施行令第1条により，22種の物質が「特定悪臭物質」として規定されている。また当該事業場の敷地境界線の地表における濃度等の規制基準については，悪臭防止法施行規則第2条，別表第一で示され（表-24.3），都道府県知事が定めることになっている。

表-24.3 悪臭防止法施行規則における特定悪臭物質

物質名	臭気強度に対応する濃度(ppm) 2.5	3.0	3.5	規制基準となる物質 一号	二号	三号
臭気指数	10〜15	12〜18	14〜21			
アンモニア	1	2	5	○	○	
メチルメルカプタン	0.002	0.004	0.01	○		○
硫化水素	0.02	0.06	0.2	○	○	○
硫化メチル	0.01	0.05	0.2	○		○
二硫化メチル	0.009	0.03	0.1	○		○
トリメチルアミン	0.005	0.02	0.07	○	○	
アセトアルデヒド	0.05	0.1	0.5	○		
プロピオンアルデヒド	0.05	0.1	0.5	○	○	
ノルマルブチルアルデヒド	0.009	0.03	0.08	○	○	
イソブチルアルデヒド	0.02	0.07	0.2	○	○	
ノルマルバレルアルデヒド	0.009	0.02	0.05	○	○	
イソバレルアルデヒド	0.003	0.006	0.01	○	○	
イソブタノール	0.9	4	20	○	○	
酢酸エチル	3	7	20	○	○	
メチルイソブチルケトン	1	3	6	○	○	
トルエン	10	30	60	○	○	
スチレン	0.4	0.8	2	○		
キシレン	1	2	5	○	○	
プロピオン酸	0.03	0.07	0.2	○		
ノルマル酪酸	0.001	0.002	0.006	○		
ノルマル吉草酸	0.0009	0.002	0.004	○		
イソ吉草酸	0.001	0.004	0.01	○		

※一号……事業所の敷地境界線
　二号……事業所の気体排出口
　三号……事業所の排水口

[25] 土壌汚染対策法

平成14年法律第53号，平成21年4月24日改正

1 法の目的

　土壌汚染対策法は，土壌汚染の把握に関する措置およびその汚染による人の健康被害の防止に関する措置を定めること等により，土壌汚染対策の実施を図り，もって国民の健康を保護することを目的としている。

2 法の概要

　土壌汚染対策法の内容は，概ね以下のとおりである。

(1) 土壌汚染状況調査

① 使用が廃止された有害物質使用特定施設に係る工場または事業場の土地であった土地等につき，土地の所有者等は，土壌汚染の状態を指定調査機関に調査させて，その結果を都道府県知事に報告しなければならない。

② 一定規模（3000㎡）以上の土地の掘削等によって，土地の形質変更を行おうとするものは，形質の変更に着手する30日前までに，一定規模以上の土地の形質に関する変更届出書を都道府県知事に届け出なければならず，当該土地が特定有害物質に汚染されているおそれがあると認めるときは，都道府県知事は，土地の所有者等に対して，当該土地の土壌汚染の状態を指定調査機関に調査させて，その結果を都道府県知事に報告すべきことを命ずることができる。

③ その他の土地についても，都道府県知事は，土壌汚染により人の健康被害が生ずるおそれがある土地と認めるときは，当該土地の土壌汚染の状況について，当該土地の所有者等に対し，指定調査機関に調査させてその結果を報告すべきことを命ずることができる。

(2) 指定区域の指定等
① 都道府県知事は，土壌汚染状況調査の結果，土壌の汚染状態が指定基準に適合しない土地については，要措置区域または形質変更時要届出区域として指定する。
② 土地の所有者等は，自主的に土地の有害物質による汚染状況を調査した結果，指定基準に適合しないと思料するときは，都道府県知事に対して，当該土地について要措置区域等に指定することを申請することができる。

(3) 汚染土壌の搬出等に関する規制
要措置区域および形質変更時要届出区域内の土地の汚染土壌を区域外に搬出しようとする者は，汚染土壌の搬出に着手する14日前までに都道府県知事に届け出なければならない。

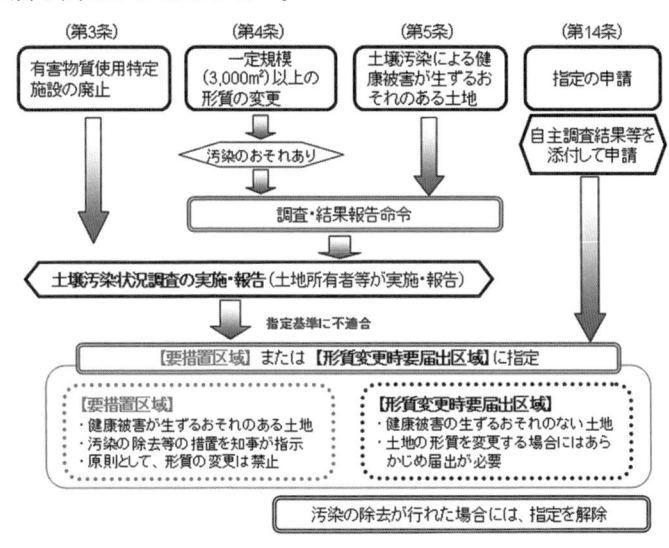

出所：国土交通省 HP

図-25　土壌汚染対策法の概要

3 Q & A

Q1 土壌汚染対策法にいう特定有害物質とは、どのようなものですか。また、指定基準における土壌溶出量基準、土壌含有量基準とは、どのようなものか教えてください。

A 土壌汚染対策法の対象となる特定有害物質は、「それが土壌に含まれることに起因して、人の健康に係る被害を生じるおそれがあるもの」と定義とされ（土壌汚染対策法第2条）、次の2種類のリスクの観点から選定されている。

① 特定有害物質が含まれる汚染土壌を直接摂取することによるリスク（直接摂取によるリスク）

② 特定有害物質が含まれる汚染土壌からの特定有害物質の溶出に起因する汚染地下水等の摂取によるリスク（地下水等の摂取によるリスク）

また、指定基準においても同様であり、地下水経由の摂取による健康影響の観点から土壌溶出量基準が、汚染された土壌の直接摂取による健康影響の観点から土壌含有量基準が、それぞれ定められている。

以上の土壌汚染対策法にいう特定有害物質、土壌溶出量基準、土壌含有量基準を一覧としてまとめたものが、表-25.1である。

表-25.1 土壌汚染対策法にいう特定有害物質、土壌溶出量基準、土壌含有量基準の一覧

特定有害物質		指定基準	
		土壌含有量基準	土壌溶出量基準
四塩化炭素	第1種特定有害物質		検液1ℓにつき0.002mg以下であること
1,2-ジクロロエタン			検液1ℓにつき0.004mg以下であること
1,1-ジクロロエチレン			検液1ℓにつき0.02mg以下であること
シス-1,2-ジクロロエチレン			検液1ℓにつき0.04mg以下であること

1,3-ジクロロプロペン			検液1ℓにつき0.002mg以下であるこ
ジクロロメタン			検液1ℓにつき0.02mg以下であること
テトラクロロエチレン			検液1ℓにつき0.01mg以下であること
1,1,1-トリクロロエタン			検液1ℓにつき1mg以下であること
1,1,2-トリクロロエタン			検液1ℓにつき0.006g以下であること
トリクロロエチレン			検液1ℓにつき0.03mg以下であること
ベンゼン			検液1ℓにつき0.01mg以下であること
カドミウムおよびその化合物	第2種特定有害物質	土壌1kgにつき150mg以下であること	検液1ℓにつき0.01mg以下であること
六価クロム化合物		土壌1kgにつき250mg以下であること	検液1ℓにつき0.05mg以下であること
シアン化合物		遊離シアンとして土壌1kgにつき50mg以下であること	検液中に検出されないこと
水銀およびその化合物（うちアルキル水銀）		土壌1kgにつき15mg以下であること	検液1ℓにつき0.0005mg以下であること（検液中に検出されないこと）
セレンおよびその化合物		土壌1kgにつき150mg以下であること	検液1ℓにつき0.01mg以下であること
鉛およびその化合物		土壌1kgにつき150mg以下であること	検液1ℓにつき0.01mg以下であること
砒素およびその化合物		土壌1kgにつき150mg以下であること	検液1ℓにつき0.01mg以下であること
ふっ素およびその化合物		土壌1kgにつき4000mg以下であること	検液1ℓにつき0.8mg以下であること

ほう素およびその化合物	第3種特定有害物質	土壌1kgにつき4000mg以下であること	検液1ℓにつき1mg以下であること
シマジン			検液1ℓにつき0.003mg以下であること
チウラム			検液1ℓにつき0.006mg以下であること
チオベンカルブ			検液1ℓにつき0.02mg以下であること
PCB			検液中に検出されないこと
有機りん化合物			検液中に検出されないこと

Q2 管理しているビルが土壌汚染防止法における要措置区域，形質変更時届出区域にある場合，どのような対応が必要でしょうか。

A 要措置区域においては原則とそて土地の形質変更が禁止され，形質変更時届出区域においては，形質変更の際には都道府県知事に形質変更の施行方法等につき届け出なければならないとされる。要措置区域及び形質変更時要届出区域の概要は，表-25.2のとおりである。

表-25.2 要措置区域，形質変更時要届出区域の概要

要措置区域 （法第6条）	・土壌汚染の摂取経路があり，健康被害が生じるおそれがあるため，汚染の除去等の措置が必要な区域 ・汚染の除去等の措置を都道府県知事が指示する（法第7条） ・土地の形質変更の原則禁止（法第9条）
形質変更時要届出区域 （法第11条）	・土壌汚染の摂取経路がなく，健康被害が生じるおそれがないため，汚染の除去等の措置が不要な区域（摂取経路の遮断が行われた区域を含む） ・土地の形質変更時に都道府県知事に計画の届出が必要（法第12条）

[26] 廃棄物処理法
（廃棄物の処理及び清掃に関する法律）

昭和45年法律第137号，平成22年5月19日改正

1 法の目的

通称，廃棄物処理法は，正式な法律名を「廃棄物の処理及び清掃に関する法律」といい，廃棄物の排出を抑制し，および廃棄物の適正な分別，保管，収集，運搬，再生，処分等の処理をし，ならびに生活環境を清潔にすることにより，生活環境の保全および公衆衛生の向上を図ることを目的としている。

2 法の概要

廃棄物処理法の内容は，概ね以下のとおりである。

(1) 廃棄物処理の原則，関係者の責務
   ① 事業者は，その事業活動に伴って生じた廃棄物を自らの責任において適正に処理しなければならない。
   ② 土地建物の占有者は，その占有・管理する土地建物の清潔を保つよう努めなければならない。
   ③ 不適正に処理された廃棄物を発見したとき，その土地所有者等は都道府県知事等への通報に務める。
   ④ 従業員等が不法投棄等を行った場合に，事業主である法人に罰金刑（3億円以下）が課される。

(2) 一般廃棄物の処理等
   ① 市町村は，一般廃棄物の処理に関する計画を定め，当該計画に従って収集等の処理を行う。
   ② 一般廃棄物処理業および処理施設は，法令に定める規制に則して対応する。

(3) 産業廃棄物の処理等

① 事業者は，その産業廃棄物を自ら処理しなければならない。
② 産業廃棄物排出事業者は，その産業廃棄物の運搬・処分を第三者に委託する場合には，産業廃棄物管理票（マニフェスト）を交付する。また，当該第三者の処理の状況に関する確認を行うように努める。
③ 産業廃棄物排出事業者が産業廃棄物を事業所の「外」で保管する際は，都道府県知事に届出を行う。

3 Q＆A

Q1 廃棄物の分類は，どのようになっているのでしょうか。

A そもそも廃棄物とは，占有者が自分で利用したり，他人に有償で売却できないために不要となった固形状または液状のもの（放射性物質およびこれによって汚染された物を除く）をいい，図-26のように，産業廃棄物と一般廃棄物に大別される。工場や自動車の排ガスなど，気体状のものは廃棄物には該当しない。なお，廃棄物に該当するかどうかは，占有者の意思，その性状などを総合的に勘案して判断される。

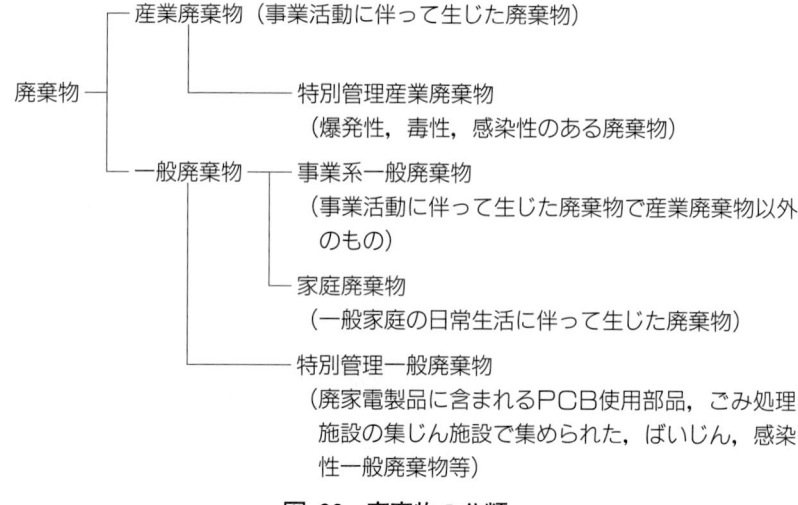

```
廃棄物 ─┬─ 産業廃棄物（事業活動に伴って生じた廃棄物）
        │   └─ 特別管理産業廃棄物
        │       （爆発性，毒性，感染性のある廃棄物）
        └─ 一般廃棄物 ─┬─ 事業系一般廃棄物
                        │   （事業活動に伴って生じた廃棄物で産業廃棄物以外
                        │    のもの）
                        ├─ 家庭廃棄物
                        │   （一般家庭の日常生活に伴って生じた廃棄物）
                        └─ 特別管理一般廃棄物
                            （廃家電製品に含まれるPCB使用部品，ごみ処理
                             施設の集じん施設で集められた，ばいじん，感染
                             性一般廃棄物等）
```

図-26 廃棄物の分類

Q2 産業廃棄物の種類には，どのようなものがありますか。

A 産業廃棄物とは，事業活動に伴って生じた廃棄物のうち，法で規定されている20種類をいう。ここでいう事業活動には，水道，学校等の公共事業も含まれる。事業活動に伴って排出される廃棄物であっても，事務所などからの紙くず，段ボール，飲食店からの残飯，小売店からの野菜くずなどは「事業系一般廃棄物」と呼ばれている。

表-26.1　産業廃棄物の種類と具体例

	種　類	具　体　例
あらゆる事業活動に伴うもの	(1) 燃え殻	石炭がら，焼却炉の残灰，炉清掃排出物，その他焼却残さ
	(2) 汚泥	排水処理後および各種製造業生産工程で排出された泥状のもの，活性汚泥法による余剰汚泥，ビルピット汚泥，カーバイトかす，ベントナイト汚泥，洗車場汚泥，建設汚泥等
	(3) 廃油	鉱物性油，動植物性油，潤滑油，絶縁油，洗浄油，切削油，溶剤，タールピッチ等
	(4) 廃酸	写真定着廃液，廃硫酸，廃塩酸，各種の有機廃酸類等，すべての酸性廃液
	(5) 廃アルカリ	写真現像廃液，廃ソーダ液，金属せっけん廃液等，すべてのアルカリ性廃液
	(6) 廃プラスチック	合成樹脂くず，合成繊維くず，合成ゴムくず（廃タイヤを含む）等，固形状・液状のすべての合成高分子系化合物
	(7) ゴムくず	生ゴム，天然ゴムくず
	(8) 金属くず	鉄鋼，非鉄金属の破片，研磨くず，切削くず等
	(9) ガラスくず，コンクリートくずおよび陶磁器くず	ガラス類（板ガラス等），製品の製造過程等で生ずるコンクリートくず，インターロッキングブロックくず，レンガくず，石膏ボード，セメントくず，モルタルくず，スレートくず，陶磁器くず等
	(10) 鉱さい	鋳物廃砂，電炉等溶解炉かす，ボタ，不良石炭，粉炭かす等
	(11) がれき類	工作物の新築，改築または除去によって生じたコンクリート破片，アスファルト破片その他これらに類する不要物

	(12)	ばいじん	大気汚染防止法に定める，ばい煙発生施設，ダイオキシン類対策特別措置法に定める特定施設または産業廃棄物焼却施設において発生する，ばいじんであって集じん施設によって集められたもの
特定の事業活動に伴うもの	(13)	紙くず	建設業に係るもの（工作物の新築，改築または除去により生じたもの），パルプ製造業，製紙業，紙加工品製造業，新聞業，出版業，製本業，印刷物加工業から生ずる紙くず
	(14)	木くず	建設業に係るもの（範囲は紙くずと同じ），木材または木製品製造業（家具製品製造業），パルプ製造業，輸入木材の卸売業および物品賃貸業から生ずる木材片，おがくず，バーク類等 貨物の流通のために使用したパレット等
	(15)	繊維くず	建設業に係るもの（範囲は紙くずと同じ），衣服その他繊維製品製造業以外の繊維工業から生ずる木綿くず，羊毛くず等の天然繊維くず
	(16)	動植物性残さ	食料品，医薬品，香料製造業から生ずるあめかす，のりかす，醸造かす，発酵かす，魚および獣のあら等の固形状の不要物
	(17)	動物系固形不要物	と畜場において処分した獣畜，食鳥処理場において処理した食鳥
	(18)	動物のふん尿	畜産農業から排出される牛，馬，豚，めん羊，にわとり等のふん尿
	(19)	動物の死体	畜産農業から排出される牛，馬，豚，めん羊，にわとり等の死体
(20)	以上の産業廃棄物を処分するために処理したもので，上記の産業廃棄物に該当しないもの（たとえば，コンクリート固形化物）		

Q3 特別管理産業廃棄物の種類には，どのようなものがありますか。

A 特別管理産業廃棄物とは，産業廃棄物のうち，爆発性，毒性，感染性，その他の人の健康または生活環境に係る被害を生ずるおそれがある性状を有するものをいう。特別管理産業廃棄物の種類と主な排出場所については，表-26.2に示すとおりである。

表-26.2　特別管理産業廃棄物の種類と主な排出場所

種類		性状および具体例
廃油		揮発油類，灯油類，軽油類の燃えやすい廃油
		《関連事業》紡績，新聞，香料製造，医療品製造，石油精製，電気めっき，洗濯，科学技術研究，その他
廃酸 廃アルカリ		pH2.0以下の酸性廃液，pH12.5以上のアルカリ性廃液
		《関連事業》カセイソーダ製造，無機顔料製造，無機・有機化学工業製品製造，アセチレン誘導品製造，医薬・試薬・農薬製造，金属製品製造，石油化学工業製品製造，非鉄金属製造，ガラス・窯業，科学技術研究，その他
感染性産業廃棄物		感染性病原体を含むか，そのおそれのある産業廃棄物（血液の付着した注射針，採血管等）
		《関連事業》病院，診療所，衛生検査所，老人保健施設，その他
特定有害産業廃棄物	廃PCB等	廃PCBおよびPCBを含む廃油
	PCB汚染物	PCBが染み込んだ汚泥，PCBが塗布もしくは染み込んだ紙くず，PCBが染み込んだ木くず，もしくは繊維くず，またはPCBが付着もしくは封入された廃プラスチック類や金属くず，PCBが付着した陶磁器くずやがれき類
	PCB処理物	廃PCB等またはPCB汚染物を処分するために処理したもの（環境省令で定める基準に適合しないものに限る）
	廃石綿等	建築物その他の工作物から除去した飛散性の吹き付け石綿・石綿含有保温材，断熱材，耐火被覆材およびその除去工事から排出されるプラスチックシート等で，石綿が付着しているおそれのあるもの 大気汚染防止法の特定粉じん発生施設を有する事業所の粉じん装置で集められたもの等
		《関連事業》石綿建材除去事業等
	有害産業廃棄物	水銀，カドミウム，鉛，有機燐化合物，六価クロム，砒素，シアン，PCB，トリクロロエチレン，テトラクロロエチレン，ジクロロメタン，四塩化炭素，1.2-ジクロロエタン，1.1-ジクロロエチレン，シス-1.2-ジクロロエチレン，1.1.1-トリクロロエタン，1.1.2-トリクロロエタン，1.3-ジクロロプロペン，チウラム，シマジン，チオベンカルブ，ベンゼン，セレンまたはその化合物，ダイオキシン類が基準値を超えて含まれる汚泥，鉱さい，廃油，廃酸，廃アルカリ，燃え殻，ばいじん等
		《関連事業》大気汚染防止法（ばい煙発生施設），水質汚濁防止法（特定事業場）等に規定する施設・事業場

Q4 建築物の天井仕上げによく使用される「岩綿(ロックウール)化粧吸音天井板」を解体工事等で除去したものは,産業廃棄物の,どの種類に該当しますか。

A これらは,産業廃棄物の中の「ガラスくず,コンクリートくず及び陶磁器くず」または「がれき類」に該当する。また,工作物の新築,改築または除去に伴って生じたもので,石綿をその重量の0.1%を超えて含有する岩綿化粧吸音天井板廃材は,「石綿含有産業廃棄物」に該当する。現在,生産・販売されているロックウール製品には石綿は使用されていないが,1988年(昭和63年)以前のロックウール化粧吸音板(吸音天井板)には混じっていた場合があるので,留意すべきである。

Q5 PCB廃棄物の処理の動向について教えてください。

A 「ポリ塩化ビフェニル廃棄物の適正な処理の推進に関する特別措置法」に規定されたPCB廃棄物を保管する事業者は,同法によって所管の地方自治体への保管状況等の届出や一定期間内の処分等が義務づけられている。現在,国の一定の関与のもと,全国5ブロックに分けて日本環境安全事業㈱がPCB廃棄物の処理を行っている。

Q6 マニフェストについて,教えてください。

A マニフェストとは,産業廃棄物管理票の通称名であり,産業廃棄物排出業者が当該産業廃棄物の運搬・処分等を第三者に委託する場合に,当該第三者に交付されるものである。

以下にマニフェストのポイントをまとめる。
① 産業廃棄物排出事業者は,マニフェストを交付しなければならない(法12条の3)。
② マニフェストの種類は,直行用(7枚綴り)と,積替用(8枚綴

り）がある。さらに，これら2種類には，それぞれ単票と連続票の2種類があり，計4種類である。単票は手書き用であり，連続票はコンピュータ用である，また，この他に，建設団体発行の建設廃棄物用のマニフェストがある。

③ マニフェストは，委託契約に内容や廃棄物について熟知し，産業廃棄物の管理を担当している人が記入するべきであるとされている。

④ マニフェストには，排出事業者と排出事業場の両方を書く。これは，産業廃棄物の排出場所を正確に伝えるためである。たとえば，建設会社が排出事業者の場合，排出事業者名は建設会社名を，排出事業場は建設現場名を記入欄に記入する。

⑤ 最終処分とは，「埋立処分」「海洋投入処分」「再生」を意味する。なお，廃コンクリートなどについては，「最終処分の場所」は，「中間処理施設A」と「最終処分場B」となる場合もありうる。たとえば，排出された産廃50トンのうち，中間処理施設で破砕処理によって45トンが原材料として売却（最終処分として再生）され，残った5トンが最終処分場に埋め立られる（最終処分として埋立処分）ことによって，最終処分が終了したことになる。

⑥ 産業廃棄物をリサイクルするために再生業者に委託する場合であっても，産業廃棄物に変わりないので，原則としてマニフェストを使用する必要がある。ただし，有価物やもっぱら再生利用の目的となる産業廃棄物（古紙，くず鉄，あきびん類，古繊維）を専門に取り扱っている業者に引き渡す場合は，マニフェストは必要ない。

[27] PCB処理特別措置法

（ポリ塩化ビフェニル（PCB）廃棄物の適正な処理の推進に関する特別措置法） 平成13年法律第65号，平成17年5月18日改正

1 法の目的

　通称，PCB処理特別措置法は，正式な法律名を「ポリ塩化ビフェニル（PCB）廃棄物の適正な処理の推進に関する特別措置法」といい，PCBが難分解性の性状を有し，かつ，人の健康および生活環境に係る被害を生ずるおそれがある物質であること，ならびにわが国においてPCB廃棄物が長期にわたり処分されていない状況にあることにかんがみ，PCB廃棄物の保管，処分等について必要な規制等を行うとともに，PCB廃棄物の処理のための必要な体制を速やかに整備することにより，その確実かつ適正な処理を推進し，もって国民の健康の保護および生活環境の保全を図ることを目的としている。

2 法の概要

　PCB処理特別措置法の内容は，概ね以下のとおりである。

(1) 関係者の責務等

　① 事業活動に伴ってPCB廃棄物を保管する事業者（保管事業者）は，PCB廃棄物を自らの責任において適正かつ確実に処理しなければならない。

　② PCB製造業者は，PCB廃棄物の確実かつ適正な処理が円滑になされるよう，国等が実施する施策に協力しなければならない。

　③ 環境大臣はPCB廃棄物処理基本計画を，都道府県はPCB廃棄物処理計画を定めるとともに，適正な処理のための体制整備や処理に必要な措置を講じるよう努めなければならない。

(2) 保管事業者に係る規制

　① 保管事業者は，毎年度，前年度におけるPCB廃棄物の保管等の状

況について，当該年度の 6 月30日までに都道府県知事に届出を行う。届け出た内容は，公衆の縦覧に供することにより公表される。保管場所を変更したときは，変更後10日以内に，変更前，変更後の各保管場所を管轄する都道府県知事等に届出を行なわなければならない。

② PCB 廃棄物を譲り受けたり，譲り渡したりすることは，原則として禁止される。

③ PCB 廃棄物を一定期間内（15年以内，平成28年まで）に，許可を受けた業者に委託するなどして，処分しなければならない。

事業者	国・都道府県	PCB 製造者
保管等の届出（第8条関係） ●毎年度，都道府県知事へ保管届等を届け出なければならない。	PCB処理基本計画および処理計画の策定（第6条，第7条関係） ●環境大臣はPCB廃棄物処理基本計画を策定。 ●都道府県，市町村は国の基本計画に即してPCB廃棄物処理計画を策定。	PCBを製造した者等の責務（第6条，第7条関係） ●国および地方公共団体が実施する施策に協力しなければならない。
紛失の防止 PCB使用製品に係る措置 ●PCB使用製品を使用する事業者が確実かつ適正な処理について都道府県へ協力。	保管等の状況の公表（第9条関係） ●都道府県は毎年PCB廃棄物の保管および処分の状況を公表。	PCB廃棄物処理基金への資金提供等の協力
期間内の処分（第10条関係） ●政令で定める期間（施行日から15年以内）に処分するかまたは処分を委託しなければならない。	改善命令（第16条関係） ●環境大臣または都道府県知事は，期間内の処分業務に違反した場合に期限を定めて処分等を命令。	
譲渡しおよび譲受けの制限（第11条関係） ●脱法行為を防止するため，PCB廃棄物の譲渡しおよび譲受けを制限。	PCB処理への助成等（独環境再生保全機構） PCB廃棄物の処理等（日本環境安全事業株式会社）	

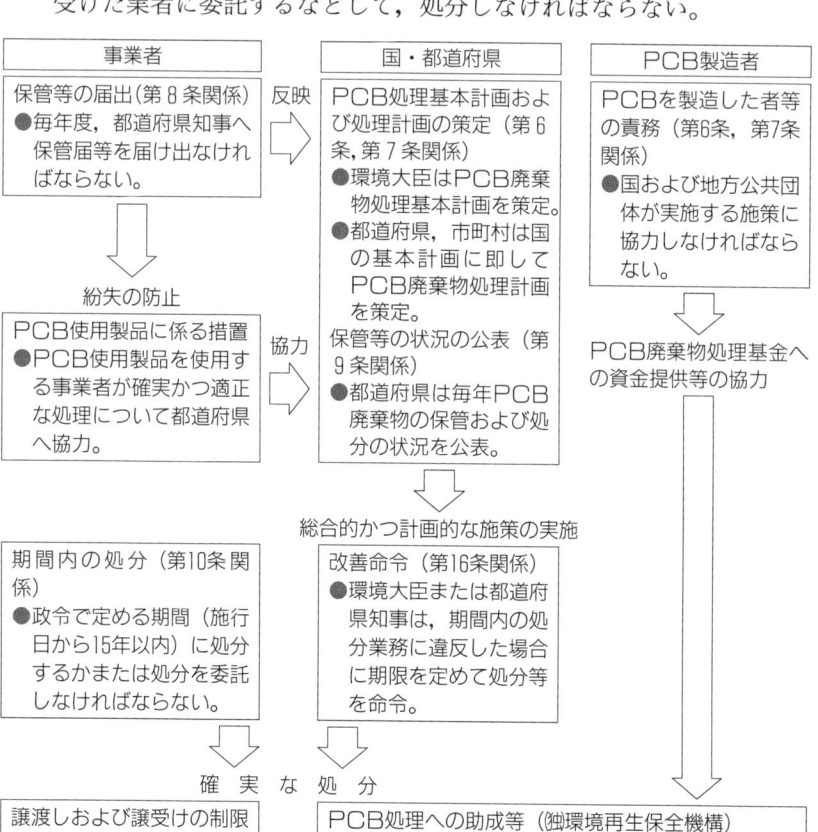

図-27　事業者，国・都道府県，PCB 製造者別の役割

3 Q&A

Q1 PCBとは何か教えてください。また，従来どのような規制がなされてきたのでしょうか。

A PCBとは，Poly Chlorinaited Biphenylの略号で，ポリ塩化ビフェニルのことである。PCBは，有機塩素化合物の一種で，1929年（昭和4年）に初めて工業製品化されて以来，その化学安定性，難燃性，高絶縁性を利用して電気絶縁油，熱媒体油，ノンカーボン紙（感圧紙）等，様々な用途に用いられてきたが，環境中で難分解性であり，生物に蓄積しやすく，かつ慢性毒性がある物質であることが明らかになり，生産・使用の中止等の行政指導を経て，1974年に化学物質審査規制法に基づき製造および輸入が原則禁止された。

また，PCB廃棄物については，従来，廃棄物処理法（廃棄物の処理及び清掃に関する法律）において適正保管等の規制がなされていたが，その処分等について，より確実かつ適正に推進するために，同法に加え，PCB処理特別措置法の適用を受けることとなった。

Q2 PCB処理特別措置法は，ビル管理にどのように関連していますか。

A ビル管理関係で，PCB処理特別措置法に関連する代表的なものとしては，PCBを使用している電気機器とPCB使用の蛍光灯安定器がある。

これらについては，法に該当している機器であるかどうか，保管・使用中の電気機器にPCBが使用されているか不明な場合には，以下の団体あるいは各電気機器メーカー，電気工事業者に問い合わせ，情報を取得する必要がある。

① PCB使用高圧トランス・コンデンサ⇒㈶電気絶縁物処理協会
② 業務用・施設用蛍光灯等のPCB使用安定器⇒㈳日本照明器具工業会

コラム
PCBの基礎知識

　そもそもPCBとは，Poly Chlorinaited Biphenyl の略号で，ポリ塩化ビフェニルのことである。PCBは，有機塩素化合物の一種で，1929年（昭和4年）に初めて工業製品化されて以来，その化学安定性，難燃性，高絶縁性を利用して電気絶縁油，熱媒体油，ノンカーボン紙（感圧紙）等，様々な用途に用いられてきたが，環境中で難分解性であり，生物に蓄積しやすく，かつ慢性毒性がある物質であることが明らかになり，生産・使用の中止等の行政指導を経て，1974年に化学物質審査規制法に基づき製造および輸入が原則禁止された。

　また，PCB廃棄物については，従来，廃棄物処理法（廃棄物の処理及び清掃に関する法律）において適正保管等の規制がなされていたが，その処分等について，より確実かつ適正に推進するために，同法に加え，PCB処理特別措置法の適用を受けることとなった。

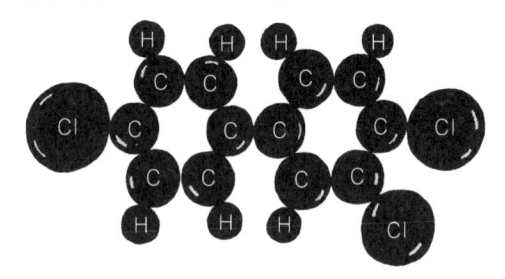

PCBの化学構造

　PCB処理特別措置法による保管事業者に係る主な規制内容としては，毎年度，前年度におけるPCB廃棄物の保管等の状況について，当該年度の6月30日までに都道府県知事に届出を行わなければならない。また，届け出た内容は，公衆の縦覧に供することにより公表される。保管事業者において，相続や合併，分割が行われることにより，事業者の地位を承継した場合は，承継をしたほうが承継のあった日から30日以内に都道府県知事等に届出を行わなければならない。保管場所を変更したときは，変更後10日以内に，変更前，変更後の各保管場所を管轄する都道府県知事等に届出を行なわければならないとされている。

　また，PCB廃棄物を譲り受けたり，譲り渡したりすることは，原則として禁止される。そして，PCB廃棄物を一定期間内（15年以内，平成28年まで）に，許可を受けた業者に委託するなどして，処分しなければならず，各種の届出義務違反等に係る罰則が規定されている。

243

[28] ダイオキシン類対策特別措置法

平成11年法律第105号，平成22年5月19日改正

1 法の目的

　この法律は，ダイオキシン類が人の生命および健康に重大な影響を与えるおそれがある物質であることにかんがみ，ダイオキシン類による環境の汚染の防止およびその除去等をするため，ダイオキシン類に関する施策の基本とすべき基準を定めるとともに，必要な規制，汚染土壌に係る措置等を定めることにより，国民の健康の保護を図ることを目的としている。

2 法の概要

　ダイオキシン類対策特別措置法の内容は，概ね以下のとおりである。

(1) **関係者の責務等**
　① 国や地方公共団体は，ダイオキシン類による環境汚染の防止・除去のための諸施策を実施する。
　② 事業者は，その事業活動を行うに当たっては，これに伴って発生するダイオキシン類による環境の汚染の防止またはその除去等をするために必要な措置を講ずるとともに，国または地方公共団体が実施する施策に協力しなければならない。
　③ 国民は，その日常生活に伴って発生するダイオキシン類による環境の汚染を防止するように努めるとともに，国または地方公共団体が実施する施策に協力するように努める。

(2) **ダイオキシン類に関する施策の基本とすべき基準**
　耐用一日摂取量及び環境基準を定める。

(3) **ダイオキシン類の排出の規制等**
　環境省令で定められる排出基準（政令で定める地域においては都道府県知事が定める総量規制基準）に従い，規制がなされる。都道府県知事は，

排出基準に適合しないダイオキシン類に係る排出ガスおよび排出水が継続して排出されるおそれがあると認めたときには，処理方法等の改善や施設の一時停止命令等をすることができる。

(4) ダイオキシン類による汚染の状況に関する調査等

都道府県知事は，当該都道府県の区域に係る大気，水質及び土壌のダイオキシン類による汚染の状況を常時監視しなければならない。

法が適用される施設の設置者は，毎年1回以上，排出水等につきダイオキシン類による汚染状況を測定しなければならない。

(5) ダイオキシン類によって汚染された土壌に係る措置

都道府県知事は，政令で定める要件を満たす土壌汚染地域につき，対策地域として指定し，ダイオキシン類土壌汚染対策計画を定める。

(6) ダイオキシン類の排出の削減のための国の計画

環境大臣は，我が国における事業活動に伴い排出されるダイオキシン類の量を削減するための計画を作成する。

3 Q&A

Q1 ダイオキシン類対策特別措置法に該当する特定施設とは，どのような施設をさすのでしょうか。

A ダイオキシン類対策特別措置法にいう特定施設は，同法第2条第2項で規定されている。ダイオキシン類を発生しおよび大気中に排出する施設については同法施行令別表第一に掲げる施設とし，ダイオキシン類を含む汚水または廃液を排出する施設については同施行令別表第2に掲げる施設とされている（表-28.1, 28.2）。

表-28.1 大気基準適用施設

〈施設の種類規模・能力等〉

① 鉄鋼業焼結炉　焼結鋼（銑鉄の製造の用に供するものに限る）の製造の用に供する焼結炉であって，原料の処理能力が1t/時以上のもの
② 製鋼用電気炉　製鋼の用に供する電気炉（鋳鋼または鍛鋼の製造の用に供するものを除く）であって，変圧器の定格容量が1000kVA以上のもの
③ 亜鉛回収施設　亜鉛の回収（製鋼の用に供する電気炉から発生するばいじん

であって，集じん機により集められたものからの亜鉛の回収に限る）の用に供する焙焼炉，焼結炉，溶鉱炉，溶解炉および乾燥炉であって，原料の処理能力が0.5t/時以上のもの
④　アルミニウム合金製造施設　アルミニウム合金の製造（原料としてアルミニウムくず（当該アルミニウムの圧延工程において生じたものを除く）を使用するものに限る）の用に供する焙焼炉，溶解炉および乾燥炉であって，焙焼炉および乾燥炉にあっては原料の処理能力が0.5t/時以上のもの，溶解炉にあっては容量が1t以上のもの
⑤　廃棄物焼却炉　火床面積（炉の床面積）（廃棄物焼却施設に二以上の廃棄物焼却炉が設置されている場合にあっては，それらの火床面積の合計）が0.5m²以上または焼却能力（廃棄物焼却施設に二以上の廃棄物焼却炉が設置されている場合にあっては，それらの焼却能力の合計）が50kg/時以上のもの

表-28.2　水質基準対象施設

＜施設の種類＞

① 硫酸塩パルプ（クラフトパルプ）または亜硫酸パルプ（サルファイトパルプ）の製造の用に供する塩素または塩素化合物による漂白施設
② カーバイド法アセチレンの製造の用に供するアセチレン洗浄施設
③ 硫酸カリウムの製造の用に供する廃ガス洗浄施設
④ アルミナ繊維の製造の用に供する廃ガス洗浄施設
⑤ 担体付き触媒の製造（塩素または塩素化合物を使用するものに限る）の用に供する焼成炉から発生するガスを処理する施設のうち，廃ガス洗浄施設
⑥ 塩化ビニルモノマー製造の用に供する二塩化エチレン洗浄施設
⑦ カプロラクタムの製造（塩化ニトロシルを使用するものに限る）の用に供する施設のうち，次に掲げるもの
　イ　硫酸濃縮施設，ロ　シクロヘキサン分離施設，ハ　廃ガス洗浄施設
⑧ クロロベンゼンまたはジクロロベンゼンの製造の用に供する施設のうち，次に掲げるもの
　イ　水洗施設，ロ　廃ガス洗浄施設
⑨ 四-クロロフタル酸水素ナトリウムの製造の用に供する施設のうち，次に掲げるもの
　イ　ろ過施設，ロ　乾燥施設，ハ　廃ガス洗浄施設
⑩ 二・三-ジクロロ-一・四-ナフトキノンの製造の用に供する施設のうち，次に掲げるもの
　イ　ろ過施設，ロ　廃ガス洗浄施設
⑪ 八・十八-ジクロロ-五・十五-ジエチル-五・十五-ジヒドロジインドロ［三・二-b：三'・二'-m］トリフェノジオキサジン（別名ジオキサジンバイ

オレット。ハにおいて単に「ジオキサジンバイオレット」という）の製造の用に供する施設のうち，次に掲げるもの
イ　ニトロ化誘導体分離施設および還元誘導体分離施設
ロ　ニトロ化誘導体洗浄施設および還元誘導体洗浄施設
ハ　ジオキサジンバイオレット洗浄施設
ニ　熱風乾燥施設

⑫ アルミニウムまたはその合金の製造の用に供する焙焼炉，溶解炉または乾燥炉から発生するガスを処理する施設のうち，次に掲げるもの
イ　廃ガス洗浄施設，ロ　湿式集じん施設

⑬ 亜鉛の回収（製鋼の用に供する電気炉から発生するばいじんであって，集じん機により集められたものからの亜鉛の回収に限る）の用に供する施設のうち，次に掲げるもの
イ　精製施設，ロ　廃ガス洗浄施設，ハ　湿式集じん施設

⑭ 担体付き触媒（使用済みのものに限る）からの金属の回収（ソーダ灰を添加して焙焼炉で処理する方法およびアルカリにより抽出する方法（焙焼炉で処理しないものに限る）によるものを除く）の用に供する施設のうち，次に掲げるもの
イ　ろ過施設，ロ　精製施設，ハ　廃ガス洗浄施設

⑮ 別表第一第五号（大気基準適用施設⑤）に掲げる廃棄物焼却炉から発生するガスを処理する施設のうち次に掲げるものおよび当該廃棄物焼却炉において生ずる灰の貯留施設であって汚水または廃液を排出するもの
イ　廃ガス洗浄施設，ロ　湿式集じん施設

⑯ 廃棄物の処理および清掃に関する法律施行令（昭和46年政令第300号）第7条第十二号の二および第十三号に掲げる施設

⑰ フロン類（特定物質の規制等によるオゾン層の保護に関する法律施行令（平成6年政令第308号）別表一の項，三の項および六の項に掲げる特定物質をいう）の破壊（プラズマを用いて破壊する方法その他環境省令で定める方法によるものに限る）の用に供する施設のうち，次に掲げるもの
イ　プラズマ反応施設，ロ　廃ガス洗浄施設，ハ　湿式集じん施設

⑱ 下水道終末処理施設（第一号から前号までおよび次号に掲げる施設に係る汚水または廃液を含む下水を処理するものに限る）

⑲ 第一号から第十七号までに掲げる施設を設置する工場または事業場から排出される水（第一号から第十七号までに掲げる施設に係る汚水もしくは廃液または当該汚水もしくは廃液を処理したものを含むものに限り，公共用水域に排出されるものを除く）の処理施設（前号に掲げるものを除く）

コラム
ダイオキシンの基礎知識

　ダイオキシン類対策特別措置法は，平成11年（1999年）7月16日，法律第105号として制定され，その内容は，総則，ダイオキシン類に関する施策の基本とすべき基準，ダイオキシン類の排出の規制等（ダイオキシン類に係る排出ガスおよび排出水に関する規制，廃棄物焼却炉に係るばいじん等の処理等），ダイオキシン類による汚染の状況に関する調査等，ダイオキシン類によって汚染された土壌に係る措置，ダイオキシン類の排出の削減のための国の計画，雑則，罰則，附則から構成されている。

[29] リサイクル法
(資源の有効な利用の促進に関する法律)

平成3年法律第48号,平成14年2月8日改正

1 法の目的

主要な資源の大部分を輸入に依存しているわが国では,近年の国民経済の発展に伴い,資源が大量に使用されていることにより,使用済物品等および副産物が大量に発生し,その相当部分が廃棄されており,かつ,再生資源および再生部品の相当部分が利用されずに廃棄されている。そうした状況にかんがみ,この法律は,資源の有効な利用の確保を図るとともに,廃棄物の発生の抑制および環境の保全に資するため,使用済物品等および副産物の発生の抑制ならびに再生資源および再生部品の利用の促進に関する所要の措置を講ずることによって国民経済の健全な発展に寄与することを目的としている。

2 法の概要

リサイクル法の内容は,概ね以下のとおりである。

(1) 基本方針等
　① 主務大臣は,資源の有効な利用の促進に関する基本方針を定める。
　② 工場・事業場で事業を行う者,建設工事発注者は,その事業や建設工事発注に際し,原材料の使用の合理化を行うとともに,再生資源および再生部品を利用するよう努めなければならない。
　③ 消費者は,製品をなるべく長期間使用し,再生資源・再生部品の利用を促進するよう努める。
　④ 国は,科学技術の振興,国民の理解を得るための措置等を講じるよう努めなければならない。

(2) 特定省資源業種に属する事業を行う者等に対する規制
　主務大臣は,政令で定める特定の業種に属する事業者等に対し,それぞ

れの事業者ごとに，副産物の発生の抑制や，再資源・再部品の利用の適確な実施，使用済物品の発生の抑制，自主回収等に関し，指導，助言，勧告等を行うことができる。

(3) **指定表示製品に関する規制**

主務大臣は，政令で定める一定の製品の製造等をする者に対し，分別回収等に関する表示を求め，当該表示をしない場合等には勧告等を行うことができる。

3 Q&A

Q1 商品の容器や包装に様々なマークが表示されています。これらのマークは，どのようなことを示しているのでしょうか。

A 容器や包装に表示されているマークは「識別マーク」といい，リサイクル法によって，飲料缶，ペットボトル，プラスチックや紙でできた容器包装を製造・利用・輸入販売する事業者に対して，表示を義務づけている。この「識別マーク」を参考にすることで，ごみや，資源物を正しく分別することができる（表-29）。

表-29 リサイクル法の識別マーク

識別マーク	表示対象	分別法の一例
スチール	飲料・酒類用のスチール缶	資源物（飲料缶）に分別
アルミ	飲料・酒類用のアルミ缶	
PET	飲料・酒類・しょうゆ用のペットボトル	資源物（ペットボトル）に分別
紙	紙製容器包装 （飲料・酒類用紙パックでアルミ不使用のものおよびダンボール製容器包装を除く）	識別マークが表示されていない紙もリサイクルできる。
プラ	プラスチック製容器包装 （飲料・酒類・しょうゆ用のペットボトルを除く）	軟質は燃やせるごみ，硬質は燃やせないごみに分別

リサイクルできる飲料缶にはスチール缶やアルミ缶の「識別マーク」が，リサイクルできるペットボトルにはペットボトルの「識別マーク」が表示される。また，飲料・酒類用紙パック（アルミ不使用）とダンボール製容器包装については，リサイクル法によるものではなく，関係業界団体が自主的にマークを採用し，表示しているものである。

Q2 家庭から排出される使用済みパソコンも，リサイクル法の対象となるのでしょうか。

A リサイクル法に基づいて，平成15年（2003年）10月１日から，家庭から排出される使用済みパソコンの回収とリサイクルが開始された。なお，リサイクル法による家庭使用のパソコンとは，以下に掲げるものをいう。

① デスクトップパソコン（本体）
② ノートブックパソコン
③ パソコン用ブラウン管ディスプレイ
④ パソコン用液晶ディスプレイ
⑤ ディスプレイ一体型パソコン

なお，プリンターやスキャナーなどの周辺機器，ワープロ専用機などは，回収の対象ではない。また，メーカー出荷時に同梱されていた標準添付品（マウス，キーボード，スピーカー，ケーブルなど）であって，パソコンと同時に排出されるものは，パソコンの付属品として回収される。一方，マニュアル，CD-ROMなどは回収の対象ではない。

[30] 家電リサイクル法
（特定家庭用機器再商品化法）

平成10年法律第97号，平成21年4月1日改正

1 法の目的

通称，家電リサイクル法は，正式な法律名を「特定家庭用機器再商品化法」といい，家庭や事業所から排出された使用済み家電製品の部品や材料をリサイクルして，ごみの減量と資源の有効活用を推進することを目的としたものである。

2 法の概要

家電リサイクル法の内容は，概ね以下のとおりである。

(1) **家電リサイクル法の対象**

次の4製品が対象となる。

① ユニット形エアコンディショナー（ウィンド形エアコンディショナー・室内ユニットが壁掛け形もしくは床置き形であるセパレート形エアコンディショナーに限る）

② テレビジョン受信機

ブラウン管式・液晶式（電源として一次電池または蓄電池を使用しないものに限り，建築物に組み込むことができるように設計したものを除く）・プラズマ式

③ 電気冷蔵庫および電気冷凍庫

④ 電気洗濯機・衣類乾燥機

(2) **関係者の責務等**

① 主務大臣は，特定家庭用機器廃棄物の収集及び運搬ならびに再商品化等に関する基本方針を定める。

② 事業者・消費者は，特定家庭用機器をなるべく長期間使用することにより，特定家庭用機器廃棄物の排出を抑制するよう努める。

③　事業者・消費者は，特定家庭用機器廃棄物を排出する場合には，家電リサイクル業者に適切に引き渡し，その求めに応じ料金の支払に応じることにより，これらの者がこの法律の目的を達成するために行う措置に協力する。

(3) **家電リサイクルの仕組み**

小売業者の収集・運搬し，製造業者等が再商品化等を実施する。家電リサイクル法の仕組みは，図-30に示すとおりである。

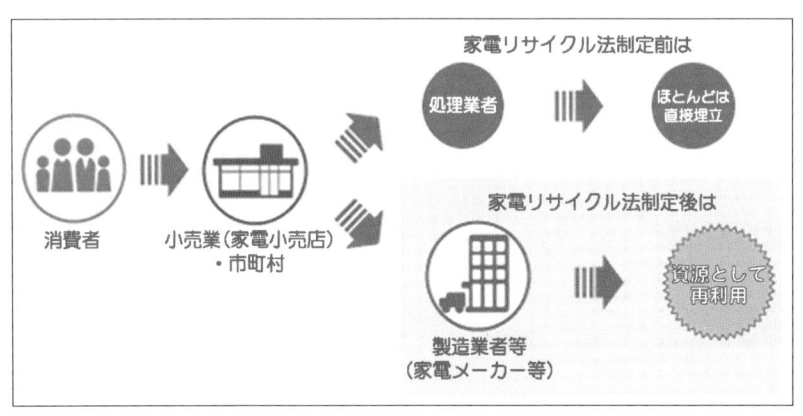

図-30　家電リサイクル法の仕組み

経済産業省HP（/www.meti.go.jp）

3　Q & A

Q1　料金はだれが負担し，古くなった製品はだれが引き取るのですか。また法律上，販売店・メーカーの範囲は，どのようになっているのですか。

A　家電リサイクル法では，製品を作ったメーカーと製品を売った販売店が，消費者と協力してリサイクルに取り組む仕組みになっている。以下に，消費者（使った人），販売店（収集・運搬する人），メーカー（リサイクルする人）に分けてまとめる。

(1) **消費者（使った人）**

消費者が，家電4品目を捨てるとき，消費者はそれを購入した，または同じ種類の製品を買おうとしている（＝買い換えようとしている）小売店

に連絡する。費用（収集・運搬料金＋リサイクル料金）については消費者の負担となる。なお，販売店ごとに収集・運搬料金が，製造業者等ごとにリサイクル料金が異なる場合があるので，排出のときに確認する必要がある。さらに，家電製品がきちんとメーカーに引き渡されているか確認する意味で，管理票（家電リサイクル券）によって，引き取ってもらった販売店や家電リサイクル券センターなどで確認することができるので，管理票の写しは必ず大切に保管しておくこと。

(2) 販売店（収集・運搬する人）

連絡を受けた販売店は家電4品目を消費者から引き取り，メーカーに運搬する。なお，ここで販売店とは，一般の家電販売店のほか，通信販売で家電製品を販売している事業者，中古家電製品を取り扱う古物商，リサイクルショップや質屋なども含まれる。

(3) メーカー（リサイクルする人）

引き取った家電製品をリサイクルするため，部品や材料などを分離して回収する。またエアコンと冷蔵庫の冷媒フロンも回収・処理する。そして，資源としてリサイクルし，鉄・銅・アルミ・ガラスなどとしてリサイクルされる。なお，ここでメーカーとは，家電メーカーのほか，家電製品の輸入業者が含まれる。

Q2 購入した販売店がわからない場合，どうするのですか。また外国製品はどうすればよいのですか。

A 購入した販売店がわからない場合や，引越をしたので，以前この製品を買った販売店が近くにないなどの場合でも，買い換える場合には，その販売店に引き取ってもらうことができる。なお，買い換える予定もない場合の対応方法については，市区町村に問い合わせる必要がある。

また，日本の販売店で買った外国製品については，国内製品と同じ扱いとなる。つまり，国内で使用されている家電4品目は，すべて家電リサイクル法の対象になることに準ずる。さらに海外で買った製品は，同種の製品を買い換える際に小売店に引き取ってもらえる。いっぽう，単に不要になった場合には，市区町村に問い合わせる必要がある。

[31] 建設リサイクル法
（建設工事に係る資材の再資源化等に関する法律）

平成12年法律第104号，平成16年12月1日改正

1　法の目的

　この法律は，特定の建設資材について，その分別解体等および再資源化等を促進するための措置を講ずるとともに，解体工事業者について登録制度を実施すること等により，再生資源の十分な利用および廃棄物の減量等を通じて，資源の有効な利用の確保および廃棄物の適当な処理を図り，もって生活環境の保全および国民経済の健全な発展に寄与することを目的としている。

2　法の概要

　建設リサイクル法の内容は，概ね以下のとおりである。

(1) **基本方針・関係者の責務等**

　① 主務大臣は，特定建設資材（Q2参照）に係る分別解体等及び特定建設資材廃棄物の再資源化等の促進等に関する基本方針を定める。

　② 建設業を営む者は，建築物等の設計およびこれに用いる建設資材の選択，建設工事の施工方法等を工夫することにより，建設資材廃棄物の発生を抑制し，分別解体等や建設資材廃棄物の再資源化等に要する費用を低減するよう努めなければならない。

　③ 発注者は，その注文する建設工事について，分別解体等及び建設資材廃棄物の再資源化等に要する費用の適正な負担，建設資材廃棄物の再資源化により得られた建設資材の使用等により，分別解体等及び建設資材廃棄物の再資源化等の促進に努めなければならない。

(2) **分別解体等の実施**

　特定建設資材を用いた建築物等に係る解体工事や，その施工に特定建設資材を使用する一定規模以上の新築工事等（対象建設工事）の受注者等は，

正当な理由がある場合を除き，分別解体等をしなければならない。

(3) **再資源化等の実施**

対象建設工事受注者は，分別解体等に伴って生じた特定建設資材廃棄物について，原則として再資源化をしなければならない。

(4) **解体工事業**

解体工事業者は都道府県知事の登録を受け，技術管理者等の選任等をしなければならない。

3 Q&A

Q1 建設リサイクル法によって，だれに，どのようなことが義務づけられるのですか。

A 建設リサイクル法の適用を受ける建設工事（対象建設工事）について，工事の発注者には対象建設工事の事前届出，請負契約書面への分別解体費用等の記載が，受注者には分別解体等の実施，再資源化等の実施，再資源化等の実施状況に関する記録の作成・保管などが，それぞれ義務づけられる。

建設リサイクル法の仕組みについては，図-31に示すとおりである。

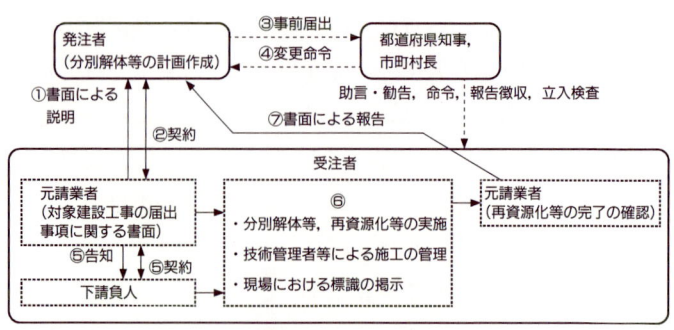

図-31 建設リサイクル法の仕組み

出所：国土交通省 HP (/www.mlit.go.jp)

Q2 建設リサイクル法によって，分別解体や再資源化が義務づけられる建設資材（特定建設資材）には，どのようなものがありますか。

A 建設リサイクル法では，建設資材のうち，①コンクリート，②コンクリートおよび鉄からなる建設資材，③木材，④アスファルト・コンクリートの4品目を「特定建設資材」として定めている。対象建設工事で使用するこれらの特定建設資材と，発生する特定建設資材廃棄物（特定建設資材が廃棄物になったもの）について，分別解体等と再資源化等が義務づけられている。

なお，発生した建設資材廃棄物については，廃棄物処理法の規定に従って，産業廃棄物管理票（マニフェスト）を用い，適正に処理しなければならない。

Q3 建設リサイクル法の対象となる工事の種類と規模の基準は，どうなっていますか。

A 建設リサイクル法の対象となる工事の種類と規模の基準は，表-31に示すとおりである。

表-31 対象建設工事の種類と規模の基準

対象建設工事の種類	規模の基準
建築物の解体	床面積の合計が80㎡以上
建築物の新築・増築	床面積の合計が500㎡以上
建築物の修繕・模様替（リフォーム等）	請負代金の額が1億円以上
建築物以外のものの解体・新築等（土木工事等）	請負代金の額が500万円以上

Q4 建設副産物とは，どのようなものをいうのでしょうか。

A 建設副産物とは，建設工事に伴い，副次的に得られる物品であり，廃棄物（原材料としての利用が不可能なもの，有害・危険なものなど）および再生資源（原材料としての利用の可能性があるもの，そのまま原材料となるもの）を含むものをいう。

Q5 規定の面積・金額に満たない工事については，届出，施工方法等は，まったく不要でしょうか。

A 建設リサイクル法では，同法施行令第2条の基準以上が分別解体等実施義務の対象（対象建設工事）となる。しかし，規模基準未満の工事においても，できる限り分別しつつ解体し，再資源化に努めることが望まれる。

Q6 外装材と構造部分は，機械解体（ミンチ）を行ってはいけないのでしょうか。また，外装材と構造部分に限らず，機械解体（ミンチ）は，絶対してはならないのでしょうか。

A 手作業，機械作業の併用で解体工事を行うことは可能であり，適切に分別しつつ解体工事を実施する必要がある。なお，機械解体（ミンチ）については，いかなる解体部位であろうと行うことはできないが，次に掲げる正当な理由がある場合は例外的に可能とされる。

① 災害時の応急仮設建築物に係る工事である場合
② 緊急復旧工事である場合
③ 有害物質等によって建築物等が汚染されている場合

[32] フロン回収破壊法

（特定製品に係るフロン類の回収及び破壊の実施の確保等に関する法律） 平成13年法律第64号，平成19年10月1日改正

1 法の目的

通称フロン回収破壊法は，正式な法律名称を，「特定製品に係るフロン類の回収及び破壊の実施の確保等に関する法律」といい，オゾン層を破壊し又は地球温暖化に深刻な影響をもたらすフロン類の大気中への排出を抑制するため，特定製品からのフロン類の回収およびその破壊の促進等に関する指針および事業者の責務等を定め，特定製品に使用されているフロン類の回収および破壊の実施を確保するための措置等を講じる法律である。

2 法の概要

フロン回収破壊法の内容は，概ね以下のとおりである。

(1) **基本指針等**
  ① 主務大臣は，特定製品からのフロン類の回収およびその破壊の促進，その他特定製品の使用および廃棄に際しての当該フロン類の排出の抑制に関する事項について，指針を定める。
  ② 事業者は，指針に従い，特定製品に使用されているフロン類の排出の抑制のために必要な措置を講じなければならない。
  ③ 国民は，指針に従い，特定製品に使用されているフロン類が適正かつ確実に回収され，破壊されるように努めるとともに，国および地方公共団体が特定製品からのフロン類の排出の抑制のために講ずる施策に協力しなければならない。

(2) **第一種特定製品からのフロンの回収**
  ① フロン類回収業を行おうとする者は，都道府県知事の登録が必要である。
  ② 第一種特定製品（Q2参照）の整備を行う者は，第一種特定製品に

冷媒として充てんされているフロン類を回収する必要があるときは，当該フロン類の回収をフロン類回収業者に委託しなければならない
　③　第一種特定製品の廃棄等を行おうとする者は，自らまたは他の者に委託して，第一種フロン類回収業者に対し，当該第一種特定製品に冷媒として充てんされているフロン類を引き渡さなければならない。その際，回収依頼書または委託確認書を交付し，フロン類回収業者は引取証明書を交付しなければならない。
　④　建築物解体工事を直接請け負おうとする元請業者は，その建築物に，フロン類を含む業務用冷凍空調機器が設置されていないかどうかを確認し，その結果を，工事を発注しようとする者に書面（事前確認書）で説明しなければならない。

(3) **フロンの破壊**
　①　特定製品に冷媒として充てんされているフロン類の破壊を業として行おうとする者は，その業務を行う事業所ごとに，主務大臣の許可を受ける必要がある。
　②　フロン類破壊業者は，フロン類を引き取ったとき等は，主務省令で定めるフロン類の破壊に関する基準に従って当該フロン類を破壊し，破壊した量等を記録して保存しなければならない。

(4) **その他**
　①　第一種特定製品を整備し，または廃棄等をする者は，回収業者の請求に応じて適正な料金の支払を行うことにより当該フロン類の回収等の費用を負担する。
　②　何人も，みだりに特定製品に冷媒として充てんされているフロン類を大気中に放出してはならない。

3　Q & A

Q1 フロン回収破壊法の対象となるフロン類とは，どのようなものでしょうか。

A この法律では，フロン類の適正な回収・破壊によるフロン類の大気中への放出を抑制するため，業務用冷凍空調機器に冷媒として使用

されているクロロフルオロカーボン（CFC），ハイドロクロロフルオロカーボン（HCFC），ハイドロフルオロカーボン（HFC）の3種類のフロン類を対象としている。

Q2 フロン回収破壊法の対象製品である第一種特定製品と第二種特定製品は，どのように分けられているのでしょうか。

A 第一種特定製品とは，つぎに挙げる機器のうち，業務用の機器（一般消費者が通常生活の用に供する機器以外の機器）であって，冷媒としてフロン類が充塡されているもの（第二種特定製品を除く）をいう。
① 業務用冷凍空調機器，すなわちフロン類が充塡されている業務用のエアコンディショナー
② 冷蔵機器および冷凍機器（フロン類が充塡されている冷蔵または冷凍の機能を有する自動販売機を含む）

それに対し，第二種特定製品とは，自動車リサイクル法が対象とするカーエアコン等をいう。なお，第二種特定製品は，フロン回収破壊法ではなく，自動車リサイクル法により処理される。

Q3 フロンについて，家電リサイクル法とフロン回収破壊法との関係は，どのようになっていますか。

A 家電リサイクル法は，家電4品目を中心とした対象であり，フロン回収破壊法は，パッケージエアコンなど業務用冷凍空調機器が対象である。したがって，ルームエアコンは，家電リサイクル法に基づき，エアコン小売業者に渡して製品の廃棄と一体として冷媒用フロンの回収を依頼（有償）することになる。またパッケージエアコンなど業務用冷凍空調機器は，フロン回収破壊法に基づき，都道府県に登録された第一種フロン類回収業者に，有償で依頼することになる。

Q4 廃棄しようとしているルームエアコンからフロンの回収を依頼する場合，フロン類回収業者に引取りを依頼できますか。

A フロン回収破壊法は，業務用冷凍空調機器を対象にしており，家電品目であるルームエアコンはフロン回収破壊法の対象ではなく，家電リサイクル法に従って処理しなければならない。

Q5 行程管理票はどこで入手できますか。

A 行程管理票には法定の様式はないが，㈳フロン回収推進産業協議会（INFREP）で標準的な様式が作成されている。

Q6 家庭で業務用のエアコンを使用している場合には，フロン回収破壊法の対象になりますか。

A 使用場所にかかわらず，業務用の機器かどうかで判断するので，フロン回収破壊法の対象になる。逆に，オフィス等で家庭用の機器を使用している場合には，家電リサイクル法の対象となる。

[33] 民　法

第1編，第2編，第3編：明治29年法律第89号，平成18年6月21日改正

1 法の目的等

　民法は，市民社会における市民相互の関係を規律する私法の一般法である。民法は，すべての人の法の下における平等，私有財産権の絶対不可侵，契約の自由（私的自治），過失責任を基本原理とするが，社会経済情勢の変容とともに修正が図られている。

2 法の概要

　民法は，5編で構成されており，それぞれの概要は以下のとおり。

(1) 第1編　総則（第1条～第174条の2）

　信義誠実の原則，権利の主体，客体，法律行為，期間の計算，時効が規定されている。主に民法の財産権に係る規定（第1編から第3編まで）に共通する制度や概念等が定められている。

(2) 第2編　物権（第175条～第398条）

　物の直接支配を本質とする物権関係につき共通の制度等を総則で規定し，さらに個々の物権（所有権，占有権，地上権，永小作権，地役権，留置権，先取特権，質権，抵当権）につきその内容等を規定している。

(3) 第3編　債権（第399条～第724条）

　人に対する請求権を本質とする債権関係につき共通の制度等を総則で定め，さらに個々の債権（契約～売買，交換，消費貸借，使用貸借，賃貸借，雇用，請負，寄託，組合，終身定期金，和解～，事務管理，不当利得，不法行為）につきその内容等を規定している。

(4) 第4編　親族（第725条～第881条）

　夫婦，親子等の親族関係につき規定している。

(5) 第5編　相続（第882条～第1044条）

相続分や相続財産の管理，遺言，遺留分等相続が発生したときの関係等につき規定している。

表-33　建築関連法規と関係の深い民法の規定

条	見出し	条	見出し
第1条	基本原則	第229条～230条	境界標等の共有の推定
第206条	所有権の内容		
第207条	土地所有権の範囲	第231条～232条	共有の障壁の高さを増す工事
第209条	隣地の使用請求		
第210条～213条	公道に至るための他の土地の通行権	第233条	竹木の枝の切除及び根の切取り
		第234条～235条	境界線付近の建築の制限
第214条	自然水流に対する妨害の禁止	第236条	境界線付近の建築に関する慣習
第215条	水流の障害の除去	第237条	境界線付近の掘削の制限
第216条	水流に関する工作物の修繕等	第238条	境界線付近の掘削に関する注意義務
第217条	費用の負担についての慣習		
第218条	雨水を隣地に注ぐ工作物の設置の禁止	第265条	地上権の内容
第219条	水流の変更	第267条	相隣関係の規定の準用
第220条	排水のための低地の通水	第566条	地上権等がある場合等における売主の担保責任
第221条	通水用工作物の使用		
第222条	堰の設置及び使用	第567条	抵当権等がある場合における売主の担保責任
第223条	境界標の設置		
第224条	境界標の設置及び保存の費用	第568条	強制競売における担保責任
第225条	囲障の設置	第569条	債権売買における資力担保
第226条	囲障の設置及び保存の費用	第570条	売主の瑕疵担保責任
第227条	相隣者の一人による囲障の設置	第634条	請負人の担保責任
第228条	囲障の設置等に関する慣習	第637条～638条	請負人の担保責任の存続期間

3　隣地境界に関するQ＆A

Q1　民法と建築基準法では，どちらが優先されて適用されるのでしょうか。

A　法令の取扱の一般的なルールとして，「特別法は一般法に優先する」というものがある。民法は私法の中の基本法で「一般法」という位置づけであるのに対して，建築基準法は建築物の敷地，構造，設備および用途に関する最低の基準等を定める法律であるので，「民法の特別法」と位置づけられ，建築基準法が民法に優先して適用されることになる。

たとえば，隣地の新築住宅における屋根の庇の先端が，隣地境界線から30cmで施工されているという事例で考えてみよう。

民法では，建築物を築造する場合，民法第234条第1項により，隣地境界線から建物の側壁およびこれと同視すべき出窓その他建物張り出し部分と境界線との最短距離が50cm以上でなければならないとされている。また，民法第234条第2項により，違反して建てる者があるときは，隣地の所有者は建築の廃止または建築の変更を求めることができるとされている。ただし，建築着手後1年経過または建物の完成後は損害賠償の請求だけができる。

さらに，民法第236条により，民法の規定と異なる慣習があるときは，慣習に従うものとされる。その一例としては，過密市街地で土地を境界いっぱいまで利用する慣習があれば，慣習に従うことになり，相互に境に接して建てる慣習の存在を認めている。

いっぽう，建築基準法では，その第65条で，隣地境界線に接する外壁に関する規定で，「防火地域または準防火地域内にある建築物で外壁が耐火構造のものについては，その外壁を隣地境界線に接して設けることができる」と規定している。

この場合，建築基準法第65条は，民法第234条第1項の特則を定めたものであるから，建築基準法に則して建築されていれば，適法ということになる。

Q2 隣地の竹木などが所有している敷地に入り込んだ場合，民法ではどのように取り扱われるのでしょうか。

A 民法では，隣地の竹木などが入り込んだ場合について，「竹木の枝の越境」と「竹木の根の越境」に分けて規定している。

「竹木の枝の越境」の場合は，竹木の所有者に境界線を超える部分を切り取るよう請求することができるとされている。つまり，木の枝が越境してきて，日常生活に支障があるような場合に，切り取らせるように求めることができるが，竹木の所有者の承諾なしでは切り取ることはできない

（民法第233条第1項）。

いっぽう，「竹木の根の越境」については，その根を切り取ることができると規定されている（同法同条2項）。しかしながら，木の根を切り取ってしまうことは木に悪影響を及ぼすおそれがあることから，現実的には，竹木の所有者に，移植させることなどの方法も検討すべきであろう。

Q3 境界標の設置については，民法ではどのように取り扱われるのでしょうか。

A 境界は，連続している土地を区分するもので，図面上はもとより，現地でも明らかにする必要がある。一般に，境界を示す目印を設けてあるのが通常であり，境界標と呼ばれている。

境界標は，双方の土地の範囲を明確にするためのものであり，簡単に移動できないものが望ましく，境界を明示できるものでなくてはならない（民法第233条）。

そして，土地の所有者は，隣の土地の所有者と共同の費用で，境界標を設けることができる。境界標の設置および維持の費用は，相隣者が，半分ずつの負担とし，測量のための費用は，それぞれの所有地の広さに応じて分担する（民法第234条）。

ちなみに，境界標を損壊・移動・除去したりなどして，境界を確認できないようにした者は，刑法で罰せられることもある（刑法第262条の2）。

Q4 垣根や塀などの囲いの設置について，民法ではどのように取り扱われるのでしょうか。

A 所有者が異なる2棟の建築物があって，その間に空地があるときは，それぞれの所有者は，他の所有者と共同の費用で，その境界に囲いを設けることができる（民法第225条第1項）。お互いの間の協議が成り立たないときは，高さ2mの板塀または竹垣にしなければならない（同条第2項）。囲いの設置および維持の費用は，相隣者が半分ずつ負担する（同

法第226条)。

　相隣者の一方は，板塀または竹垣よりもよいものを用い，または高さが2mよりも高い囲いを設けることができるが，これによって増えた分の費用は自分で負担しなければならない（同法第227条)。なお，囲い等は，どんなに高くても，またどんなに厚くてもよいわけではなく，隣地の日照・通風を不当に妨げたり，厚くして隣地使用を過大に妨げるものは，許されない。

　なお，以上の取扱について，異なった慣習があるときは，その慣習に従うものとされている（同法第228条)。

Q5 隣地境界付近および隣地の利用について，民法ではどのように取り扱われるのでしょうか。

A　土地の所有者は，隣の土地との境界またはその付近に，塀や建物をつくったり，修繕するために，必要な範囲で隣の土地の使用を請求することができるが，隣の住家の中には，隣人の承諾がない限り立ち入ることはできない。当該使用によって隣人が損害を受けたときは，補償金を請求することができる（民法第229条)。

Q6 隣地との関係の中で，流水，雨水等は，民法ではどのように取り扱われるのでしょうか。

A　民法では，隣地との関係の中で，流水，雨水等に関する規定を，「自然に流れる水」と「人工的原因で流れてくる水」に分けて規定している。

「自然に流れる水」については，土地の所有者は，隣の土地から自然に水が流れてくることを妨げることはできない（民法第214条)。水の流れが何らかの事情によって，低地においてふさがれてしまったときは，高地の所有者は自分の費用で，それを通すために必要な工事をすることができる（同法第215条)。なお，工事費用の負担について，特別の慣習があるとき

は，その慣習に従う（同法第218条）。
　一方，「人工的原因で流れてくる水」については，貯水・排水などのために設けた工作物が壊れたり，ふさがったりしたことによって，別の土地に損害を及ぼし，または損害を及ぼすおそれがあるときは，損害を受ける土地の所有者は，損害を及ぼす土地の所有者に対し，修繕等を請求し，必要に応じ，損害を生じないように予防工事をさせることができる（同法第216条）。なお，工事費用の負担について特別の慣習があるときは，その慣習に従う（同法第217条）。また，土地の所有者は，その土地上に，雨水が直接隣の土地へ注ぎ込むような屋根やその他の工作物を設けることはできない（同法第218条）。

Q7 いわゆる袋地の通行権につき，民法ではどのように扱われていますか。

A ある土地が他人の土地に囲まれていて公路に出ることができない土地を袋地という。袋地の場合，その土地の所有者は，公路（相当程度の幅員をもっていて自由，安全，容易に通行できる通路であり（東京高裁昭和48年3月6日判決），公道に限らず，公衆が自由に通行できる私道も含む）へ出るために，その周囲の他人の土地（囲繞地（いにょうち））を通行することができる（民法第210条第1項）。
　囲繞地通行権による通行の場所と方法は，通行する権利をもつ者のために必要なもので，しかも周囲の他人の土地にとって損害が最も少ないものを選ばなければならない（同法211条1項）。また，通行する権利をもつ者は，通行する土地に生じた損害に対して補償金を支払わなければならない（通路の開設のために生じた損害に対する補償金は一度に支払わなければならないが，それ以外の補償金は1年ごとに払うことで足りる）（同法第212条）。
　なお，ひとつの土地を分割またはその一部を譲渡したために，公路に出ることができない土地ができてしまったときは，袋地になった土地の所有者は，公路に出るために，分割された他の土地のみ通行でき，この場合には補償金を支払う必要はない（同法第213条）。

4 瑕疵担保責任等に関するＱ＆Ａ

Q1 売買契約における瑕疵担保責任は，どのようになっていますか。

A 売買における瑕疵担保責任とは，契約の目的物に隠れた瑕疵がある場合，売主の過失の有無を問わず，買主は契約を解除し，または損害賠償の責めを負うとするものである。

「瑕疵」とは，目的物に通常備えなければならない性質，取引通念上通常有すべき性状を欠いていることをいい，「隠れた瑕疵」に該当するためには，買主が瑕疵の存在を知らなかったことと，買主が瑕疵の存在を知らなかったことに過失がないことの２つが必要とされる。

売買における瑕疵担保責任は無過失責任であり，売主側が瑕疵の存在につき過失がない場合であっても責任をのがれることはできない。瑕疵担保責任が認められると，売主は買主に対し損害賠償をする義務を負い，さらにその瑕疵の存在により契約の目的を達することができないときは，契約の解除も認められる。

ただし，民法上の売買における瑕疵担保責任の規定は任意規定であって，特約で別に内容を定めることができ，瑕疵担保責任を免除する特約も有効とされる（ただし売主が宅建業者である場合には，宅建業法の規定により，瑕疵担保責任の存続期間を引渡しから２年とする特約を除き，買主に不利な特約は無効となる）。したがって，売買契約において売主が瑕疵担保責任を負わないとする特約がある場合には，目的物に隠れた瑕疵があったとしても，瑕疵担保責任を求めることはできないことになる点に注意が必要である。

※ この点の買主の不利益を回避するため，Ｑ２の（参考）に記載しているように，新築住宅については住宅品質確保法により特例が設けられている。

Q2 請負契約における担保責任は、どのようになっていますか。

A 請負契約においても担保責任が認められている。
　請負の仕事の目的物に瑕疵がある場合（ただし瑕疵が重要ではなく、修補に過分の費用を要するときを除く）には、注文者は請負人に対し、相当の期間を定め、その瑕疵を修補するよう請求することができる（民法第634条第1項）。

　また、注文者は、請負人に対し、瑕疵の修補の代わりに、あるいは修補とともに、損害賠償を請求することもできる（同条第2項）。

　さらに注文者は、一般の請負契約においては、仕事の目的物の瑕疵の存在によって、請負契約をした目的を達することができない場合には、契約の解除をすることもできる。ただし、建物その他の土地の工作物ついては、契約の解除が認められると社会経済上の損失も大きいことから、解除は許されない（同法第635条）。

　これらの担保責任の存続期間は、通常の請負契約では目的物を引き渡したときから1年間、建物その他の土地の工作物の場合は5年間（ただしコンクリート造等堅固な工作物については10年間）である（同法第637条・第638条）。

　なお、売買と同様、これらの担保責任を免除する特約は有効とされる（同法第640条）。

※　この点の注文者の不利益を回避するため、（参考）に記載しているように、新築住宅については住宅品質確保法により特例が設けられている。

（参考）通称、住宅品質確保法（住宅の品質確保の推進等に関する法律）
　新築住宅の売買・請負については、住宅の品質確保の促進等に関する法律により、瑕疵保責任の特例が設けられ、販売業者・請負業者は、住宅の基本構造部分（基礎・柱・屋根等）に係る瑕疵担保責任を最低10年間（特約により20年まで延長可能）義務づけられている（短縮・免除する特約は無効）。

Q3 建築物や設備に不具合が生じた場合の修繕義務は，賃貸借契約上の貸主・借主のどちらが負担するのでしょうか。

A 賃貸借契約において，貸主は，目的物を貸主が使用収益できるようにする義務（民法第601条）と，目的物の使用収益に必要な修繕をする義務（民法第606条第1項）を負っている。したがって，特約がない限り，借主が物件を居住利用するために必要な修繕をする義務を負っているのは，貸主となる。

特約で別な内容を定めることは可能であるが，修繕義務を貸主に全面的に負担させる特約は貸主の修繕義務を免除するにすぎず，貸主に積極的に修繕義務を課したものではない（すなわち貸主に対し，修繕の実施を請求することはできない）とした判例があり，特段の事情がない限りは，特約の内容如何にかかわらず，躯体構造部分の修繕は貸主が負担することが必要である。

※ なお，建築物内での事故等に係る法的責任に係る内容については，第3章を参照されたい。

3 建築に関連した「責任」に関しての法律知識

弁護士 佐藤 貴美

1 ◆ 責任の種類と概要

1 事故等が生じた場合の責任とその概要

> **本節のポイント**
> 本節では，建物・設備等の損壊や管理が不十分であったために当該建物等の利用者に事故等が生じた場合には，法的責任が発生する可能性がある。まず，法的責任にはいかなるものがあるのかを概観してみたい。

キーワード

① 債務不履行責任
② 不法行為責任
③ 工作物責任
④ 製造物責任
⑤ 使用者責任と履行補助者の過失
⑥ 債務不履行責任と不法行為責任との関係
⑦ 行政責任
⑧ 刑事責任

法的責任の内容は，大きく「民事責任」，「行政責任」，「刑事責任」の3つに分かれる。

(1) 民事責任

民事責任とは，加害者（原因作出者）が，被害者に対し，金銭その他を賠償することによって被害を補塡する責任である。民事責任の根拠によって，さらに以下のように分けられる。

① 債務不履行責任

　契約関係（債権債務関係）がある当事者間において，債務者側が債務の本旨（本来なすべきこと）に基づく行為をしなかったことにより相手方に損害を生じさせた場合に，債務者が負うべき責任である。これは，加害者と被害者との間に契約関係が存在することが前提である。したがって，事故に伴う債務不履行責任は，賃借人の財産に損害が生じた場合の賃貸人の責任などの特別な場合を除き，直接の加害者，被害者間の問題というよりも，第一順位で損害を賠償した者が，損害をさらに実際の責任者に対し，契約関係に基づき求償する場面で機能することが多い。

コメント

※　たとえば，会社の従業員のような被用者の債務不履行に基づき，「履行補助者の過失」という構成によって，使用者である会社自身に債務不履行があったと評価される場合があるので注意が必要である。

② 不法行為責任

　加害者の行為により不法に被害者の権利や法的利益を侵害した場合に負うべき責任である。加害者と被害者との間には契約関係は必要がない。

　したがって，たとえば，事故により建物に来場していた一般客等に事故が生じた際に負うべき民事責任は，この不法行為責任に該当するケースが多い。

コメント

※　なお，会社の従業員のような被用者の不法行為に基づく場合，使用者である会社などが責任を負うこと（使用者責任）にも注意が必要である。
※　事故が火事であるときは，「失火責任法」が適用される。この場合，失火者は，重大な過失がある場合に限って責任を負う。
　これは，

- 木造家屋が多いわが国においては天候・消防体制などの偶然的事情により損害が拡大する傾向にあること
- 失火者自身が財産を失うことも多いこと
- 失火については平常十分な注意をしているのが普通であること

から，失火者の軽過失による不法行為責任を免除したものである。

　もっとも失火責任法は，軽過失による債務不履行責任まで免除するものではない。すなわち，契約関係にある当事者間では，たとえ失火者が軽過失であったとしても，債務不履行責任を負うことになる。

表-3.1　失火の場合の責任

	債務不履行責任	不法行為責任
軽過失	あり	なし
重過失	あり	あり

③　工作物責任

　建物などの土地上の工作物に瑕疵があり，その瑕疵が原因となって事故が生じ損害が発生した場合は，その工作物の占有者や所有者は，とくに重い不法行為責任を負うことになる（不法行為責任の特則）。この場合も，加害者（建物の所有者等）と被害者との間に契約関係は不要である。

④　製造物責任

　製品の欠陥が原因で人や物に損害が生じた場合に，その製品のメーカー等は，被害者に対して損害賠償責任を負う。

　製造物責任法第3条によれば，製造業者等が，その製造，加工または輸入（現実に当該行為をしなくても当該行為をしたものとして自らの氏名を表示した者も含む）をした製造物につき，その「欠陥」により，他人の生命，身体または財産を侵害したときは，これによって生じた損害賠償の責めに任ずるものとされる。すなわち，製品の「欠陥」により損害が生じたことが立証されれば，製造業者の故意過失を問わずに不法行為責任が成立するのであり，その意味で，製造物責任は，被害者側の不法行為責任追及のための立証の困難さを緩和した，不法行為責任の特則

と位置づけられている。

⑤ 債務不履行責任と不法行為責任との関係

加害者と被害者との間に契約関係がある場合，債務不履行責任と不法行為責任の両方が成立しうる（不法行為責任は，契約関係の有無にかかわらず成立しうる）。この場合，被害者はどちらを選択してもよいことになる。ただし，一般的には，表-3.2のように債務不履行責任の方が被害者の保護が厚いとされるため，契約責任（債務不履行責任）を求めるケースが多いとされる。

また，上記③，④は不法行為責任の一種であるが（したがって契約関係の有無にかかわらず成立の可能性あり），過失について特別の扱いがなされている。ここでは，これらをまとめて「瑕疵に伴う責任」として説明する。

以上をまとめると，次のようなフローチャートのもとで，どのような民事責任が発生しうるかを検討することになる。

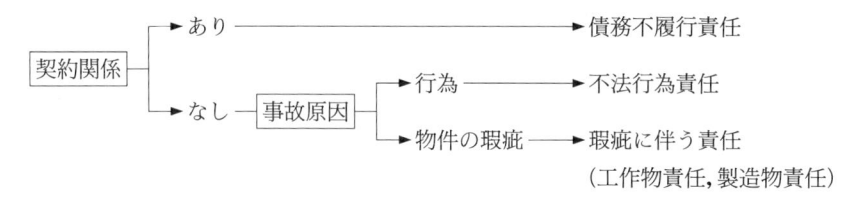

```
契約関係 ─┬─ あり ──────────────────→ 債務不履行責任
          └─ なし ─ 事故原因 ─┬─ 行為 ─────→ 不法行為責任
                              └─ 物件の瑕疵 ─→ 瑕疵に伴う責任
                                              （工作物責任，製造物責任）
```

表-3.2 民事責任の3つの類型

	債務不履行責任	不法行為責任	瑕疵に伴う責任
契約関係	必要	不要	不要
加害者の故意過失の立証	加害者側が負う	被害者側が負う	加害者側が負う（工作物責任の場合，所有者は無過失責任）
時効	10年	損害および加害者を知ってから3年	損害および加害者を知ってから3年

※網掛け部分が，被害者に有利となっている。

(2) 行政責任

加害者が，業務を行うに当たり行政の監督を受ける立場にある場合，事故等がその業務遂行上の問題などに起因する場合において，監督官庁など

から当該業務の停止命令や，資格剥奪等の処分がなされることがある。このような，当該業務を所管する行政庁から処分などを受けるという形で責任を問われる場合が，行政責任の問題である。

(3) **刑事責任**

事故原因につき加害者側の落ち度が大きく，法令で定められた犯罪に該当する場合には，加害者が刑事責任を問われることもありうる。建物等に起因する事故につき問われる可能性のある刑事責任には，次のようなものが考えられる。

① 業務上過失致死傷（刑法第211条）

刑法第211条「業務上必要な注意を怠り，よって人を死傷させた者は，5年以下の懲役若しくは禁錮又は100万円以下の罰金に処す。」

② 業務上失火罪（刑法第117条の2）

刑法第117条の2「第116条（失火罪）の行為又は前条第1項（激発物破裂罪）の行為が業務上必要な注意を怠ったことによるとき，又は重大な過失によるときは，3年以下の禁錮又は150万円以下の罰金に処する。」

③ 個別法違反

（例）消防法　補修命令義務違反
→ 2年以下の懲役又は200万円以下の罰金

これは，行政刑罰という形で課されることが多く，その場合は，行政責任と刑事責任とが競合していることになる。

その他の個別法違反による主な刑事責任については，285ページの「表-3.3　所有者・管理業者・関係者に発生しうる法的責任」を参照されたい。

2 関係当事者の責任とその対応

本節のポイント

①に記載したように，事故発生時の法的責任には様々なものがあるが，建物等の管理や建築に係る関係当事者に具体的にどのような責任が発生するかを整理する。

キーワード

① 所有者の責任
② 管理業者の責任
③ 設計者の責任
④ 施工者の責任
⑤ 施設設備の製造・提供者の責任
⑥ 施設設備の保守管理業者の責任

(1) 所有者の責任

① 不法行為責任（対第三者。対テナントの関係でも成立するが，この場合③の債務不履行責任が問われることが多い）

事故の原因が加害者の行為に基づくものであった場合，被害者が建物等をたまたま利用していた第三者（一般客など）である場合には，契約関係はないため，不法行為が問題となる。

② 工作物責任（対第三者）

事故の原因が建物等の工作物の瑕疵に基づくものであった場合，所有者は，占有者（テナントなど）に責任がある場合を除き，工作物責任を負う。この場合，後述するように，所有者が工作物の設置・保存に十分に注意していたという「無過失」を主張しても，工作物責任では，責任はのがれられない。その意味で，極めて重い責任が課されることになる。

③ 債務不履行責任（対テナント・特別な場合には対第三者）

テナント自体に被害が生じた場合は，賃貸借契約上の責任が問題とな

りうる。また，特別な場合において，所有者は第三者との間に具体的な安全保持義務を負うとし，その義務違反という形で債務不履行責任が問題となる場合もありうる。

> **コメント**
> ※ **テナントの起こした事故につき所有者が責任を負うことがあるか**
> 　原則としてテナントの起こした事故について所有者が責任を負うことはない。ただし，例外的に，所有者がテナントの室内・設備に関与する程度が大きい場合（かぎの預かり，設備点検，室内への立ち入りによる管理，消防計画への関与など）には，所有者にも責任が発生することがありうる。

④　民事責任のほかに，消防法などの規定に基づき行政責任を問われることがある。

⑤　自らの過失行為により人を死傷させた場合などでは，刑事責任も発生しうる。

(2) 管理業者の責任

①　管理業者の法的な立場（所有者との間の契約の内容如何）によって，その法的責任の根拠は異なる。管理業者の立場は，所有者との関係において，大きく以下の3つに分類しうる。

> ア　管理委託契約に基づく管理業者
> イ　サブリース業者ないしサブリース類似の管理業者
> ウ　仲介業務の延長として一定範囲の管理をサービスとして行っている業者

②　管理委託契約

　管理委託契約とは，所有者が管理会社に建物等の管理事務を委託するもので，その法的性質は，委任ないしは準委任契約と解されている。

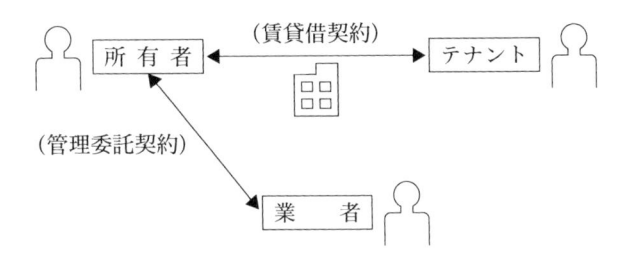

```
         (賃貸借契約)
 所有者 ←――――――――→ テナント
   ↑        🏢
   │
(管理委託契約)
   │
   ↓
  業 者
```

　この場合，所有者との関係では，管理委託契約の内容に基づく契約責任か，不法行為責任が生じる（ただし，前述のように，一般的には契約責任を問われることが多い）。したがって，所有者が第三者やテナントに第一順位で損害賠償責任を負担した場合の求償の場面では，主に契約責任（債務不履行責任）が問題となる。

　一方，対テナントや一般客との関係は，契約関係にないため，不法行為責任のみが問題となる。

③　サブリースないしサブリース類似業者（賃貸人・賃借人としての責任）

　管理の一形態としてサブリース（転貸借契約）を利用する場合，対所有者，対テナント，それぞれの関係において賃貸借契約関係にある。

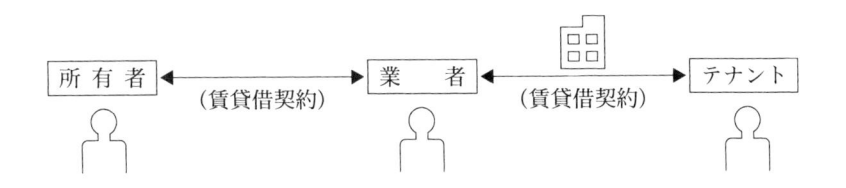

```
 所有者 ←――――――→ 業 者 ←――――――→ テナント
       (賃貸借契約)        (賃貸借契約)  🏢
```

　したがって，所有者との関係でも，テナントとの関係でも，契約責任（債務不履行責任）と不法行為責任のいずれも存在する（これも前述のように，一般的には契約責任を問われることが多い）。

　一方，第三者との関係では，不法行為責任が問題となるのみである。

> **コメント**
>
> ※　仲介業者としての責任
>
> 　物件によっては，仲介業者が無償のサービスとして管理を行っていることも多い。この場合，契約形態としては，委任契約・準委任契約，請負契約，寄託契約などの混合契約と解される。基本は②の関係と同様であるが，問題は，当該業務が無償で行われているところにある。すなわち，管理業務を無償で行っていることが責任成立にどう影響するかがポイントになる。
>
> 　法律上は，委任・準委任では，無償であっても，善管注意義務（民法第644条）がある。寄託では，無償の受寄者は，注意義務が軽減される（民法第659条　自己の財産におけると同一の注意）。請負では，そもそも有償でなければ民法上の請負契約とはいえない（民法第632条）。
>
> 　したがって，無償の場合には注意義務が軽減される契約類型を含む混合契約であるから，全体としても注意義務が軽減されると考えることもできなくはないが，仲介業務との密接な関連性があることを考慮すれば，善管注意義務ありと認定される可能性も大きい。

④　民事責任のほかに，消防法などの規定に基づき行政責任を問われることがある。

⑤　自らの過失行為により人を死傷させた場合などでは，刑事責任も発生しうる。

(3) 関係者の責任

　建物等で事故が発生した場合，所有者や管理業者以外に事故原因を策出した者がいることも稀ではない。ここでは，それらの関係者の責任について概説する。

①　設計者の責任

　設計者が民事責任を負う場合としては，次の2つのケースが想定される。

㋐ 被害者が，被害が生じたのは建物等の設計上のミス等に起因するとして，不法行為責任を追及する場合
㋑ 所有者などに第一・第二順位の責任（工作物責任）が発生する場合に，その工作物の瑕疵が設計に起因するものとして，求償される場合（この場合は，所有者と設計者との間の設計契約上の債務不履行責任も問題となりうる）

以上の民事責任のほかに，建築士法などの規定に基づく行政責任が問われることがある。また，死傷事故などの場合，刑事責任も発生しうる。

② 施工者の責任

施工者が民事責任を負う場合としては，次の2つのケースが想定される。

㋐ 被害者が，被害が生じたのは建物等の工事上のミス等に起因するとして，不法行為責任を追及する場合
㋑ 所有者などに工作物責任が発生する場合に，その工作物の瑕疵が具体の工事に起因するものとして求償される場合（この場合は，別に所有者と施工者との間の請負契約上の責任（債務不履行責任）も問題となりうる）

以上の民事責任のほかに，建設業法などの規定に基づく行政責任が問われることがある。また，死傷事故などの場合，刑事責任も発生しうる。

③ 施設設備の製造・提供者の責任
　被害者との関係では不法行為責任や製造物責任が問題となる。また，売買契約当事者（売買の相手方である所有者やテナントなど）との関係では，契約責任（不完全履行に基づく債務不履行責任）も生じうる。
④ 施設設備の保守管理業者の責任
　設備などの保守管理業者が民事責任を負う場合としては，次の2つのケースが想定される。

> ㋐ 被害者が，被害が生じたのは施設設備の保全管理上のミス等に起因するとして，不法行為責任を追及する場合
> ㋑ 保全管理契約の相手方（所有者，テナントなど）との関係で，契約責任を追及される場合

　以上の民事責任のほかに，それぞれの事業法などの規定に基づく行政責任が問われることがある。また，死傷事故などの場合，刑事責任も発生しうる。

表-3.3 所有者・管理業者・関係者に発生しうる法的責任

		所有者	管理業者	設計者	施工者	設備等提供者	設備等保守管理者
民事責任	債務不履行責任	対テナント ○	対所有者 ○ (サブリースの場合対テナントも)	対所有者 ○	対所有者 ○	対所有者など ○	対所有者など ○
民事責任	不法行為責任	○	○	○	○	○	○
民事責任	工作物責任	○ (無過失責任)	△ (占有者の場合過失責任)	△ (求償責任)	△ (求償責任)	△ (求償責任)	△ (求償責任)
民事責任	製造物責任	×	×	×	△	○	×
行政責任		○	○	○	○	○	○
刑事責任		○	○	○	○	○	○

2 ◆ 民事責任

> **本節のポイント**
> 　不幸にも建物等で事故が発生し被害が生じた場合には，1で述べたように民事責任が発生する可能性がある。ただし，それぞれの責任が認められるためには一定の要件が必要であり，逆にその要件がないことを立証できれば，民事責任は発生しないということになる。
> 　※個々の裁判事例については，362〜412ページ参照

キーワード

① 客観的原因（債務不履行の事実・不法行為の事実・建物製造物の瑕疵の存在）
② 故意・過失
③ 因果関係
④ 損害の発生
⑤ 消滅時効
⑥ 責任能力
⑦ 損害の評価
⑧ 損益相殺
⑨ 過失相殺

1　民事責任の基本構造と要件の概説

民事責任が認められるためには，以下の要件が満たされる必要がある。

(1) 客観的原因の存在（客観的要件）

　ア　債務不履行の場合 ⇒ 債務不履行の事実

契約違反行為や，債務がその本旨に基づき（本来あるべき姿として）履行されなかったことが必要である。
イ　不法行為の場合　⇒　権利・利益を侵害する違法行為の存在
　　法律の条文上明確に権利と認められたものである必要はないが，法律的に保護された利益が，違法に侵害されたことが必要である。
ウ　工作物・製造物責任の場合　⇒　建物・製造物の瑕疵の存在

(2) 故意・過失（主観的要件）

　加害者の故意・過失が必要である。ただし，工作物責任における所有者責任および製造物責任についてはこの要件は不要である。なお，近時は債務不履行・不法行為について，(1)・(2)の2つの要件を区別せずに，一元的に理解しようとする傾向も強い。

(3) 因果関係（客観的要件）

　　　事実的因果関係　＋　相当因果関係

　事故がなければ，損害もなかった，という関係（事実的因果関係）をもとに，因果関係に相当性があるものについてのみ民事責任が生じるとするのが従来の通説・判例である（相当因果関係説）。
　最近は，因果関係は事実的因果関係で十分としたうえで，損害賠償の範囲を別に検討しようとする考え方も有力である。

(4) 損害の発生

　被害者に現実の損害が発生したことが必要である。なお，「損害」の捉え方については，次の2つの立場がある。

ア　差額説　　当該行為・事実があった場合となかった場合との利益状態の差を金銭で表示したものが損害であるとするもの
イ　損害事実説　怪我などの事実そのものを損害と捉えるもの（金銭的評価は損害額の算定の場面で別に行う）

　判例はアの差額説に立つといわれる。したがって，仮に権利利益の侵害があっても，金銭的に評価された損害がゼロであれば，そもそも民事責任は発生しないことになる。

(5) **権利主張制限の不存在(消極要件)**
① **消滅時効**

消滅時効期間を徒過すると,加害者がその事実を援用(実際上は裁判の場で消滅時効の主張をする)することにより,民事責任は消滅する。

消滅時効期間は,債務不履行責任は行為時から10年,不法行為責任は損害および加害者を知ったときから3年または行為時から20年,製造物責任は製造時から5年となっている。

② **加害者の責任能力欠如(不法行為の場合)**

責任能力とは,加害者が,自己の責任を弁識するに足る知能をいい,それがないと,加害者に直接の民事責任は発生しない。判例は,平均して12歳前後を基準としているとされる。

ただし,加害者に責任能力がない場合は,監督者(親権者など)や代理監督者(法律または契約によりその監督を委託された者または施設)が責任を負うことになる。

(6) **損害の評価**

事故発生に伴う民事責任は,原則として損害賠償責任であることから(民法第415条・第709条),損害を金銭的に評価することが必要となる。

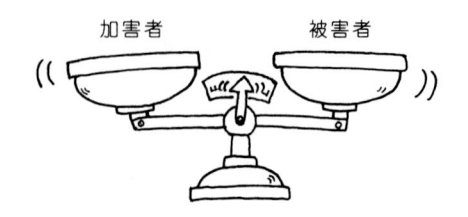

(7) **被害者側の事情の斟酌(責任・損害の軽減)**

債務不履行も不法行為も,その目的は損害の公平な分担である。したがって,当該事故において,被害者側に落ち度などがあれば,それを考慮して賠償額などが求められることになる。

① **損益相殺**

被害発生により,別途被害者に利益を得ている場合には,損害賠償の算定に当たっては,その利益分は相殺される。たとえば,被害につき労

災保険で一部損害が塡補された場合などである。
② 過失相殺

被害者側にも過失がある場合，責任および損害賠償額が軽減される。そして，過失相殺で考慮される事情には，被害者本人のみならず，被害者の保護者など，被害者と身分上ないしは生活関係上一体をなすとみられるような関係にある者の過失も含まれる。

2 事故発生時の民事責任の有無等の検討ポイント

事故等が発生した場合，その原因を追及し対策を講じるとともに，被害者に対してはその損害を賠償するなどの方策をとる必要がある。事故等が発生した場合における具体的な確認・検討手順は，概ね次のようになると考えられる（次ページ）。

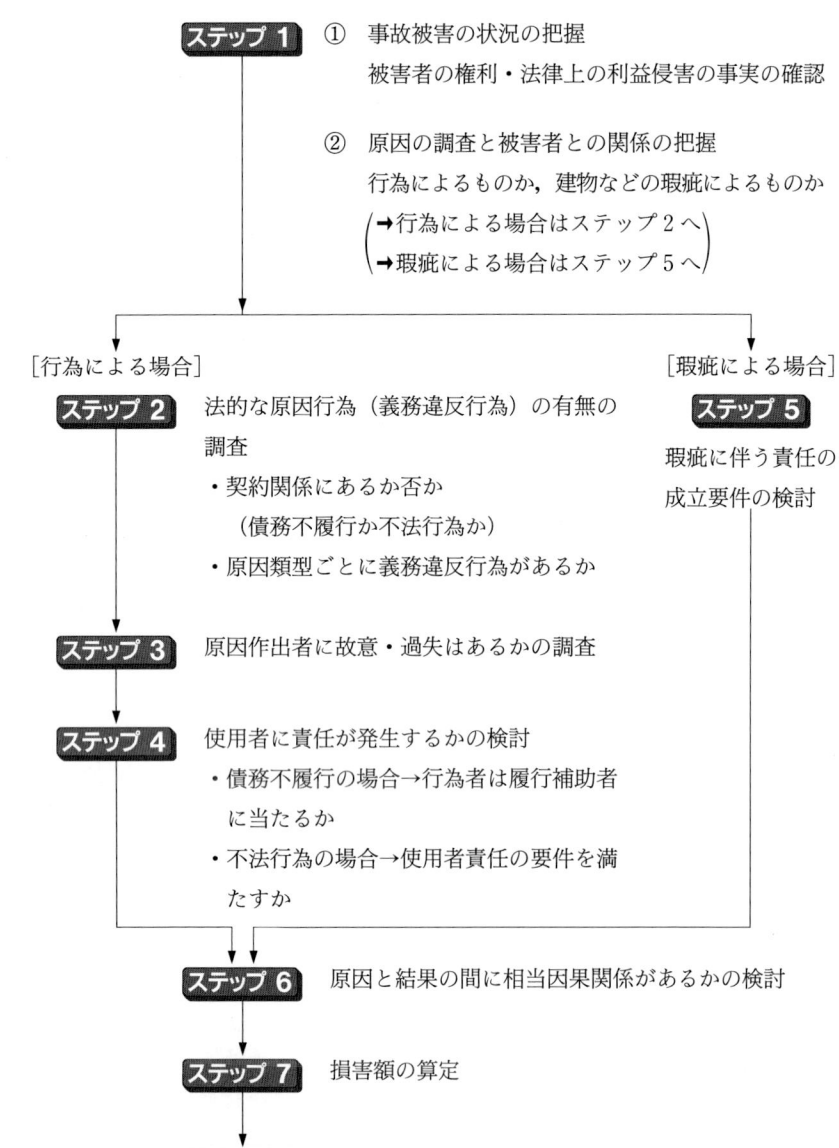

ステップ1
① 事故被害の状況の把握
　被害者の権利・法律上の利益侵害の事実の確認

② 原因の調査と被害者との関係の把握
　行為によるものか，建物などの瑕疵によるものか
　（→行為による場合はステップ2へ）
　（→瑕疵による場合はステップ5へ）

[行為による場合]

ステップ2 法的な原因行為（義務違反行為）の有無の調査
・契約関係にあるか否か
　（債務不履行か不法行為か）
・原因類型ごとに義務違反行為があるか

ステップ3 原因作出者に故意・過失はあるかの調査

ステップ4 使用者に責任が発生するかの検討
・債務不履行の場合→行為者は履行補助者に当たるか
・不法行為の場合→使用者責任の要件を満たすか

[瑕疵による場合]

ステップ5 瑕疵に伴う責任の成立要件の検討

ステップ6 原因と結果の間に相当因果関係があるかの検討

ステップ7 損害額の算定

ステップ8 被害者側の事情を斟酌することによる損害額の縮減が図れないかの確認
・事故による利益はないか（損益相殺の対象）
・事故および損害につき過失はないか（過失相殺の対象）

ステップ1　被害者の権利・利益の侵害

> 不法行為責任が問題になる場合には、まずは被害者の権利・法律上の利益の侵害があるのかを確認する。

債務不履行の場合、債務者に義務違反行為があれば、当然に債権者は契約上の権利を侵害されることになる。

それに対し、不法行為の場合、当事者間にはあらかじめ権利義務関係がないため、加害者に義務違反行為があったとしても、直ちに被害者の権利利益が侵害されるわけではない。したがって、不法行為の場合には、被害者の「権利」または「法律上の利益」が侵害されたか否かが独立して判断される。仮に被害者の主観において利益が侵害されたということであっても、その利益は客観性をもち、法律上保護されていると認められる必要がある。

たとえば、判例上、「日照権」は認められているが、「環境権」までは認められていない。また、近隣紛争、生活妨害型の紛争などにおいては、受忍限度論、すなわち、生じた結果が社会的共同生活における受忍限度を超えているかによって法律上の利益が侵害されているかが判断されることになる（事故のケースとは直接関係ないが、たとえば工事に伴う騒音などにおいては、この判断基準をもとに検討する必要がある）。

ステップ2　法的な原因行為の存在

1．債務不履行責任の場合～契約上の義務違反の事実

> 債務不履行責任の場合、
> ① 契約上の義務が存在するか
> ② 存在するとして、当該義務違反があったか
> を確認する。

債務不履行とは，債務の本旨に従わない履行であり，法律上は，履行期に遅れる「履行遅滞」，履行が不可能となる「履行不能」，完全な履行がなされていない「不完全履行」の3つに分類される。ただし，事故発生に係る債務不履行の場合，契約上の義務に反して本来なすべきことがなされていないという意味で，不完全履行に該当することが多い。したがって，債務不履行責任の場合には，以下のような契約上の義務違反行為により完全な履行がなされなかったかがポイントとなる。

(1) 契約上の基本的な義務違反

① 所有者（対テナント）

　所有者（＝賃貸人）は，テナントに対し，賃貸借契約上の賃貸人として，①賃貸物件を目的に従って使用させる義務，②修繕義務，などを負っている。したがって，仮に必要な修繕の不備などによって事故が生じた場合には，賃貸借契約上の賃貸人としての義務に反するものとして，債務不履行の事実が存在することになる。

② 管理会社（対所有者・テナント）

　管理委託契約の場合には所有者に対し善良なる管理者としての注意義務（その業務を行うにつき社会的に相当とされる程度の注意義務。以下略して「善管注意義務」という）が，サブリースの場合には賃貸借上の義務（対テナントの関係では賃借人として，対テナントとの関係では賃貸人として）が，それぞれ存在し，これらの義務に違反した場合には，債務不履行の事実があることになる。

③ 設計者（対所有者）

　設計契約の法的性質については，準委任契約説（設計という事務の委託を受けるという契約であると解する説）と請負契約説（設計を完成させるという契約であるとする説）とがあり，両説では，主に仕事が完成しなかったときの報酬請求権の有無に違いが生じる。事故発生に係る責任との関係では，準委任契約説からは善管注意義務が，請負契約説では仕事完成義務が問題となり，設計に何らかの問題がある場合には，これらの義務に違反しているということで債務不履行の事実がありうることになる。

④　施工者（対所有者）

工事契約は請負契約であるから，仕事完成義務が問題となり，工事に何らかの問題がある場合には，仕事が不完全な形で終了しているということで，仕事完成義務違反という債務不履行の事実がありうることになる。

⑤　施設設備提供者（対所有者・テナント等）

売買契約上，売主は買主に対し瑕疵なきものを給付すべき義務があり，欠陥商品を製造販売したことにつき債務不履行の事実が存在することになる。ただし，この場合には，製造物責任に基づき責任追及がなされるケースも多い。

⑥　施設設備保安管理業者（対所有者・テナント等）

受任者として，委任者であるテナントや管理会社との関係で善管注意義務があり，その義務に反したことをもって債務不履行の事実がありうることになる。

(2)　安全配慮義務（契約関係に付随する義務）違反

法律に明文で規定されていないが，判例により一般的に肯定される。具体的には「ある法律関係について特別な社会的接触の関係に入った当事者間において当該法律関係の付随的義務として当事者の一方または双方が相手方に対して信義則上負う義務として一般的に認められるものである」（最高裁昭和50年2月25日判決）とされる。この判例は，自衛隊員が駐屯地内の自動車事故で死亡した事案で雇用契約に関し述べたものであるが，一般の契約関係にも同様の理論の適用がありうるとされる。

たとえば，所有者は，テナントに物件を使用収益させるに際して，生命・身体や所有・保管する物品に危険のないよう，その安全に配慮する義務がある，という形で主張される。この義務が認められれば，事故により被害が生じた場合には，契約関係にある相手方に対しては，この安全配慮義務違反ということで，債務不履行責任が問われることになる。

(3)　保安管理契約違反

安全配慮義務をさらに進めて，本体の契約とは別個に，ストレートに「保安管理契約」というものが存在すると認定し，当該契約に反するとして，債務不履行の事実を認める例もある。

たとえば，千日前デパートビル火災事件判決（大阪地裁昭和56年1月26日判決　判時996号89頁）では，3，4階をテナントに貸していたデパートビルの夜間の工事の際，下請業者のたばこの火の不始末で出火し，ビル管理上の問題から被害が拡大した事案において，所有者には，賃貸借とは別個のまたは賃貸借に付随する「保安管理契約」があり，その契約上の義務に違反する債務不履行があったものと認定した。これは，

> ア　緊急の必要性があればテナントの承諾なく室内に立ち入ることが可能であったこと
> イ　所有者の承諾なくテナントが宿直員を宿泊できないとされたこと
> ウ　賃料のほかに，警備員の人件費等のために管理費を徴収していたこと

をその根拠としている。

2．不法行為の場合〜他人の権利利益の不法な侵害の事実

> 不法行為の場合，一般的な注意義務に反していたかを確認する。

　不法行為の場合には，他人の権利利益を侵害する違法行為が必要である。他人の権利利益の侵害についてはステップ1ですでに確認されているので，ここでは行為の違法性について確認する。行為が違法と判断されるには，当該行為が一般的な注意義務に違反していると評価されることが必要である（債務不履行責任が，善管注意義務などの契約上の高度の義務違反を必要とする点に違いがある）。なお，この要件は，ステップ3の過失の有無の判断と重なることが多い。

3．会社自体の注意義務違反

> 債務不履行・不法行為いずれの場合でも，会社自体が安全体制を確立していないなどの義務違反行為があるとされる場合があるので，会社組織その他において，事故発生を防止しうる客観的な義務に違反した事実がないかを確認する。

会社組織自体でも，事故が発生しないように，人員の配置，安全教育の徹底などのいわゆる安全管理体制が確立されていたかどうかという観点から，債務不履行ないし不法行為責任を追及される可能性がある。事故発生当時の安全管理体制を確認し，注意義務違反がないかを確認することが必要である。

ステップ3　故意・過失

> 　次に，当該義務違反につき，故意・過失があるかをチェックする。一般的に，故意による債務不履行・不法行為ということは考えにくいので，もっぱら過失の有無が問題になる。過失要件については，
> ① 結果発生が予見できたのか
> ② コスト面の見地も含め，結果を回避する措置を講じることができたのか
> ③ 当該措置をしていなかったことに特段の合理的理由はあるのか
> を確認する。また，事故が失火の場合には
> ④ 重過失があるかどうか
> も確認する。

(1) 故意

　故意とは，「結果の発生を認識しながらそれを容認して行為をするという心理状態」と定義される。

　故意による損害の場合には，その損害賠償の範囲は拡張されることが妥当とされる。

(2) 過失

　過失とは，通常の人に要求される注意義務を欠いたことを指すが，近時は主観的な心理状態ではなく，客観的な行為義務違反と理解する見解が一般的である。したがって，民事責任における過失概念としては，「損害の発生が予見可能であり，それを回避すべき行為義務があったにもにもかか

わらず，回避すべき行為をしなかったこと」と理解される。

すなわち，事故の発生および結果が予見でき，結果発生を回避する措置をとることができたにもかかわらず，漫然とその措置をとらずに事故を発生せしめたことが，過失であると理解されるのである。

そして，実際の過失の判断に当たっては，損害発生の蓋然性と被侵害利益の重大さ，それを回避するコストとの相関によって決まるという考え方が有力である。

また，不法行為の場合，過失の根拠となる義務は，当該損害を発生させないように一般的に必要とされる注意義務に反することをいう。ただし，多数の一般客の来場を前提としている建物などの場合には，あらゆる年齢層の人に対して安全を保持すべき義務があるとされることに注意が必要である。

(3) 重過失

重過失とは，著しい注意義務違反のことで，わずかな注意をすればたやすく違法有害な結果を予見することができたのに，漫然とこれを見過ごしたことをいう（最高裁昭和32年7月9日　民集11-7-1203）。

重過失が認められた例としては以下のような裁判例がある。

> 東京地裁平成元年3月2日　判時1340号110頁（重過失を認めた事案）
> 引火性の強い危険物，燃焼力の強い材料及び毛布，布団が常時保存されていた建物の中で，椅子の張り替え作業に従事していた従業員の喫煙したことにより火災等が発生した事故。従業員には，危険物に引火することのないよう通常人より特に注意し，危険のないように万全の注意を払うべき義務があるとされた。

(4) 故意過失の立証責任

債務不履行の場合には，故意過失の不存在を債務者側で立証しなければならないのに対し，不法行為の場合には，被害者側で故意過失の存在を立証しなければならない。

ステップ 4　使用者の民事責任の成立要件

　会社自身の注意義務違反がない場合でも，直接に事故発生原因行為を行った者（以下略して「直接行為者」という）の所属する会社などにおいては，
① 行為者が履行補助者または被用者に当たるか
を確認し，さらに不法行為の場合には，
② 被用者の行為が「事業の執行」といえるか
③ 被用者の選任・監督に過失がないか
を確認する。

(1) 債務不履行の場合（履行補助者）

　直接行為者が従業員などの被用者であった場合，その使用者である会社などは，その従業員などが「履行補助者」に当たるとされれば，使用者である会社自体が債務不履行を行ったものとして責任が生じる。
① 履行補助者とは
　　履行補助者とは，一般には，債務者が，債務の履行に当たって使用する者，たとえば，家族，会社の従業員，運送業者などを指すとされている。
　　そして，履行補助者も，さらに，

> ㋐　使用者の手足となって業務に従事する真の意味での履行補助者
> ㋑　使用者から独立して，履行を代行する履行代行者・履行代用者
> ㋒　賃借人の同居者などの利用補助者

に分けられる。
② 使用者に，従業員などの選任監督上の過失が必要か
　　上記①の㋑，㋒の場合で，法令上履行代行者などの使用が認められているときは，使用者に選任監督上の過失がある場合にのみ責任が生じるとされるが，上記①の㋐の場合および㋑，㋒で上記以外の場合では，直接行為者に債務不履行があれば，使用者の選任監督上の過失の有無は問

わずに，使用者などに債務不履行責任が発生する。
③ 契約類型と履行補助者の過失の成立範囲

契約上の基本的義務との関係では，従業員などの過失は，すべて使用者自身の過失として債務不履行責任が発生しうる。

それに対し，安全配慮義務に関して履行補助者となりうるのは，被用者・従業員などの業務について管理支配権限を持った者に限られるとされる（最高裁昭和58年5月27日）。したがって，当該権限を有する者以外の単なる従業員の過失については，会社などが安全配慮義務違反としての債務不履行責任は負わないことになる。

(2) 不法行為の場合（使用者責任）

直接行為者が従業員などの被用者で，その者に不法行為責任が発生する場合，次の要件を満たす場合には，使用者自身が民事責任を負うことがある。これを使用者責任という。

① 直接行為者が被用者であること

きわめて広汎に理解されており，一時的な使用関係でも構わない。ただし，使用者には被用者を選任し，監督する余地がなければならない。

② 直接行為者が「事業の執行につき」損害を加えたこと

この要件に該当するためには，実際には事業の執行の場面ではなかったとしても，外形上事業の執行と認められれば足りる。

> **コメント**
>
> たとえば，警備保障会社の警備員が，労働条件や上司への不満から，警備対象である建物に放火した事案について（福島地裁昭和62年1月26日判決　判時1229号135頁），会社の支店長が会社支店裏口にあった屑籠代用のダンボールに石油ストーブのまだ残り火のある灰を投棄したため翌早朝に発火して火事になった事案について（札幌地裁昭和51年9月30日判決　判時862号76頁），それぞれ会社の使用者責任を認めている。

③ 被用者の選任・監督につき過失がないこと

会社などの使用者が，被用者の選任・監督につき過失がないことを証

明できた場合には，使用者責任を免れる。
④ 使用者が責任を負った場合には，直接行為者に対し，信義則上相当と認められる限度において求償することができるとされる（最高裁昭和51年7月8日判決）。

ステップ5 瑕疵に伴う責任の場合

瑕疵が存在するものが工作物である場合には工作物責任が，動産である場合には製造物責任が問題となりうる。

(1) 工作物責任

> 工作物責任が問題となる場合には，
> ① 工作物による事故か
> ② 工作物に瑕疵があったか
> ③ 所有者か占有者か（占有者であれば過失があるか）
> ④ 求償されうる立場にある場合には，その行為自体が被害者との関係で不法行為といえるか
> を確認する。

① 工作物責任の内容

工作物の設置・保存の瑕疵による損害については，以下の順位で責任を負う者が決まる。

第一順位　占有者（実際に使用しているテナントなど）
第二順位　所有者
　　　　　　占有者が損害発生防止に必要な注意をしていれば，所有者が責任（無過失責任）を負う。
第三順位　実際の原因作出者
　　　　　　上記において責任（損害賠償債務）を負担した占有者や所有者は，他に損害の発生につき責任がある者がいれば，その者に対し求償することができる。

② 原因となる物が工作物であること
　「工作物」とは，地上・地下に人工的に設備された物を広く含むとされる。

> **コメント**
> 肯定例　ガス配管設備（大阪地裁昭和55年12月22日　判タ449-193）
> 　　　　天井裏の電気配線（東京地裁平成元年7月17日　判時1332-103）
> 　　　　消火器（大阪地裁平成6年8月19日　判時1525-95）
> 否定例　そばかまどの煙突（東京地裁昭和46年11月27日　判時661-63）
> 　　　　デパート屋上のデッキチェア（東京地裁昭和47年11月21日　判時704-70）
> 　　　　陳列棚照明用電気配線（東京地裁昭和63年6月27日　判時1278-949）
> ※その他，362～388ページ参照

③ 工作物の設置保存に瑕疵があること
　「瑕疵」とは，その工作物が本来備えている通常有すべき安全性を欠いていることをいう。この概念は広く，たとえば，開放廊下に消火器を裸のまま立てかけていた場合についても，設置保存に「瑕疵」があったとされる場合がある（大阪地裁平成6年8月19日判決　判時1525号95頁）。

④ 占有者の責任（過失）
　工作物責任は，占有者が第一順位で責任を負う。占有者が，瑕疵につき過失がないことを証明すれば，責任をのがれる（それに対し，一般の不法行為は，過失につき被害者側が証明しなければならないこととの相違に注意する必要がある）。
　㋐　「占有者」とは，一般には賃借人などの物件を事実上支配している者を指すが，所有者も，ビルの構造上工作物の占有者と認められることがありうることに注意が必要である（東京地裁昭和55年4月

25日判決　判時975号52頁409頁参照)。
- イ 過失がないことを証明すれば免責される。ただし、この場合の注意義務の対象は、工作物の設置保存についてであることに注意が必要である。

⑤　所有者の責任

工作物責任は、占有者が自己に過失がないことを証明したときに、所有者が第二順位で責任を負う。逆にいえば、占有者が責任を負う場合には、所有者は、被害者との関係では直接の責任は負わない。ただし、所有者も一定の場合には占有者と認定されることがある点には注意が必要である。

所有者の責任は無過失責任であり、工作物の設置保存に過失がないことを主張しても免責されない。

(2) 原因作出者の求償責任

① 占有者または所有者が責任を負った場合に、他に原因作出者がいれば、被害者に対し賠償責任を果たした占有者または所有者は、その者に対し求償することができる。

したがって、事故等が工作物の瑕疵による場合、占有者または所有者以外であっても、

- ア　民法第717条第3項による求償責任
- イ　所有者・占有者と原因作出者に契約関係があれば、債務不履行責任としての求償責任

を問われる可能性があることに注意が必要である。

② 求償責任（民法第717条第3項）の成立要件

民法第717条第3項の求償責任が成立するためには、その者の行為が被害との関係で、不法行為の関係にあることが必要とされている（大阪高裁平成5年4月14日）。

たとえば、施工に問題があって工作物に瑕疵が生じ損害が発生し、所有者が工作物責任を負った場合、所有者は施工者に対し求償することになるが、その場合、施工者の工事自体が、被害者の損害との間で不法行為関係（施工者の過失・違法行為、損害との因果関係の存在）がなけれ

ば，求償は認められない（ただし，民法第717条第3項の求償責任とは別に，工事請負契約上の義務違反という形で契約責任は問われうる）。

(3) **工作物の火災事故の場合**

工作物の瑕疵により火災事故が発生した場合，工作物責任と失火責任とが競合することになる。工作物責任は責任強化，失火責任は責任軽減と相反する立場にあり，学説や判例は多岐にわたるが，工作物責任を認める傾向（責任強化の方向）が強いとされている。

(4) **製造物責任**

> 製造物責任が問題になる場合には，
> ① 原因となった物が製造物であるか
> ② その製造物に欠陥があるか
> を確認する。

① 原因となる物が製造物であること

製造物とは，「製造または加工された動産」に限る。したがって，建物や土地は不動産であって「製造物」に当たらないため，土地建物そのものの欠陥による事故については，製造物責任は発生しない。

② 製造物に欠陥があること

「欠陥」とは，「当該製造物が通常有すべき安全性を欠いていること」をいい（製造物責任法第2条），欠陥の有無の判断に当たっては，製造物の特性，予見される使用形態，引き渡した時期その他の事情が考慮される。欠陥は，さらに次の3つに分類される。

　　a 設計上の欠陥

　　　設計の際に安全性に対する配慮が十分でなかったり，欠けていたような場合

　　b 製造上の欠陥

　　　製造過程の不具合で設計の基準等から逸脱し，安全性に問題がある商品が出来上がった場合

　　c 指示・警告上の欠陥

事故を未然に防ぐため，使用者に対する危険への注意喚起が不十分である場合

なお，公的な安全基準に合致していても，製造物責任の考え方ではそれは最低限度の基準であり，これらに合致しているからといってそれだけで製造物責任が免責されることにはならない。

ステップ6　因果関係

> 事故原因が明らかになれば，
> ① 事故原因と結果の間に事実的因果関係があるのか
> ② 実際の損害は通常損害か，特別損害か
> ③ 特別損害であれば結果発生の予見可能性があったか
> を確認する。

事故原因と損害の間には因果関係の存在，すなわち，損害と当該行為・瑕疵との結びつきが必要となる。法律上の因果関係は，自然科学上の因果関係と異なり，評価を伴うものである。

(1) **事実的因果関係**

まず，因果関係が認められるためには，事実的因果関係があることが前提である。これは「あれなくばこれなし」の関係，すなわち，当該行為などがなければ結果（損害）がなかったという関係があるかが問題となる。したがって，結果（損害）との間に諸々の事情が介入した場合であっても，そもそも当初の原因行為がなければ結果発生はなかったと考えられれば，事実的因果関係を欠くことにはならない。

(2) **相当因果関係**

① 事実的因果関係が存在したとしても，どんなに結果から遠い原因行為者も法的責任が生じるとするのは，損害の公平な分担という民事責任の基本理念からは疑問の余地がある。そこで，多くの学説は，事実的因果関係の存在のみならず，原因行為者に当該結果に対する責任を負わせるのが相当かという価値判断を加え，「相当因果関係」がある場合，ある

いは「保護範囲」内の損害についてのみ，法的責任が生じると解している。

ここでは，判例が採用しているとされる相当因果関係説に立って，その存否の判断要素を説明する。
② 相当因果関係の基本構造
　　ア 通常生ずべき損害（通常損害）については，予見可能性を問題とすることなくすべて責任を負う。
　　イ 特別の事情によって生じた損害（特別損害）については，加害者が予見可能な場合にのみ責任が生じる。
③ 通常損害と特別損害の区別

ある損害が通常損害か特別損害かは，契約類型ごとに，当事者が商人であるか，目的物は何かなどを考慮して個別具体的に判断される。

たとえば，テナント内の物品は，契約で定められた使用目的に照らし通常テナント内にあるような物品については通常損害となり，契約目的からみて不相当な物品や内装については特別損害（責任を問われる側が予見可能であったときに賠償範囲に入る）となる。

ステップ7　損害額の算定

次に損害額の算定の段階で，損害の種類ごとに，客観資料をもとに損害額を算定する。

(1) 損害の分類

損害は，その性質により，
① 積極損害（既存の利益の滅失・減少）
② 消極損害（事故がなければ得られたであろう利益（逸失利益））

に分類され，さらに損害の対象により

> ア 財産的損害
> イ 非財産的損害・精神的損害

に分類される。

(2) 財産的損害・積極損害

① 物・権利・法的利益について，時価ないし交換価値を金銭に評価することが原則である。

時価ないし交換価値の判断には，実際の取引，カタログ，見積もりなどの客観的な資料，鑑定（不動産鑑定士などの専門家による判断），相続税の評価に関する財産評価通達，土地収用の場合の基準（公共用地の取得に伴う損失補償基準要綱）などを根拠とする。

② 建物が火災により滅失し，あるいは使用不能となった場合，目的物の滅失によって賃貸借契約の履行は不能となるのだから，賃借権の価値自体が損害だという考え方もできる。

③ 人的損害の場合には，治療費・入院費，葬儀費用等がこれに当たる。

この場合，たとえ保険金などでその一部ないしは全部が補塡されたとしても，その点は考慮しないで損害額が算定される。

(3) 財産的損害・消極損害（逸失利益）

① 営業補償

店舗が貸室で営業できなくなったときの営業補償は通常損害とされ，場合によっては，さらに代替店舗に移転後の営業成績の減少に伴う利益相当分も特別損害として賠償することが必要となる。

② 人的損害

休業補償，後遺症・死亡による逸失利益がこれに当たる。

> **コメント**
> （参考１）後遺症による逸失利益の算定式
> 　　（基礎収入×労働能力喪失割合）×喪失期間に対応する一定の係数
> （参考２）死亡保障の逸失利益の算定式
> 　　（基礎収入－本人の生活費）×就労可能年数に対応する一定の係数

(4) 非財産的損害・精神的損害

いわゆる慰謝料として算定される。損害賠償額の調整要素として，裁判官の裁量などによるため，必ずしも明確な基準はなく，個々の案件に応じ

て決定されるが，交通事故の場合を参考にすると，概ね以下のように考えられる。

> ① 被害者死亡の場合
> 　　　死者が一家の支柱の場合……………2500〜3000万円
> 　　　死者が一家の支柱に準ずる場合……2200〜2500万円
> 　　　死者が上記以外の場合………………2000〜2300万円
> ② 後遺障害の場合
> 　　　障害等級に応じて80万円〜3000万円
> （以上，日弁連交通事故センター「交通事故損害賠償算定基準　17訂版」）

ステップ8　被害者側の事情の斟酌

(1) 損益相殺

事故等により被害者に利益が生じていないかを確認する。

事故等により被害者に利益が生じた場合には，その利益と損害とが相殺される。

たとえば，被害につき労災保険で一部損害が塡補された場合などである。

それに対し，生命保険金については，被害者の保険料の対価であるとして損益相殺の対象とはしないのが判例の考え方である。

(2) 過失相殺

被害者または被害者側に過失がないかを確認する。

被害者ないし被害者側に過失があった場合，賠償額が減額されることがある（債務不履行の場合は責任がなくなることもある）（民法第418条，第722条第2項）。

被害者側とは，被害者の保護者など，被害者と身分上ないしは生活関係

上一体とみられるような関係にある者をいい、たとえば、幼児が被害者の場合の父母や家事使用人などに過失がある場合、被害者側の過失として、責任および損害が軽減される。なお、幼児の看護を委託された者の被用者（保育園の先生など）は、被害者側には当たらないとされている。

> **コメント**
>
> （参考）過失相殺の裁判例
> 東京地裁昭和55年10月31日判決（判時1005号139頁）
> 　　換気装置のない浴室でのガス中毒により死亡した事案。所有者から換気について注意喚起がなされていたにもかかわらず、それに従わなかったとして、被害者の過失割合2割として過失相殺。
> 東京地裁昭和56年10月28日判決（判時1042号115頁）
> 　　ショッピングセンター内のエスカレーターで、子供がステップの間に足指を挟まれて負傷した事案。母親が子供に対して十分に注意をはらっていなかったとして、被害者の過失割合5割として過失相殺。
> 浦和地裁昭和57年5月17日判決（判タ477号150頁）
> 　　11歳の子供が工場建物の屋根で遊んでいて転落し死亡した事案。屋根で遊ぶことについて監督不十分であった保護者の過失と、子供自身の過失を勘案し、過失割合9割として過失相殺。
> 浦和地裁昭和56年9月28日判決（判時1035号110頁）
> 　　マンションの出入り口の門扉が倒れて門扉に乗って遊んでいた子供が死亡した事案。子供の両親について現実に子供の行動を監視して遊び道具として門扉を動かすことをやめさせるべきであったとして、過失割合8割として過失相殺。
> ※その他、362ページ以降の裁判例も参照

3 ◆ 行政上の責任

本節のポイント
行政上の責任が問われる場合とその際の手続きについて概観する。

キーワード
① 行政調査
② 行政指導
③ 行政処分
④ 行政罰
⑤ 行政処分の際の手続き
⑥ 処分への不服申立て

1 行政上の責任の種類（行政の関与手法）

事故等が発生した場合には，監督官庁などから法令に基づき調査が行われ，業務停止等の処分がなされ，または罰則が課されることがある。まず，事故発生に伴う行政の関与の種類を概観してみよう。

(1) 行政調査（報告・調査）

所管官庁は，各種事業法などに基づき，報告を求め，または自らが調査を行い，事故原因・責任の所在等にかかる情報を収集する。また，個別の法令に根拠はなくても，当該業務の所管官庁としての一般的な権限の範囲で調査等がなされることがある。

(2) 行政指導

行政指導とは，「行政機関がその任務または所掌事務の範囲内において一定の行政目的を実現するため特定の者に一定の作為または不作為を求める指導，勧告，助言その他の行為であって（行政）処分に当たらない行為

をいう」と定義される（行政手続法第2条第六号）。

すなわち，相手方に対し任意の協力を前提に行政目的の実現を図る手法であり，相手方には，法的にはそれに従う義務はない。わが国においては，次の行政処分の前提として，あるいはそれに代わるものとして，極めて広範に行われている。

(3) 行政処分

行政処分とは，「行政庁の処分その他公権力の行使にあたる行為」と定義される（行政手続法第2条第二号）。

すなわち，強制力を伴う権力的な行政手法であり，その処分に異議がある場合には，法的な措置をとる必要がある。

(4) 行政罰

刑法上の刑罰（懲役・禁錮，罰金，科料など）が課される行政刑罰と，過料が課される行政上の秩序罰とがある。

2　行政調査への対応

所管官庁は，各種事業法等に基づき，報告を求め，あるいは自らが調査をして，事故原因・責任の所在等にかかる情報を収集する。法令に根拠のある調査・報告要求に対しては，それに応じなかったり，虚偽の報告をしたりすると，法令の定めに従い処分や罰則が課されることもある。

一方，個別の法令の規定ではなく，監督官庁としての一般的な権限に基づき調査等がなされることがある。これは，後述の行政指導の一環であり，それに従わない場合にも処分や罰則が課されることはない。ただし，コンプライアンスの観点から事故原因を解明し，社会的責任をまっとうするとともに，当該業務に対する信用保持義務などの一般的責任を果たす意味からも，積極的に応ずることが望ましい。

3　行政指導への対応

行政指導は，法的には強制力がなく，それに従わなくても違法ではないが，上記と同様，受け入れることが社会的にも妥当と考えられる場合には，コンプライアンスの観点からも積極的に対応することが望まれる。

なお，行政指導がなされる場合，行政側には次のような手続きをとる義務が課されている。

> ① 相手方が行政指導に従わなかったことを理由として，不利益取扱いをしてはならない（行政手続法第32条第2項）。
> ② 行政指導をするに当たっては，行政指導の趣旨，内容，責任者を明確に示さなければならないとされているのとともに（同法35条1項），要求すれば，原則としてそれらの事項を記した書面を交付しなければならない（同法第35条第2項）。

4 行政処分への対応

(1) 処分の内容

行政処分は，権力的行為であり，強制力を伴うため，法令に根拠がある場合にすることができる。建物等の事故に関係のある行政処分の例としては，以下のようなものが挙げられる。

表-3.3 行政処分の例

根拠法	事象	処分内容	規定
建築基準法	・違反建築物（施工者・所有者・占有者など）	除去命令等	9条
	・違反建築物（設計者など）	業務停止・許可取り消し	9条の3
	・保安上危険・衛生上有害な建築物	除去命令等	10条
消防法	・防火対象物の位置，構造，設備または管理の状況について，火災の予防に危険であるなどと認められる場合	防火対象物の改修等の命令→使用禁止命令	5条 5条の2
	・燃焼のおそれのある物件が放置され，またはみだりに存置された場合	除去その他の処理命令	3条
建築士法	・業務に関し不誠実な行為をしたとき ・建築士事務所に所属する建築士が懲戒処分を受けたとき	建築士の懲戒 建築士事務所登録取り消し	10条 26条
建設業法	・建設工事を適切に施工しなかったため公衆に危害を及ぼしたとき，または危害を及ぼすおそれが大であるとき	指示・営業停止	28条
	・建設業者が請負契約に関し不誠実な行為をしたとき	指示・営業禁止	28条
	・上記に該当し特に情状が重いとき	許可取り消し	29条

| マンション管理適正化法 | ・管理業務に関し，管理組合・区分所有者等に損害を与えたとき，または与えるおそれが大であるとき | 指示
→業務停止 | 81条
82条 |

(2) 処分の際の手続き（行政手続法）

　事故発生に伴いなされる行政処分は，業務の停止等，処分の相手方に対し不利益が生じるものであることが一般的である。このような不利益処分を行う際には，行政庁も，行政手続法（個別法に特別の定めがあれば個別法）などに基づき一定の手続きを踏むことが義務づけられている。不利益処分の際の手続きは以下のとおりである。

① 処分基準の公表

　行政庁は，処分基準（不利益処分をするかどうか，どのような不利益処分とするかにつき，法令の定めに従って判断するための基準）を公表している。まずは，その処分基準を確認し，当該行為が処分基準のどこに該当するかを確認する。

② 聴聞または弁明手続き

　不利益処分がされる場合には，その相手方に意見陳述の機会が与えられる。

　資格剥奪などの重大な不利益を生ずる処分については，裁判類似の手続きである「聴聞」が，それ以外の処分では弁明書を提出して行う「弁明の機会の付与」が，それぞれ行われる。

　これらの手続きの開催及び期日・弁明書の提出期限などは，行政庁から書面で通知されるので，手続きへの参加につき遺漏なきようにする必要がある。

③ 処分の理由の提示

　不利益処分を行う場合には，行政庁は，処分の内容とともに，その処分の理由を書面で通知しなければならないとされている（行政手続法第14条）。したがって，処分の通知書を吟味し，処分内容および理由に不服があれば，次の不服申立て手続きをとる必要がある。

5 行政処分等に対する不服申立て

行政処分に対し不服のある当事者は，法令の規定に従って，異議などを行政庁または裁判所に申し立てることができる。

① 行政庁に対する不服申立てには，

> ⑦ 処分をした行政庁に対する「異議申立」
> ⑦ 処分をした行政庁の上級官庁に対する「審査請求」

の2つがあり，行政庁からいずれの手段がとりうるのか，処分時に書面で示される（教示制度という）ので，それに従って行う（仮に教示内容が誤っていたとしても，教示に従って手続きを行えば適法な申立てとされる）。

② 裁判所に対する手続きとしては，処分の取消しや無効の確認を求める行政事件訴訟を提起することになる。

> **コメント**
>
> 行政に対する不服申立て（①）と裁判所への訴訟提起（②）については，原則として，どちらの手段をとってもかまわない（自由選択主義）とされている。ただし，個別の法令で，行政への不服申立てを先に行い，それがないと行政事件訴訟は提起できないとされる（不服申立て前置主義）ことも少なくない。後者の場合，行政処分の根拠法令中にその旨が規定されるので，確認しておく必要がある。

6 行政罰

行政上の義務違反行為に対しては，罰則が課されることがある。この罰則には，行政上の秩序罰（行政が単独で課すことができる。過料）と，行政刑罰（刑事裁判を経て課される。懲役・禁錮，罰金，科料など）とがある。

いずれの場合でも，法令に明確な定めがある場合に限ってなされるので，法令の規定により，罰則の内容および手続きを確認する。

4 ◆ 刑事上の責任

本節のポイント

本節では，建物内等で発生した事故において刑事責任が生じる場合の要件を概観する。

※具体的な裁判事例は397～401頁参照

キーワード

① 罪刑法定主義
② 刑法の謙抑制
③ 直接行為者と管理監督者の過失
④ 業務上過失致死傷罪
⑤ 業務上失火罪
⑥ 行政刑罰

1 罪刑法定主義

刑事上の責任については，何を犯罪とし，どのような刑罰を科すかにつき，あらかじめ法律で定められていなければならないとする罪刑法定主義がとられている。

罪刑法定主義の主な内容としては，以下の2つが挙げられる。

> ⑦ 法律（法律で具体的に委任した命令を含む）または条例に限り罰則を設けることができる（法律主義）。
> ⑦ 行為時に適法であったにもかかわらず，事後に違法として刑罰を科すことは禁止される（事後法の禁止）。

したがって，刑事責任の問題については，行為時に，当該行為に対し刑事責任を課しうる法律・条例が存在するかが前提となる。

2　刑法の謙抑性と刑事責任

　刑罰は，加害者の自由や財産の剥奪という重大な苦痛を強制的に加えるものであることから，これを用いることには慎重であり，謙抑的でなければならないとされる。これを刑法の謙抑性という。

　したがって，たとえば過失によって人に怪我を負わせたという事案においては，民事上の債務不履行または不法行為による損害賠償責任とともに，刑法上の業務上過失致傷罪が成立しうるが，民事責任は認められても，刑事責任は認められないといったことは十分にありえる。

3　直接行為者と管理監督者の過失

　民事上は使用者責任や履行補助者概念によって，管理監督する使用者の責任を認めることができるが，刑法上は，一定の行政罰につき両罰規定（行為者を罰する場合，使用者もあわせて罰する旨定められている規定）が設けられている場合（独占禁止法違反など）以外では，その者自身に犯罪を成立させるに足る過失があることが必要となる。そして，以下のように，一定の場合には，直接行為者を管理監督する立場にある者にも，自身の過失が成立するとして，刑事責任が生じることがある。

(1)　**直接行為者の過失**

　直接に結果を発生させた行為者（直接行為者）が，結果発生の予見があり，結果回避が可能であったにもかかわらず，不注意で当該行為を行ったことをいう。内容自体は民事上の過失概念と異なるところはないが，刑法の謙抑性から，より厳密かつ慎重に認定がなされることになる。

(2)　**管理監督者の過失**

①　**監督過失**

　直接行為者に対し，これを監督すべき地位にある者（監督者）が，その過失を防止すべき義務を怠ったことを理由とする過失である。これは，直接行為者の犯罪行為を媒介とし，その行為者に対する指揮監督に係る注意義務違反として構成される。

②　**管理過失**

管理監督者が，直接行為者の過失やその他の事情で結果が発生する危険が生じる以前の段階で，その過失行為を防止し，たとえそのような事態が発生したとしても，その結果を阻止することができるような体制をあらかじめ整備しておく義務（安全体制確立義務）に違反しているとする過失である。これは，①と違い，直接行為者の犯罪行為を媒介せずに，管理監督者自身の注意義務違反として構成される。

4　具体的な刑事責任

(1) 業務上過失致死傷罪

　事故により人が死傷した場合，業務上過失致死傷罪の適用が問題となる。

> 刑法第211条　業務上必要な注意を怠り，よって人を死傷させた者は，5年以下の懲役若しくは禁錮又は100万円以下の罰金に処す。

[要件]

① 業務とは，社会生活上の地位に基づき反復継続して行う事務で，かつ他人の生命・身体に危害を加えるおそれのあるものであるとされる。

> ア　業務は「社会生活上の地位に基づくもの」であるから，万人共通の自然的日常的行動（家事・育児など）は業務ではない。
>
> イ　業務には反復継続性が必要とされるが，反復継続する意思があれば，その事実がなくても業務性が認められる（したがって，免許取得直後に交通事故を起こしたドライバーも業務上過失致死傷で立件される）。
>
> ウ　業務は「他人の生命身体への危険を含む」ものである必要がある。これには，直接危険行為を行う場合に限らず，危険物を管理監督する立場の者や，他人の生命身体を危険から守る立場の者（警備員，生徒引率の教員など）も含まれる。

② 業務上の注意義務に違反していること。

③ 人を死傷させたこと（結果発生）。

④　業務上の過失行為と人の死傷との間に因果関係があること。
(2) 業務上失火罪等
　　事故が失火による場合には，業務上失火罪等が問題となる。

> 刑法第117条の2　第116条（失火罪）の行為又は前条第1項（激発物破裂罪）の行為が業務上必要な注意を怠ったことによるとき，又は重大な過失によるときは，3年以下の禁錮又は150万円以下の罰金に処する。

［要件］
①　業務上失火罪においては，特に職務として火気の安全に配慮すべき社会的地位にある者の業務に限られる。

　　コメント
　　（具体例）
　　・　ホテル火災におけるホテル経営会社の代表取締役（最高裁平成5年11月25日決定）
　　・　賃貸マンション所有会社の代表取締役（札幌地裁平成16年9月27日判決・東京地裁平成20年7月2日判決）

②　業務上の注意義務に違反していること。
③　失火罪または激発物破裂罪に該当すること。
　　ア　失火罪
　　　　過失により出火せしめること。
　　イ　激発物破裂罪
　　　　火薬，ボイラーその他の激発すべき物（ガスボンベ，引火性・爆発性化学物質，密閉した室内に充満させたガスなど）を破裂させて，現住建造物などを損壊すること。
④　公共の危険を発生させたこと。
　　公共の危険とは，不特定または多数人の生命，身体または財産に対する危険である。ただし，失火の対象が，人が現に使用している現住建造物や，自己の所有に属しない非現住建造物（現住建造物以外の建造物）

の場合には，この要件は不要である。

(3) **個別法に基づく罰則**

個別の事業法などで，行政刑罰として，刑事上の責任が課されることがある（行政刑罰の内容については61ページ参照）。

5 ◆ ガイドラインなどの位置づけ

> **キーワード**
> ① ガイドラインとは
> ② ガイドラインと過失の関係
> ③ ガイドラインと違法性の関係
> ④ ガイドラインと法的責任の有無の判断

1 ガイドラインなど

　大きな事故等が発生すると，安全対策として，所管の官庁が，業者等に対し，安全管理のためにとるべき措置などを，ガイドラインなどの名称で公表することがある。

　たとえば，平成16年6月29日に経済産業省および国土交通省において「自動回転ドアの事故防止対策に関するガイドライン」が定められ，都道府県等の関係機関に通知された。

2 ガイドラインの遵守と違法性

　ガイドラインは，いわゆる通達である。

　本来通達とは，行政の内部的な規範である行政規則といわれる範疇に入り，上級行政機関から下級行政機関に対して発せられるものであるが，国として定めた方針等について，都道府県や関係業界団体に対してなされることも多い。そして，「ガイドライン」も，行政の見解を公に示したものという側面のみならず，一般には業界団体に通知され遵守をうながすものと位置づけられる。

　通達は裁判規範（裁判所が判決をするに当たって拠り所とする規範）には当たらず，裁判所は独自に当該行為の違法性を認定することができる。すなわち，通達に反するからといって直ちに当該行為が違法となるわけで

はなく，逆に，通達を遵守していたからといってそれだけで「違法はない」ということはできない，ということになる。

3 ガイドラインの遵守と過失

2と同様に，過失判断に当たっても，行政や業界団体で定めたマニュアル等に沿っていたとしても，そのことをもって「過失なし」とすることはできない。

> **コメント**
>
> ［判例］
> 札幌地裁平成10年7月28日判決　判タ1040号247頁
> （前掲ガス供給業者で同湯沸し器の点検修理を業としていた者に対し不法行為責任を認めた例）
> 　プロパンガスの供給事業者であり，ガス器具の点検修理を業としていた者には，湯沸し器の安全性を確認点検する注意義務があったにもかかわらず，瑕疵を発見できなかった過失があり，プロパンガス協会の定めたマニュアルに従ったからといって，過失なしとはいえないとして，不法行為責任を認めた。
> ※事案の概要等は，395～396ページ参照

4 ガイドラインの遵守と法的責任

ガイドラインは，その対象となる事業者の行為規範（業務を行う上で従うべき規範）となり，行政責任の判断の拠り所にはなるが，裁判規範ではない。裁判の場面では，行政が定めたガイドラインは重要な判断資料とはなるが，司法は独自の立場で，具体的事情のもとで，違法性や過失を認定することができる。

したがって，ガイドラインを遵守したからといって，その一事をもって直ちに法的責任は発生しない，ということにはならない。

逆に，ガイドラインは，当該業界における社会通念として，善良なる管理者としての注意義務の内容を構成するものとして働くことにより，ガイ

ドラインを遵守していなければ、そのことをもって過失あり、と判断されうる。

したがって、ガイドラインは、法的責任の観点からいえば、以下のように理解しておく必要がある。

> ① 行政責任の有無の判断基準であること。
> ② 民事・刑事責任においては、いわば最低基準であること。
>   ⑦ ガイドラインを守っていなければ法的責任ありとされる可能性が大きい。
>   したがって、この場合に免責されるためには、ガイドラインを守っていないが、そのことにつき正当性があるか、代替措置により安全性を十分に確保しえたかが問題となる。
>   ⑦ 反対に、ガイドラインを守っているからといって、直ちに法的責任なしとはならず、ガイドラインも踏まえつつ、具体的事情のもとで、違法性がないといえるか、過失なしといえるかが判断される。
>   したがって、この場合に免責されるためには、ガイドラインを遵守することのみならず、事故発生の具体的事情のもとで過失なしといえる十分な措置をとっていたかが問題となる。

6 ◆ 事故発生に伴う法的責任とコンプライアンス

> **本節のポイント**
> 本節では，事故が発生した場合に考慮すべきポイントを整理する。

> **キーワード**
>
> ①　道義的責任・社会的責任
> ②　再度の事故と法的責任
> ③　事故発生原因の調査と対策

　事故が発生した場合，それぞれの当事者の立場に応じて，自らが法的責任発生の要件を満たすかを吟味し，法的責任を負うのか，負うとすればその具体的責任内容はどうか（損害賠償額など）などを，2〜4で記載した手順などに従って判断することになる。仮に責任成立のための要件を満たしていないということになれば，法的責任自体は免れることになる。

　ただし，法的責任がないからそれでよいということではない。法的責任がない場合であったとしても，道義的・社会的責任の観点から，被害者に対する謝罪・見舞金支給などの措置を十分に検討すべきである。

　さらに，コンプライアンスの観点からは，以下の2点が重要である。

> ①　同様の事故が発生した場合には，今度は法的責任が生じる可能性があること（1回目は法的責任をのがれえたとしても，何度も同様の事故が発生すれば，注意義務の存在と当該義務への違反という不法行為の認定や，過失相殺における過失割合がより厳しくなるなどの場面で，原因究明と対策を十分に講じていないことが決定的な要因となりうる）。
> ②　事故発生を一つの教訓として，同様の事故が発生しないような措置をとることが企業の社会的責任の観点から求められること。

したがって，コンプライアンスに基づく企業経営に当たっては，法的責任の有無にかかわらず，事故調査委員会などを設けて事故発生の原因を多角的に調査し，あらためて法令やガイドラインなどを精査して，同様の事故が発生しないような対策を講じることが極めて重要である。

7 ◆ 裁判事例の傾向

> **本節のポイント**
> 本節では，民事責任に係る裁判所の判断の傾向につき，2で述べた要件のうち特に問題とされることが多い点を整理する。
> ※ 具体的な裁判事例は，366～382ページ参照

1 「瑕疵」の捉え方

建築物等内における事故の場合，建物に瑕疵（通常有すべき安全性の欠如）があるかどうかが法的責任の有無に大きくかかわってくる。

そして，この瑕疵の有無は，一般的抽象的に捉えるのではなく，具体的・個別的に判断されている。

たとえば，最高裁判所も，営造物責任の事例などで，営造物の設置または管理の瑕疵とは，営造物が通常有すべき安全性を欠いていることをいい，これに基づく占有者・所有者の責任については，その過失の存在を必要としないとしつつ，営造物の設置または管理の瑕疵があったとみられるかどうかは，当該営造物の構造，用法，場所的環境および利用状況等諸般の事情を総合考慮して具体的，個別的に判断している（国家賠償法第2条に関する最高裁判所昭和45年8月20日第一小法廷判決）。

これにより，建物等内での事故に係る裁判事例では，瑕疵の有無の基準，すなわち安全性の欠如の有無の基準は，建物等の利用目的による属性（たとえば，住居など特定の者のみの利用が想定されるものか，商業ビルなど不特定多数の者の利用が想定されるものかなど），利用客の属性（たとえば，専ら高齢者などが使用するのか，酔客の存在が当然予想されるのかなど），予想される利用態様（たとえば，スポーツ施設において，単純なレジャー用か，本格的な練習での利用が前提とされているかなど）によって，異なっている。

2 安全配慮義務の捉え方

　建物等内で事故が発生した場合，建物所有者等の責任根拠としてもうひとつ挙げられるのが，安全配慮義務違反である。

　安全配慮義務違反は，

> ① 事故の予見可能性をまず判断し
> ② それが認められれば，結果回避可能性があるか（どのような措置をすれば結果が回避できたか）を考慮し
> ③ その結果として，当該結果回避の義務を怠ったことが過失に該当する

と判断されることから，ここで配慮が求められる「安全」性についても，抽象的一般的に決まるものではなく，具体的に，事故の態様や事故が発生した建物等の属性に応じて検討されるものである。

3 建物等の利用目的・態様により要求される安全水準の相違

　以上のように，建物等内での事故が発生した場合の責任の有無を左右する「瑕疵」および「安全配慮義務」のいずれにおいても，求められる安全性の基準は，その建物等の利用目的や利用態様等により異なる。以下に，利用目的や利用態様ごとに，その大まかな傾向を整理してみよう。

> （住居内）
> 　安全性の基準は，通常予測される居住者等の行動を基準として危険防止の設備をすれば足りるのが原則とされる。より具体的には，次のような判断が示されている。
> ① 訪問者は想定されるが，とくに居住者に対する以上に，訪問者に対して高度の注意義務のもとに安全性の確保が要求されるものではない。
> ② 住居設備は，利用の多様性，居住の快適性，便宜性といった要請

を満たす必要があること，居住者自身の自由な選択を前提とするものである。したがって，住居としての通常の用法からは容易に予期しえない危険が生じる場合や，予期された危険を防止するため日常生活の場としての利用が著しく妨げられたり，その防止に加重な負担を強いられるなどの特段の事情がない限り，「入居者の危険回避行動を期待し，それを前提として施設設備の安全性を検討すること」は許容される。

③　専ら身障者，高齢者等の利用に供する目的で設置されている建物ないし設備でない場合には，専らこれらの者が利用するという特段の事情ないし合意がない限り，これらの者の安全性を完全に確保した施設設備までは要求されない（バリアフリーやユニバーサルデザインであっても，それが直ちに身障者や高齢者等の利用に供する目的といえるかは，個別の建物の属性等により判断されるものと考えられる）。

（マンション敷地など，住居に附属し，不特定多数人が比較的自由に利用できる箇所）

住居内の場合よりも高度な注意義務が課され，たとえば目的・用途外使用の実例が過去に多くある場合などには，万が一遊びに使用された場合でもそれに対する安全性を確保するための設備を施したり，使用禁止等の注意・警告がないと，瑕疵や安全配慮義務違反の過失が認められることがある。

（商業施設・ホテル等）

多数の顧客の出入りが予想される以上，利用される顧客に対し安全性が確保された設備を用意し，あるいは安全性を確保するように管理して建物設備等を提供すべきであるとして，それを満たさない場合には瑕疵ないし過失ありとされる傾向が強い。

とりわけ，酒等を提供する施設等（ホテル・旅館・居酒屋等）の場合は，一般の事務所用ビルとは異なり，酩酊客の存在なども想定した安全対策を施しておくことが要求される傾向にある。

（病院）

　一般の事務所等とは異なり，様々な疾病や怪我等により日常の行動能力を有さない利用者の存在を前提に，高度の安全性が要求される。ただし，患者が通常は予測できないような行動にでることを想定しての安全性までは要求されない。

（プール等の遊戯・スポーツ施設）

　利用客の属性（大人専用か，幼児等も入場可能か），予想される利用態様（たとえば，飛び込み台を設置し飛び込み練習での利用を前提としているかなど）などの具体的事情に応じて，個別的に安全性を評価する傾向にある。

4　過失相殺（被害者側の過失の斟酌）

　一般的に，被害者が当該施設を通常の使用方法に従って使用していた場合を除き，何らかの落ち度があることが多い。この場合，損害に対する責任の公平な分担の観点から，被害者側の過失を考慮し，「過失相殺」として，賠償額を減額することになる。

　一般的に，2割程度の過失相殺が認められる傾向があるが，下記のようなケースではさらに被害者側の過失割合が多くなり，5割以上の過失相殺となる傾向にある。

　ただし，その一方で，建物等の瑕疵ないし安全配慮義務違反の程度が大きい場合には，公平の観点から，被害者側に多少の過失があったとしても過失相殺をしない場合もある。

（被害者が幼児の場合）

　幼児の場合には親の監視監督義務が強く要求され，目を離した隙に事故にあった，あるいは一人で行動している幼児を放置していた場合には，当該義務違反として重大な過失として斟酌される。

（被害者が未成年の場合）

　小学生の段階では，たとえば施設設備を本来の目的以外の遊具として使用して事故にあった場合などにおいては，親権者がそのような行

為をしないよう注意をし，現実に当該行為をしようとする場合には止めるなどの措置を講じなかったことが，重大な過失として斟酌される。

一方，中学生以上であれば，自身も十分に危険を予見して回避する等の事理分別能力があるとして，自身の過失が斟酌され，自ら危険を招くような行動に対しては，重大な過失として斟酌される。

（被害者が飲酒状態の場合）

飲酒酩酊により通常の注意能力，運動能力を欠いている状況にあるときに事故にあった場合，飲酒と事故との間に因果関係があれば，重大な過失として斟酌される。

（被害者が高齢者の場合）

日常的に，あるいは事故に遭遇した行動時において一定の介助が必要とされていた場合においては，当該介助行為がなかったことが被害者側の重大な過失として斟酌される。

5 因果関係

(1) 自然力との競合

事故の発生が大地震や大型台風などの通常予測できない自然力により直接的には事故が発生したとしても，建物等に瑕疵が存在していれば因果関係は否定されない。自然力と瑕疵の存在のそれぞれの損害に対する寄与度を検討し，責任割合が決定される。

過去の裁判例では，自然力と競合した場合，当該自然力の「損害への寄与度」を5割と評価し，損害賠償額を5割減額するという判断がなされた例がある。

(2) 被害者側の異常行動

被害者側に異常行動があって事故が発生した場合であっても，施設設備の瑕疵等があれば，損害との因果関係は否定されない（法的責任は認められる）。

ただし，被害者側の異常行動は，瑕疵（通常有すべき安全性の欠如）の有無の判断において，「当該異常行動を前提とした安全性を有することま

では求めることはできない」として瑕疵または過失の存在を否定する要素として検討される。

また，瑕疵の存在が認められた場合でも，上記4の過失相殺の中で相当程度評価される。

6 裁判所が所有者，管理者等の側で講じた安全対策として評価する事情

　裁判所は，事故が発生した場合，法的責任の根拠となる施設設備側の瑕疵または過失の有無を評価するに当たっては，施設設備側がどのような安全対策を講じているかを検討する。安全対策として評価するのは，主に以下のような項目である。

　　ア　建築関連法規等に従っていること
　　イ　業界内で共通認識されている基準等に従っていること（業界団体の指針，監督官庁の通達，ガイドラインなど）
　　ウ　具体的な事故対策（危険防止）の取組み

- 危険箇所への立ち入りが容易にできないような設備の設置
- 危険行為の禁止等の警告・注意書の掲示等
- 高度な危険が内在する施設設備においては，人的な監視体制の確保
- 専ら特定の会社等の従業員等のみの利用に供される施設等であれば，安全教育の実施状況
- その他建物の利用目的，利用状況に応じ通常予想できる範囲内での危険への対処

　実際に事故が発生し，その法的責任の有無を問う場合，まずはアの建築関連法規に従っていることが求められ，建築関連法規の基準すら満たしていない場合には，瑕疵ないし過失が認められる。

　いっぽうで，建築関連法規に従っているからといって，それだけをもって責任が否定されることはなく，さらにウの具体的な取組み状況

を精査したうえで責任の有無，瑕疵ないし過失の有無が判断される。その際には，具体の安全対策のレベルとして，イの基準も考慮される。

7 過去に同一施設で同種の事故があった場合

　なお，上記の安全対策の評価において一般的には瑕疵ないし過失はないとされるケースにおいても，過去に同一施設で同種の事故（ヒヤリ・ハットを含む）が発生していた場合には，事故発生の予見可能性ありとされることになり，それに対する十分な対策を講じていないことが瑕疵ないし過失ありとされることがあることにも留意する必要がある。

4
リスクマネジメントと企業コンプライアンス

田中　毅弘

1 ◆ リスクマネジメントへの取組み

1 リスクとリスクマネジメントの概念

　日常，用いられている「リスクマネジメント」という言葉の意味は，様々なものがあり，それが混乱のもとにもなりうる。たとえば，リスクマネジメントは，リスクコントロールと同義に使われることがある。リスクコントロールは，リスクマネジメントの重要なプロセスであるが，リスクマネジメントそのものではない。また，保険の分野では，リスクマネジメントを「一番安い保険料で最も良くカバーする保険を考えること」という意味で使われることがあり，大規模な大統領選挙が行われる米国の政治界では「候補者の信用に関する潜在的なダメージを制限し，公衆の支持を得て，究極的に選挙で勝つための手法」をリスクマネジメントと呼んでいる。

　ここで，技術的な見地から，リスクマネジメントが対象とする「危険」の概念は図-1.1に示すように，リスク（Risk），ペリル（Peril），ハザード（Hazard）の3つに分類される。また，前述したように，リスクという言葉は，多様な意味で使用されるが，実務的な見地からは，図-1.2に示すようにリスクは「純粋リスク」と「投機的リスク」に大別される。

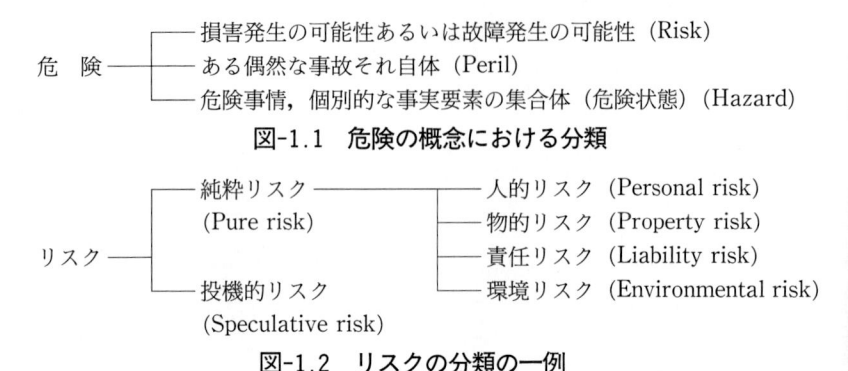

```
危　険 ─┬─ 損害発生の可能性あるいは故障発生の可能性（Risk）
        ├─ ある偶然な事故それ自体（Peril）
        └─ 危険事情，個別的な事実要素の集合体（危険状態）（Hazard）
```

図-1.1　危険の概念における分類

```
リスク ─┬─ 純粋リスク ─┬─ 人的リスク（Personal risk）
        │  （Pure risk）  ├─ 物的リスク（Property risk）
        │                 ├─ 責任リスク（Liability risk）
        │                 └─ 環境リスク（Environmental risk）
        └─ 投機的リスク
           （Speculative risk）
```

図-1.2　リスクの分類の一例

　さらに，リスクマネジメントの目的は，純粋リスク，投機的リスクがあることを前提に，「純粋リスクを排除，軽減，制御すること」および「投

機的リスクから生じる効用・恩恵を増やし，逆に，損失を回避すること」の2つといえる。また，リスクの所在は，組織動向，社内の気風など組織内の事由と，経済動向，規制，社会的・政治的状況などに起因する組織外の事由に分けることができる。

リスクマネジメントの方法としては，図-1.3に示すように，経営システムを分類したうえで，リスク要因の特定，分析・評価，リスクに対する戦略といった3つのステップでリスクマネジメントを実施する必要がある。

〔経営システム〕
- (1) カンパニーポリシー，戦略，目的
- (2) 組織・計画・経営資源づくり
- (3) 実行
- (4) モニタリング，パフォーマンス測定
- (5) 監査
- (6) 総括

〔リスクマネジメントの過程〕
- リスク要因の特定
- リスク分析・リスク評価
- リスク戦略
  - ●回避　●保有　●限定
  - ●延期　●軽減　●緩和
  - ●転嫁　●予防

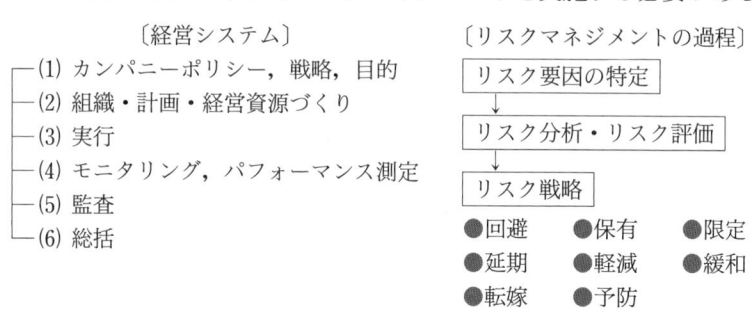

図-1.3　リスクマネジメントの方法

2　リスクマネジメントの進め方

リスクマネジメントの手順を図-1.4に示す。同図のように，リスクマネジメントは，6つの段階に沿って進める。

① リスクの発見

まず，リスクの洗い出しを行う。なお，洗い出しの際，表-1.1に示すようなチェックリストを活用するとよい。

② リスクの算定

第一段階で発見されたリスクを確率や影響度等で算定するとよい。

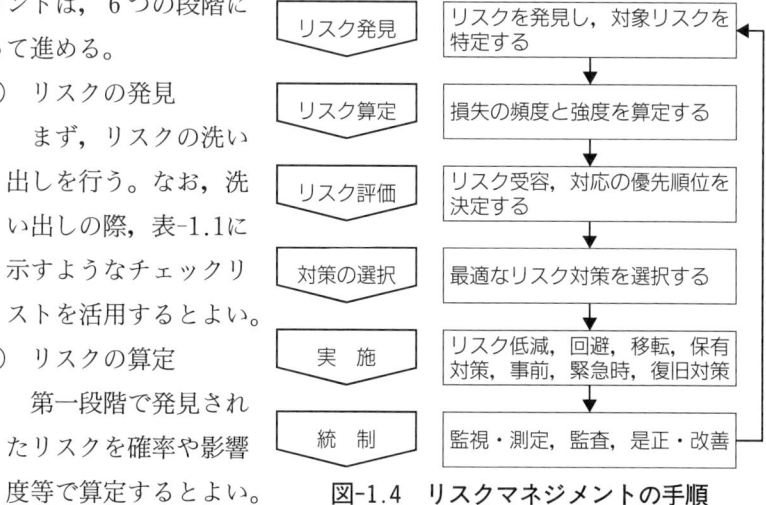

リスク発見	リスクを発見し，対象リスクを特定する
リスク算定	損失の頻度と強度を算定する
リスク評価	リスク受容，対応の優先順位を決定する
対策の選択	最適なリスク対策を選択する
実施	リスク低減，回避，移転，保有対策，事前，緊急時，復旧対策
統制	監視・測定，監査，是正・改善

図-1.4　リスクマネジメントの手順

表-1.1　リスクの発見を目的としたリスクチェックリスト

リスクの種類			
人に関するリスク	業務上の過失	経営に関するリスク	資金調達の困難
	社員の経理的不正（使い込み）		投資の失敗
	機密漏洩		業績の悪化
	訴訟問題，セクシャルハラスメント		人員整理の失敗
	内部不正告発		株主総会
	人材流失		株主による請求権行使
	社員の傷害事故・労災		敵対的買収
施設に関するリスク	ストライキ	自然災害リスク	地震
	施設の老朽化		洪水
	付帯設備の損傷		渇水
	機械の故障		落雷
	火災・爆発		火山爆発
	地盤低下		環境変化（海の水位）
	施設賠償事故	政治社会リスク	政治的混乱
技術に関するリスク	特許侵害		暴力団
	契約問題，トラブル		規制緩和
	技術開発の失敗		遷都
	品質の欠陥・低下		暴動
	安全性の欠如	経済リスク	外国為替の変動（円高・円安）
	革新技術の出現，技術の陳腐化		景気の低迷
	コンピューターシステムのトラブル		インフレ／デフレ
市場に関するリスク	重要顧客の喪失		金利政策の急変
	需要の低下		増税政策
	強力な競合企業の参入		水・電気・石油供給の障害
	取引先の倒産	国際リスク	国際紛争
	価格破壊		対日圧力
	公正取引法への抵触		経済圏の閉鎖性
	談合の発覚		海外事業所経営

③　リスクの評価

算定したリスクを，法令遵守，ステークホルダー（企業の活動に対して利害関係を有する個人や法人）の関心，コスト等を検討し，リスクを受容できるか，リスク対応の優先順位等を決定する。

④　リスク対策の選択

　　ここで，最適なリスク対策を検討する。リスク回避，リスク低減等の方法をまとめる。

⑤　リスク対策の実施

　　リスク対策の選択後，リスク低減，回避，移転，保有対策，また事前，緊急時や復旧対策などについて検討する。

⑥　リスクの統制

　　一連のリスクマネジメントの進め方による監視・測定，危機管理マニュアルなどによる効果や監査，さらに是正・改善等を検討する。

2 ◆ リスク評価の要素と手法

　リスクマネジメントは，企業や組織の目標達成にかかわる不確実性である「リスク」の発生を防ぎ，あるいは発生した際の損失を最小化するための管理方法である。
　リスクマネジメントを行う際，そのままでは測定不可能な不確実性や損失を，いかに目に見える形で評価し，管理するかということが重要なポイントとなる。効果的なリスクマネジメントを行うためには，企業や組織に大きな影響を与える可能性のあるリスクをいかに網羅的に把握し，効果的にコントロールできるかが鍵となる。
　リスクマネジメントには，リスク分析とリスク管理の2つのフェーズが含まれる。リスク分析フェーズは，組織や企業が現在どれだけのリスクにさらされているかを評価し，その結果をもとに，効果的にリスクを軽減するために，どのような対策をとっていくかを決定するフェーズである。
　一方，リスク管理フェーズは，リスク分析によって，洗い出されたリスクの状況と，それに対しとられる対応策が正しく機能し，リスクが期待した形で管理されているかを日々モニタリングしていくフェーズである。
　リスク分析フェーズの第一のステップは，リスクの洗い出しと評価を行うことである。リスク評価のプロセスにおいて取り扱うリスクとは，「測定不可能な不確実性」であり，「その不確実性によって，価値が失われる危険性」であると定義することができる。リスクを目に見える形で評価するために，リスクという不確実性を「価値の損失」と定義し，その損失が起こる可能性がある価値（資産）と，その損失の原因（脅威・脆弱性）に着目して，リスクの状況を分析していくというアプローチが考えられる。

1　リスク評価の要素

　前述のアプローチでリスク評価を行う際に分析の対象となる要素を次に列挙する。

① 資産：企業や組織が持つ価値
② 損失：企業や組織の価値（資産）の減少
③ 脅威：企業や組織の価値（資産）に影響を与える事象
④ 脆弱性：脅威の影響を受ける可能性のある資産の弱点
⑤ コントロール：脅威が資産に対して引き起こす可能性がある損失に対する防御

以下に，各要素について解説する。

(1) 資　産

資産とは，企業や組織が所有する価値のある事物であり，それが失われることにより，企業や組織自体の価値が影響を受けるものである。資産には，土地，建物，機械といった有形の資産と，人員，評判，顧客との信頼関係といった無形の資産が含まれる（表-2.1）。どちらも企業に価値を与えるものであるが，有形資産は損失を金額で評価しやすいのに対し，無形資産はそれが損失を被ったときの損失額を算出するのが比較的難しいといえる。リスク評価を行ううえでは，金額として直接評価できない資産に対しても，損失を被った際の事業へのインパクトなどといった何らかの一貫した尺度による相対的なリスクの大きさの測定が必要となる。

表-2.1　資産の分類

有形資産	●ビル，生産設備，運送機器 ●サーバー，パーソナルコンピュータ ●在庫製品 ●オフィス什器，機器
無形資産	●特許等知的資産 ●デジタル化された情報 ●人的資産（能力，モチベーション）

また，リスク評価を行う際，企業や組織が持つすべての資産を評価するのは，膨大な時間と労力を要し，現実的ではないかもしれない。効果的なリスク評価のためには，リスク管理の範囲を，企業や組織にとって重要な影響を正しく管理することに限定し，特に重要な資産を中心にリスク評価を行うことになる。

重要な資産とは，それらが壊されたり，機能しなくなったり，危険にさらされた場合に，次のような影響を及ぼすものと考えられる。

① 企業の長期的な存続を脅かすもの
② 企業に深刻で有害な影響を及ぼすもの
③ 企業の業務やイメージに不利益を及ぼすもの
④ 可及的速やかな改善措置を必要とするもの

(2) 損　失

損失とは，何らかの事象によって，引き起こされる資産価値の減少，営業収益の減少，所有コストの増大といった，企業や組織の価値の減少を一定の尺度で表したものである。損失というと，器物の破損や盗難など，有形物の価値が失われる場合が思い浮かびやすいが，それ以外にも，以下のような種類の損失を評価の対象とする必要がある。

① 資産の交換または修理のコスト
② ビジネス上の機会損失
③ データの変更，消失による損失コスト
④ 個人情報漏洩等による訴訟，保障，評判の低下，株価の暴落など

損失の大きさは，評価するすべての事象において，統一的かつ定量的な尺度（たとえば，金額）で計測できることが望ましいが，その他にもビジネスへの影響度や人的損失の有無等の定性的な評価軸も考えられる。

(3) 脅　威

脅威とは，企業やその資産価値に対してマイナスの影響（損失）を与える原因となる事象のことである。脅威には，直接資産に対して起こる事象のほか，何らかの出来事の結果（例：通貨変動），プロセス（例：法令の変更）などが考えられる。

表-2.2に脅威の例を挙げる。

リスクを評価する際には，脅威そのものの大きさではなく，その脅威が原因となり，対象と

表-2.2　脅威の例

工場プラントの脅威	停電 電源の供給不安定 火事など
データの脅威	破壊 完全性喪失 漏洩など
経済的脅威	インフレ 通貨変動 予算の喪失など
経営・運営上の脅威	スパイ行為 法廷闘争 セクシャルハラスメント 着服・横領，贈収賄，詐欺など
物理的脅威	爆弾，毒ガス 洪水，火山爆発，地震，台風，雷，停電，原子炉事故など

なる資産に起きうる損失の大きさを評価しなければならないことに留意する必要がある。

(4) **脆弱性**

脆弱性とは，資産においてその価値が攻撃にさらされていたり，保護が不十分であるといった弱点のことである。前述の脅威が，資産の脆弱性に対して影響を及ぼすことにより，損失が引き起こされるという関連性を持つ。たとえ脅威が存在しても，その脅威の対象となる資産に脆弱性がまったく存在しなければ，その脅威によって，損失が引き起こされることはないといえる（たとえば，ある国の通貨の変動という脅威があっても，その国でビジネスを行っていなければ，組織の資産にとっての脆弱性は存在しない等）。また，逆にひとつの脅威が，その脅威が影響する複数の資産の脆弱性に対して損失を引き起こす場合もある。脆弱性を考慮すべき主な領域として，以下の項目が挙げられる。

① 物理的環境とセキュリティ
② 方針と手順
③ 人員
④ 監視と維持
⑤ 伝達
⑥ 教育と開発

(5) **コントロール**

コントロールとは，特定の脆弱性の領域において，脅威が損失を引き起こすのを軽減または防止するための手段であり，弱点を補う対応策である。コントロールには，アクセス管理，検知システム，監視といった物理的コントロールや，方針，トレーニング，手順，文書などといった方法的コントロールが含まれる。コントロールを導入することにより，起こりうる損失金額の低減，脅威の発生率の低下，脆弱性の削減といった効果が期待される。

ただし，コントロールを導入するためにはコスト（初期投資，維持管理費，耐用年数）がかかるため，そのコストをかけるだけの費用対効果があるかどうかといった点も考慮に入れる必要がある。

2 リスク評価の流れ

前述のリスク評価の要素をもとに行うリスク評価の流れについて，北米の著名なリスクコンサルタント会社によって，実績のある手法の一例をもとに説明する。

(1) 資産の特定

リスク評価の対象となる組織を理解し，リスクが起こりうる資産を特定する。

リスク評価の対象となる組織の中で起こりうるリスクを理解するためには，その対象の稼動時間，かかわる人員，組織内で行われている活動など，リスク評価対象の背景について理解する必要がある。そのうえで，特に損失の可能性が高い重要資産を中心に，リスク評価の範囲に含める資産を決定する。対象とする資産は，ITセキュリティリスクならばIT関連の資産，物理リスクならば建物や機械など，そのとき行うリスク評価の領域に合わせ，適切なものを選択する必要がある。

(2) 損失を引き起こす事象の特定

資産に起こりうる損失事象を発生させる原因となる脅威と，その脅威が影響を及ぼす可能性のある資産の脆弱性を特定する。たとえば，サーバー上の顧客情報を資産とすると，その損失の原因となるウィルスを脅威として特定し，そのウィルスが影響を及ぼす可能性のあるシステムの脆弱性を特定するという流れになる。

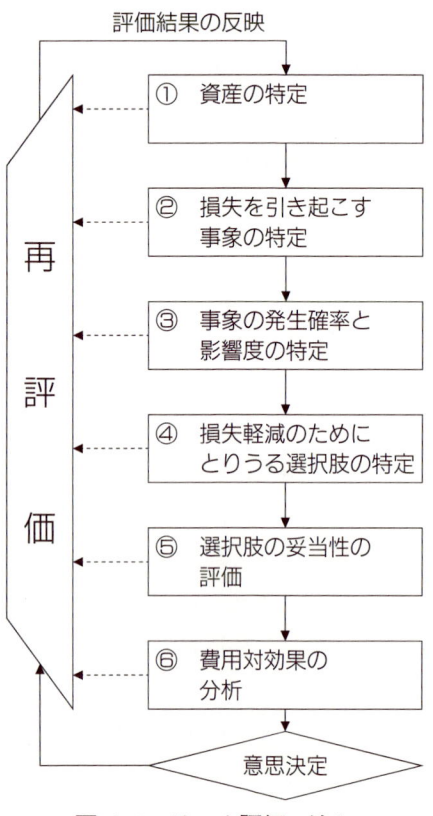

図-2.1 リスク評価の流れ

評価結果の反映

再評価

① 資産の特定
② 損失を引き起こす事象の特定
③ 事象の発生確率と影響度の特定
④ 損失軽減のためにとりうる選択肢の特定
⑤ 選択肢の妥当性の評価
⑥ 費用対効果の分析

意思決定

(3) 事象の発生確率と影響度の特定

(2)で特定した脅威と脆弱性について，それぞれの資産に対する脅威の発生確率と，発生した際の損失に対する影響度の大きさを評価する。発生確率に関しては，その資産の所在地におけるそれぞれの脅威の発生頻度を数値化して定義する。影響度に関しては，それぞれの資産に起こりうる脅威ごとに，脅威が起こった場合の損失の大きさを測定する。

① リスクの発生確率の数値化

リスクを定量化するためのひとつの側面として，損失を引き起こす脅威の発生確率をいかに測定するかが重要となる。

リスク分析の世界では，しばしばSAFE（Standard Annual Frequency Estimate：標準年間発生頻度）とLAFE（Local Annual Frequency Estimate：地域別の年間発生頻度）という係数を用いて発生確率の計算が行われる。SAFEは，標準的な事象の発生確率を表し，表-2.3のような値で表される。

SAFEとLAFEの値は，通常人口に依存しない形に正規化して使用され，SAFE値とそれらを適用する人口を併用して表現する。

リスクの評価計算では，SAFE値はそれぞれ個々の資産に対する損失を計算する際に適用されるため，SAFE値を適用される資産数で正規化することは重要である。正規化されたSAFE値は，たとえば次のように表される。

ア ある会社には，2000人の従業員がいる。

イ 去年，その会社では，10件のラップトップコンピュータの盗難という窃盗犯罪があった。

ウ その会社の従業員の4人に1人はラップトップを所有している。

表-2.3 SAFE/LAFE値の例

SAFE/LAFE値	発生頻度
0.01	100年に1回発生
0.02	50年に1回発生
0.1	10年に1回発生
0.2	5年に1回発生
0.5	2年に1回発生
1	1年に1回発生
10	1年に10回発生
20	1年に20回発生

  エ　その会社のラップトップ盗難のSAFE値は10（1年に10件発生する）。

  オ　その会社のラップトップ盗難の正規化されたSAFE値は10/（2000×0.25）＝0.02となる（ラップトップ所有者1人当たりの発生頻度に正規化される）。

 リスク評価の際には，リスク評価を行う者がSAFEとLAFEの統計を正しい文脈で使うことが前提とされる。統計は，いつも人口に対して正規化され，ある適用範囲の人口から別の適用範囲の人口への変換は，正しく処理されなければならない。

② リスクの影響度の測定

 リスクの評価を行う際，起こりうる損失の中には，金額で大きさを評価できるものと，できないものがありうる。これら両方の種類の損失を評価するためには，単に金額的な定量的評価だけでなく，定性的評価による影響度の測定も行うことが必要となる。

 定量的評価は，純粋に有形の金額的損失と資産の数量に基づく。資産の金額的な価値を評価し，それに対して起こりうる脅威の深刻度と発生確率を加味して，リスクの影響度の大きさを測定する。

 定性的評価は，人的損失，ビジネス損失などの側面について，あらかじめ定められた影響度の段階評価を，対象のすべての資産と脅威について行うことにより，定性的なリスクの大きさを相対的に測ることが可能となる。

 有形の損失については，その損失を金額で測定することができるが，無形の損失を評価に含める場合には，以下に示す2つのアプローチが可能といえる。

  ア　無形の損失を，資産に対する適切な人的損失やビジネス損失などとして重み付けされるように，定性的な評価を使う。

  イ　無形の損失を金額で数値化し，定量的な物理評価に含む。

(4) **損失を軽減させる対応策の選択肢の特定**

 損失を軽減させるために，洗い出した資産に対する脅威が影響を及ぼす可能性がある脆弱性に対して，どのような対応策を施すことがもっとも効

率的かを検討する。まず，資産に起こりうる脅威が影響を及ぼす可能性のある脆弱性を洗い出す。そして，これらの脆弱性を低減するために実装されている，または実装可能な対応策を特定する。その後，これらの対応策それぞれが各資産の所在地ごとにどれだけ有効であるか，また，その対応策が脆弱性に対して，どの程度の強度を持つかを評価する。また，各対応策を導入するためにかかるコストと，毎年維持していくためにかかるコストを評価する。これらは，後の妥当性評価，費用対効果分析のステップで，数値化の変数として用いられる。

(5) 選択肢の妥当性評価

洗い出した対応策の中から，どの対応策を優先的に行うべきか，またそれをとることにより，どの程度リスクを軽減できるかを検討し，リスク対応の方針を決定する。妥当性評価のために，いくつかの分析手法を用いることもできる。

ひとつは，定量的評価の結果として，コントロールを実装した後に残存するリスクを金額的に評価する，ALE（Annual Loss Expectancy：年間損失予想額）の算出である。この分析により，対応策を実装しない場合の年間損失予想額と，対応策を実装した場合の年間損失予想額を，資産カテゴリーおよび脅威ごとに知ることができる。

もうひとつは，定性的評価の結果として，定性化した損失の大きさから算出したリスク要因と，その発生確率をプロットしたリスクマップに基づくリスク状況の分析である。

これらの分析結果をもとに，対応策をとるべきリスクと，その実装効果を評価することができる。

(6) 費用対効果の分析

対応策は，それぞれ導入，維持するためにコストがかかる。それらにかかるコストは，残存リスクの軽減度合いに見合うかそれ以上の費用対効果があることが望ましい。いくら残存リスクが軽減されても，その対応策を維持するためにかかる費用がリスクの軽減量以上に組織の負担となれば，結果的に組織や企業全体の効果的なリスクマネジメントにはつながらないためである。

費用対効果の分析については，今後実施を検討している対応策について，追加した場合のALE低減値をシミュレーションすることにより，どの対応策をとることが最も効果的かを測定できる。

　以上のような流れでリスク評価を行い，リスク管理の意思決定を行って，一定期間後に再評価して見直しを繰り返すことで，リスクの継続的で効果的なマネジメントが可能となる。

3　リスク評価とその一例

　リスク評価（広義には，リスクアセスメントともいう）の手法のひとつに，信頼性工学の評価方法を応用したフィンクの方法がある。フィンクの方法は，横軸に危険が発生する確率をとり，縦軸にリスクの影響度をとったものである。危険が発生する確率を「高い」「中間」「低い」と３つに分け，危険発生による影響度を同様に「高い」「中間」「低い」と３つに分け，リスクを９つのセルに分類する方法である。そして，リスクマトリックスとして，３×３の９つに分け，評価するものである。

　フィンクの方法を応用した例として，図-2.2に示すようなマイクロソフト社が導入しているリスクマップと呼ばれる手法があり，きわめて効果的なリスク評価方法といえる。とくに同図のように，「保険がまったく掛けられていない」「保険が部分的に掛けられている」「保険が（全額）掛けられている」というように色分けした情報も付け加えられており，興味深い。

4　リスクマネジメントへの取組みの必要性

　企業はもちろんのこと個人に至るまで，つねに何らかのリスクにさらされている。企業等のイメージダウンなど，昨今，続発している事件・事故を挙げればきりがないほどである。企業であっても個人であっても，活動するフィールドが拡がれば拡がるほど，それに伴って新たなリスクに遭遇する可能性が生じる。

　たとえば，企業が国内から海外へと事業展開を図った場合には，営利目的の誘拐の対象になったり，生活習慣の違いなどから現地従業員との間で

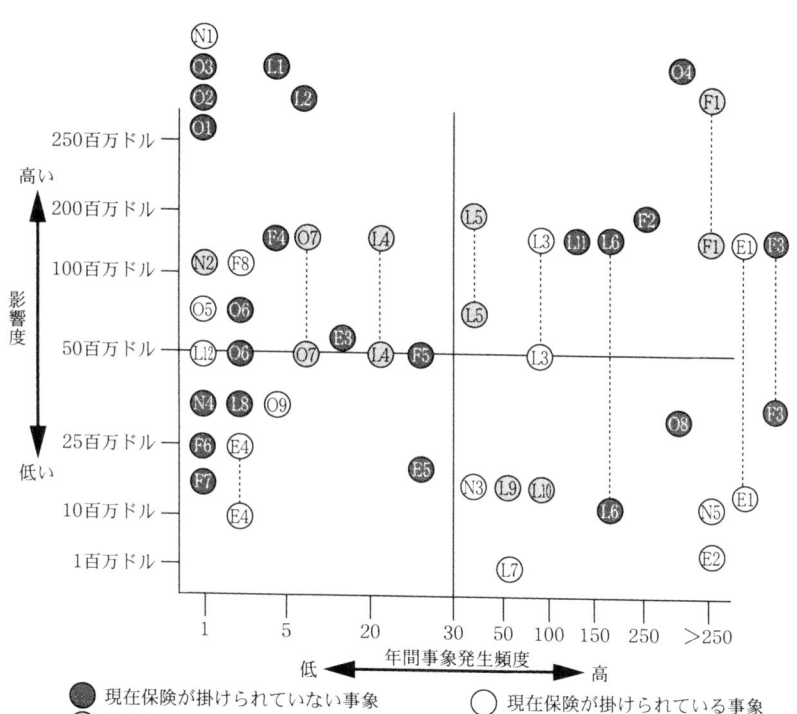

自然災害リスク
N1-地震
N2-火山噴火
N3-火事など
N4-偶発災害
N5-悪天候

財務リスク
F1-為替レート
F2-債務超過
F3-借入金利
F4-戦略投資
F5-不払い
F6-小切手・手形の不渡り
F7-政府規制
F8-ポートフォリオ上の
　　債務不履行

雇用リスク
E1-福利厚生
E2-一般的な従業員手当の支給
E3-災害時の従業員手当の支給
E4-忠実義務
E5-雇用者責任

業務リスク
O1-製品の不正使用
O2-政治的取引リスク
O3-重要な役員
O4-他社製品の著作権侵害
O5-誘拐・身代金
O6-情報セキュリティ
O7-従業員による不正
O8-在庫の陳腐化
O9-盗難

義務責任・訴訟リスク
L1-ビジネス上の倫理規定
　　（独占禁止法）
L2-著作権や特許権の侵害
L3-製造物責任（PL）
L4-契約リスク
L5-過失や手抜き作業
L6-従業員の服務規定
L7-一般的責任義務
L8-自動車事故
L9-仕入先や提携先
L10-その他の責任
L11-パブリシティ
L12-取締役/役員責任

図-2.2　マイクロソフト社のリスクマップ

出所：国際会計士連盟研究報告・中央青山監査法人経営監査グループ訳・解説
　　　「ビジネスリスクマネジメント」79頁，東洋経済新報社（2000年10月）
　　　「総合的リスクマネジメントの概念的枠組み」
　　　（1997年9月カンファレンス・ボード・オブ・カナダ・レポートより）

トラブルが生じる可能性などもある。これは，企業活動が国内にとどまっているときには考える必要がなかったリスクである。

　また，インターネットの普及で，新たなリスクが生じている。ウェブサイトを不正に書き換えられた例は数知れず，ユーザーとのトラブルやインターネットによる個人情報漏洩などの問題もマスコミに大きく取り上げられる。こうしたリスクを回避するには，インターネットを使用しないのも一計といえるが，今や企業戦略からしても，インターネットは欠かせないもので，関連したリスクも避けては通れないものといえる。過去に，企業等が一番恐れていたリスクに，直接，会社へ乗り込まれるような物理的リスクがあり，こうした従来型リスクのマネジメントは確立されている一方で，上述したようなネットワーク型リスクのような新しいタイプのリスクへの対応は万全とはいえない。

　このように，従来型のリスクのみならず，時代に対応した新しいタイプのリスクへのマネジメントも検討すべきであろう。

3 ◆ ビルマネジメントとリスク

1 ビルマネジメントにおけるリスクの特徴

　ビルは，構造躯体をはじめとして多くのシステム，機器の複合体であり，また不特定多数の人が利用したり，執務している施設が一般的である。したがって，ビルのマネジメントは，つねにビルにおける，あらゆるリスクにさらされながら，マネジメントしていかなければならない宿命にある。それがまさしくビルマネジメントにおけるリスクの特徴ともいえる。

　したがって，どうしても，つきものであるトラブル・リスクに対して，「発生を未然に防ぐ」～「発生したトラブルを最小限に抑える」～「ブランドの信頼を回復する」ことまで想定して，万一に備える必要がある。

　時系列的にリスクを分類すると，トラブルや事故等の発生前の潜在的なリスクであるポテンシャルリスク，実際に発生してしまったアクティブリスク，そして，発生してしまった後の処置や信頼回復をも含んだリ・ブランディングリスクに分けることができる。ビルマネジメントにおいて，とくに重要なのは，リ・ブランディングリスクを検討しておくことといえる。なぜならば，ポテンシャルリスクやアクティブリスクは，万全であっても，リ・ブランディングリスクは，あまり検討されていないのが現状といえるからである。

　リ・ブランディングリスクは，ブランドの価値，イメージの低下を招くおそれがあるリスクについて，さらにコーポレートリスク（企業経営・団体運営上のリスク），コミュニケーションリスク（マスメディアやインターネット等のメディア対応上のリスク），ブランドリスク（ブランドの資産価値に直接影響するリスク）に分けることができ，それらを含めた危機管理マニュアルを整備することも必要といえる。

2 地震に対してのリスクマネジメント

(1) 地震リスク分析の指標：PML

　不動産の証券化やビルのリスクマネジメント強化の動きに伴い，建物の地震リスク分析が盛んに行われている。地震リスク分析とは，将来発生する可能性のある大地震が，保有資産にもたらす経済的な損失の大きさと，その発生確率を分析するものといえる。この地震リスク分析でよく使われるのがPML（Probable Maximum Loss：予想最大損失率）という指標である。

　不動産の持つ資産価値を適正に評価する手法として，デューデリジェンス（建物適正評価）と呼ばれる一連の調査がある。デューデリジェンスは，不動産の「建物・環境の調査」「法律・会計上の調査」「収益性の調査」に大別される。その建物調査のひとつに，建物の物理的事実を評価するエンジニアリング・レポートと呼ばれる調査がある。このエンジニアリング・レポートの中で，地震リスクに対する不動産の資産価値を表す指標としてPMLが使われる。

　PMLは，元来，保険業界で使われてきた指標で，米国の火災保険で保険情報のひとつとして生まれ，その後，地震保険などの巨大災害のリスク評価でも用いられるようになった概念である。わが国の地震保険では，1966（昭和41）年の創設以来，総支払い限度額の設定指標としてPMLが用いられ，保険制度運営上重要な指標となっている。これに対して，最近になってPMLを用いるようになった建築業界・不動産業界で，表-3.1に示すように，一般的に使用されているPMLの定義は「対象施設あるいは施設群に対し，最大の損失をもたらす再現期間475年相当（50年間で10％を超える確率で襲ってくると予想）の地震が発生し，その場合の90％非超

表-3.1　PMLの対象とする地震・損失・PMLの計算

①対象とする地震は	→ 建物の建物使用期間中50年で予想される最大規模の地震（再現期間475年相当＝50年間で10％を超える確率）
②対象とする損失は	→ 予想される最大の損失（90％非超過確率）
③PMLとは	→ 予想される最大の損失（補修費）/再調達費×100（％）

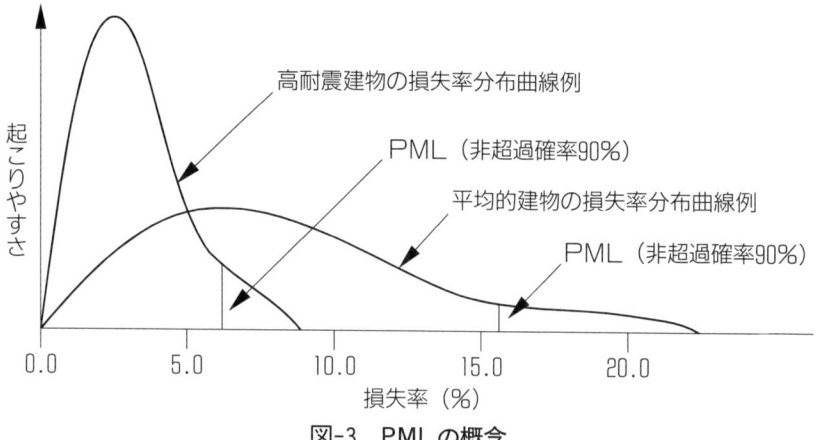

図-3 PMLの概念

過確率に相当する物的損失額の再調達費に対する割合」としている。なお、図-3にPMLの概念を示す。

(2) PMLによる不動産評価

表-3.2 PMLと予想される被害の一例

PML(%)	危険度	予想される被害
0〜10	きわめて低い	軽妙な構造体の被害
10〜20	低い	局部的な構造体の被害
20〜30	中位	中破の可能性が高い
30〜60	高い	大破の可能性が高い
60〜	非常に高い	倒壊の可能性が高い

ある建物の再調達費（現時点で新築すれば10億円）が、最大規模の地震（建物の敷地ごとに、その大きさを予想、たとえば震度6強〜7程度）を受けた場合の補修費（構造体、仕上げ材、設備・機器の損失を含む）が最大で2億円かかると予想されると、その建物のPMLは（2億円/10億円）×100＝20％となる。

PMLは、表-3.2に示すように、0％（無被害）から100％（全損）の値で評価され、PMLの値が小さいほど、建物の地震による被害リスクは小さいことになる。1981年以降の建築基準法に基づいた新耐震設計法によって設計された建物は、PMLが10〜20％程度になることが一般的であり、1981年以前の旧・建築基準法によって設計された建物は、PMLは20％以上の大きな値となる傾向にある。

PMLは、不動産の新しい評価尺度として定着しつつあり、PMLが20

％を超えると，不動産の証券化の格付け低下にも，つながるので，建物を証券化する場合には不動産価値を上げるため，耐震補強によってPML値を求められる適正レベルに低下させる必要がある。

　また，新築の建物においても，免震・制震といった最新の構造技術を採用した建物はPML値が小さくなり，将来，不動産を証券化する場合の格付けが高くなる。このようにPMLは構造技術の耐震効果を客観的に表すことができる指標のひとつであり，建物ごとに耐震性能を独自に設定する性能設計の目標値として採用することもできる。

3 テロに対してのリスクマネジメント

　2001年9月11日の米国同時多発テロ以降，施設の信頼性・保全性やファシリティマネジメントの分野では，施設セキュリティをはじめとしたリスクマネジメント，とりわけ，テロへのリスク回避が盛んに検討されている。

　ここでは，著者が，海外のあるホテルを含む複合商業施設を運営している会社と，施設の計画段階において運営・運用におけるテロへのリスク回避に関して共同研究した結果に基づいて，その一部の内容をまとめる。

(1) 複合商業施設において想定されるテロの種類

　実際に検討を行ったホテルを含んだ複合商業施設は，安全な施設を建設し，運営・運用する必要性と，ホテルとしてゲストを温かく迎える施設を建設し，運営・運用するという2つの必要性が不可欠であった。そして，複合商業施設としての最大の義務，任務を「ゲストの安全を守ることを第一とする」ことを大前提として，予告の有無も含めた形で想定されるテロの種類を洗い出した。なお，この洗い出しにおいて，留意したことはオペレーションの維持が最優先とされる軍事施設等とは，まったく違う点である。

＜想定されるテロの種類＞
① 自殺爆弾
② 爆発物を積んだ乗用車，トラック等が施設内の建物等に衝突する
③ リモート爆弾
④ 爆発物を積んだ乗用車，トラック等を施設あるいは建物付近に停止させ，リモートコントロールによって爆破する

⑤ 手投弾，手榴弾，拳銃発砲
⑥ ロケット爆弾，弾道ミサイル爆弾，追撃砲
⑦ 不法侵入
⑧ 放火
⑨ 手紙爆弾，小包爆弾
⑩ 化学・生物の毒物による大気，室内，水中等の汚染と人的被害

(2) 想定される爆弾攻撃と放火への対策

爆弾攻撃と放火は，複合商業施設で起こりうるテロのひとつといえる。サイバー攻撃などの新しい危機も発生しているが，テロ対策の専門家の間では，爆発物を使用する攻撃が，将来において多く用いられる戦術であり続けるであろうと予測されている。

万一，爆弾攻撃が発生した場合，複合商業施設は莫大な財政的負担を負うこととなる。しかしながら，爆弾攻撃に耐えうる施設にするにも，また莫大な金額がかかるため，たとえば，米国の複合商業施設のほとんどは，爆弾耐久仕様での設計，建築がなされていない。テロにおける爆弾攻撃の発生率が低い点も予算確保を渋らせる要因のひとつである。現存する建物は改良できるが，同時に高額コストと，予想しなかったリ・デザインを余儀なくされる。なお，米国のある統計によると，爆弾攻撃による死傷原因の約80％は，ガラスや瓦礫の破片落下によるものといわれている。

一方，特に北米（米国，カナダ）は，世界各国の中でも，火災による死亡率が最も高いとされている。北米における建築基準は確かなものであるが，米国科学研究技術小委員会（US Subcommittee on Science Research and Technology）によると，米国にある複合商業施設の約85％はスプリンクラー等の消防設備が不十分であることが主たる原因と結論づけている。

(3) 計画段階におけるリスク評価

実際に検討を行ったホテルを含む複合商業施設における計画段階のリスク評価に際し，重視した点を以下に概要のみまとめる。

① 犯罪統計とテロ活動の分析

地域犯罪統計やテロ活動の分析は重要といえる。分析するための情報は，新聞社等マスメディア，警備会社等から収集する。複合商業施

設によっては，危機管理の専門家を配置し，24時間体制で常時，連絡を取り合っている施設もある。該当する複合商業施設が位置する地域において，犯罪率が高水準であったり，テロ活動が活発化している場合は，複合商業施設のリスク度は高いと想定される。
② 脅威や災害の発生の可能性
　脅威や災害の発生の可能性を検討する必要がある。とりわけ，国賓などのVIPの一時滞在や訪問時，政治会議や国際会議の開催時には，特にテロの発生率，すなわち，リスク度が高くなる。
③ 建物の認知度，シンボル度，国家的重要度
　シンボル度が高い建物，たとえば，ブランドとして認知度が高い店舗がテナントとして入っている場合など，さらに，国家的重要度の高い建物，たとえば，特定の国の大使館などに近接する建物も同様に，テロ攻撃の対象となりやすいため，ともにリスク度はきわめて高くならざるをえない。

(4) 計画段階における基本原則の決定

　ここでは，複合商業施設の計画段階における基本原則のうち，そのひとつである爆弾耐久仕様のデザインにおける基本原則を紹介する。
　ホテルを含む複合商業施設を運営している会社と，施設の計画段階において，運営・運用におけるテロへのリスク回避に関して，「ゲストの安全を守ることを第一とする」ことを大前提として，以下の4つの基本原則を決定した。
① テロリストとゲストの安全な分離を維持できる施設であること
　テロリストとゲストが，直接的・間接的に接触できないように施設計画する必要がある。
② 一定の爆弾ダメージに耐えうる施設であること
　爆弾ダメージを部分的損壊にとどめ，二次災害や建物全壊を回避できるように施設計画する必要がある。
③ ガラスや瓦礫の破片の量を最小にする施設であること
　爆弾攻撃による死傷原因の約80%は，ガラスや瓦礫の破片の落下であるという統計結果から，死傷率を抑えるために，ガラスや破片の量

を最小にするような施設計画を行う必要がある。
④　救助活動と復旧活動を容易にする施設であること
　　ゲストの避難に当たって，安全な救助と十分な時間を提供できる施設計画を行う必要がある。

4 ◆ 企業倫理とコンプライアンス

1 コンプライアンスとは何か

　「法令・規範の遵守」「遵法」といったような意味で使われる「コンプライアンス」（Compliance）という英語も，最近では広く知られるようになった。その語源は Compliance が「従う」を意味する動詞の Comply から来ており，この言葉は「完全，完成する」を意味する Complete と「提供・供給する」という意味の supply が合成されたもので，従うことによって完全なものを提供する，あるいは完全なものになる，といったニュアンスを含んでいる。

　コンプライアンスは，主として「悪いことをすべきではない」「法律は守らなければならない」というレベルで捉えられているが，しかしながら，昨今のように，一連の企業不祥事からコンプライアンスが強く叫ばれるようになると，「法律を守ることは倫理的でもある」という理解から企業倫理が不可欠であるという考え方が強くなってきている。

　法律違反をしないようにすることや法律を守るべきことは当たり前のことであるが，企業の利益追求や企業間の競争により，法律に反する行為を行わざるを得ない状況に陥ることもありうる。企業が健全で適正な活動をしていくためには，企業倫理の確立に積極的に取り組む必要がある。そのために具体的には，業務上のさまざまなリスクを回避するために守るべき業務マニュアル，守秘義務，社内ルール，さらにはコミュニティとの関係のような行動指針などを広く遵守するような，コンプライアンスプログラムの作成が不可欠である。

2 企業コンプライアンスから一歩進んだ CSR，SRI

　わが国においても企業コンプライアンスについて，その重要性が認識されつつあるが，さらに，最近，新聞，雑誌などで CSR であるとか SRI という用語が見られるようになった。

「ビル管理会社がCSR推進のための担当役員を置いた」とか，「信託銀行がSRI型年金投資案件を受託」といったように，企業の関心も高まっているようである。

　ここで，CSRとは，Corporate Social Responsibilityの略で，企業の社会的責任のことであり，「企業が法律遵守にとどまらず，市民，地域および社会を利するような形で，経済，環境，社会問題においてバランスのとれたアプローチを行うことにより，事業を成功させること」をいう。SRIとは，Socially Responsible Investmentの略で社会的責任投資のことであり，「そうした社会的責任を果たす企業に対して，株式投資，融資などの形で資金を供給すること」をいう。なお，図-4.1に戦略的CSRの基本フレームを示す。

　CSR，SRIいずれも欧米が起源だが，これらがどう進められてきたかという点で，米国とヨーロッパは大きく異なる。つまり，民間の発想から出発しているSRI的な株式投資が先行してCSRが進んできた米国と，政

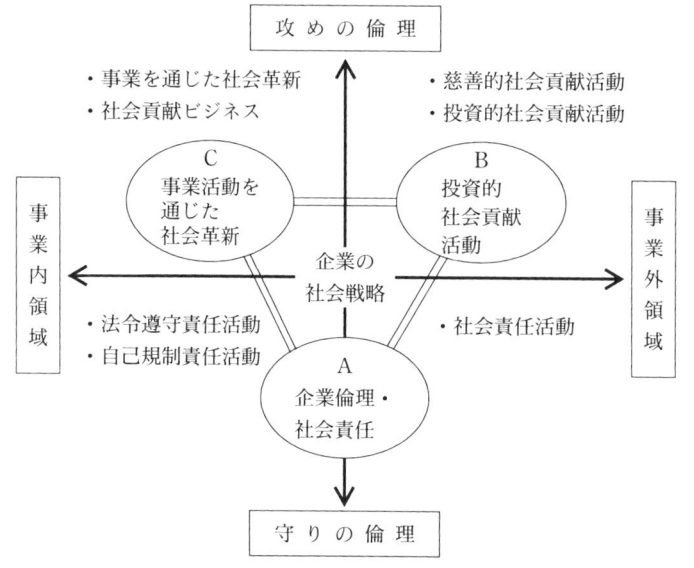

図-4.1　戦略的CSRの基本フレーム
出典：伊吹英子：経済教室「攻めの姿勢で実践を」，日本経済新聞
　　　（2004年5月28日朝刊より一部改変）

府が道筋を付けて CSR，SRI を進めてきたヨーロッパとは発展プロセスにおける政府の関与の度合いが違っている。米国では，NPO などの市民社会組織が主体となって，企業活動を監視し，社会的責任を問う動きが盛んになってきた。その動きは，CSR を果たしている企業を株式投資先に選定するといった，資金の流れを通じて促進されている。一方，ヨーロッパでは，市民社会組織のプレゼンスが米国以上に大きいが，CSR を促進しようとする報告書が EU レベルでまとめられるなど，政策的な取組みも進んでいる。

　ISO（国際標準化機構）では，CSR を国際標準にどのように組み込むかが議論されており，わが国でも CSR を踏まえた規格づくりを早急に進めるべく，経団連と経済産業省が協力して案の検討に入っている。

3　企業イメージとコンプライアンス経営

　さて，建設業界のみならず，さまざまな業種で，規制緩和によって，行政の保護体制が弱まり自由競争となったいま，能力のない企業は市場から敗退せざるをえないといった考え方が強まりつつある。以前のような業界の慣例に従った方法や，関係方面への根回しによる問題解決といった方法では通用しなくなってきている。法令遵守体制の欠如による，ずさんな管理体質がもとで，昔は超優良企業のひとつであった企業が，短期間のうちに消滅の憂き目にあった事例は，この数年，特に目立つ。厳しい競争経済の下で生き残るためにも，できる限りの法遵守体制を整える必要があり，コンプライアンスを重視した企業経営は不可欠といえる。

　いかなる業種であっても，行政の温情主義的な保護が弱まり，自由競争となったいま，能力のない企業は市場から敗退せざるをえないといった考え方が強まり，以前のような日本的な根回しによる解決のしかただけでは通用しなくなってきている。そのため，事前に，できる限りの法令遵守体制を整える必要がある。法令遵守体制の欠如による，ずさんな管理体質がもとで，昔は超優良企業のひとつであった複数の企業が，短期間のうちに消滅の憂き目にあった事例は，この数年特に数多くみられ，厳しい競争経済の下で生き残るためにも，コンプライアンス経営は不可欠といえる。

一方で，コンプライアンスのレベルにおける企業の優劣は，企業イメージや生き残りの可能性に影響を与えることにもなる。コンプライアンスを怠った企業は，外部からの攻撃も受けやすいともいえる。たとえば，企業はインターネットの普及によってビジネスチャンスは拡大したが，前述したように，新たなリスクにもさらされている。ハッカーによるサイバーテロ，企業活動に問題がある場合のネット社会を通じての風評などである。さらに，企業は適正な情報開示を求められるようになったことからもわかるように，単に法令を遵守するというだけでなく，その姿勢を広く社会に示すコンプライアンス経営は，企業の生き残りに不可欠な概念といえる。

　さらに，国際化社会の中で，グローバルスタンダードの要請が高まっている。日本よりもはるかに司法的チェックの厳しい欧米においてはコンプライアンス経営の手法が発達しており，今後，わが国の企業においてもそうした手法を見習う動きが強まってくるであろう。

　コンプライアンス経営を進めることは，企業に以下のようなメリットをもたらす。

① 社会のニーズに応える側面

　　多くの新しい法律も社会のニーズに応じて作られるから，これに応じることで，企業イメージの維持・向上，さらには，消費者，潜在的従業員（就職希望者）との関係を良好にしていくことが期待でき，企業全体の価値の向上を図ることができる。

② 企業が将来巻き込まれるかもしれないトラブルから事前に身を守る

　　法的なトラブルには，おもに行政責任，刑事責任，民事責任（賠償責任）があるほか，道義的責任を追及されるリスクもある。万一，大きなトラブルが発生した場合，企業が受ける損害は大きい。金銭的なものは，保険でカバーできたとしても，企業イメージのダウンは避けられず，企業にとって大きな損失となる。これらのリスクを低減するために，コンプライアンス経営は有効といえる。

③ 経営を合理的なものにすることが可能となる

　　不合理な業界慣習からの脱却を図ることを模索することも可能であるし，経営環境の変化にいち早く対応することにもつながる。たとえ

ば，談合，リベート等が業界の慣習であるとして，違法を承知で受け入れてしまうのは法的責任を追及され，損失を受ける可能性があるだけではなく，大きなビジネスチャンスを逃しているかもしれない。

コンプライアンス経営を考えることは，自立した企業とは何か，社会と協調した企業とは何か，健全な企業競争とは何か，そのためには何をすべきかを検討するきっかけになりうる。

4 CSR の動向

(1) ISO 化される CSR

社会的責任（SR：Social Responsibility）に関するガイダンス規格，ISO 26000の構成と概要を定めた「設計仕様書（Design Specification）」が2005年10月に発表された。そして，この設計仕様書に基づいて，2009年春に国際規格化された。

わが国では，経団連が「企業行動憲章」（1991年制定）をCSRの観点から見直し，2004年5月に改訂版が発表された。そして，2004年6月に自主的実践のための「実行の手引き」が提示された。そこでは国内外社会における課題に対して日本企業が何に取り組むことが求められているかを明らかにし，具体的なアクション・プランを，また，2005年10月には，CSR推進ツールが公表された。

(2) ISO の一部に導入された BS 8900

BS 8900（サスティナビリティマネジメントの英国規格）は，組織が持続可能な発展に向けたアプローチを展開するのに役立つように考案されたもので，この持続可能な発展へのアプローチは進化し続け，つねに新しいチャレンジと要求を満たすように適応するものとされている。

BS 8900の特徴は，組織の活動が社会，環境，経済に与える影響を考慮しながら，持続可能な発展に向けた体系的なアプローチをとることができるフレームワークを提供している点といえる。市民団体や労働組合も含めて，あらゆる規模，タイプの組織に適用可能であり，ISO 14000シリーズ（環境管理・監査）やISO 9000シリーズ（品質管理）との関連づけが可能だとしている。また，持続可能な発展に関する課題や影響のマネジメン

トの方法を開発するため，組織のステークホルダーに，組織のパフォーマンス改善を評価，保証するための有用なツールを提供している。

(3) ISO 26000シリーズを想定したCSRのマネジメントの仕組み

図-4.2に，ISO 26000シリーズにリンクしたCSRの7つの要素を示す。同図から，CSRのマネジメントを構築する場合の留意点を以下にまとめる。

1) 環境：BS 8900を参考に，ISO 14000シリーズ（環境管理・監査）とのリンクを検討。
2) 人権：ISO化されたガイドラインおよびILO（世界労働機構）の動向に基づいて検討。
3) 労働慣行：OHSAS 18000シリーズとのリンクを検討。
4) 組織統治：経営の透明性，健全性，ステークホルダーへのアカウンタビリティ（説明責任），情報開示，経営者ならびに各層の経営管理者の責任の明確化，内部統制などを検討。
5) 公正なビジネス慣行／市場ルール：談合をしない，インサイダー取引をしない，前述したコンプライアンスを遵守する。
6) コミュニティ参画／社会開発：企業の社会的責任として信念を持って参画していくことが不可欠。
7) 消費者課題：ISO 9000シリーズ（品質管理），リスクマネジメント，リコール，PL法など業界，

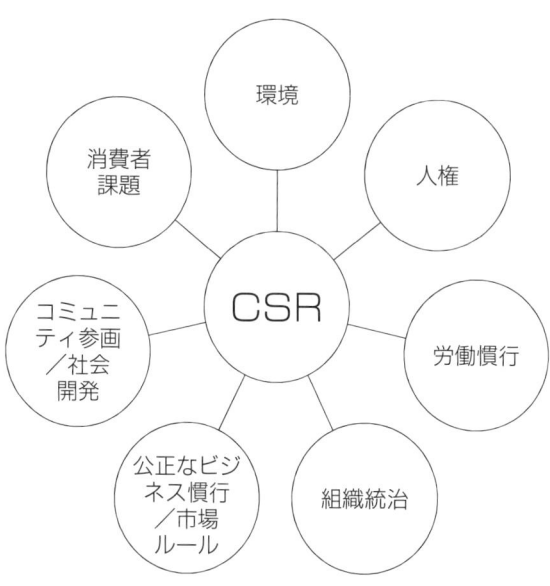

図-4.2 ISO26000シリーズを想定した場合のCSRの7つの要素

業種に即した対応が不可欠。

参考文献（4章）

1）田中毅弘：空気調和・衛生技術のニューフロンティア開拓アイデアコンペ報告　事業企画賞「施設における建築環境・設備の計画・設計，施工，運用に伴うリスクマネジメントに関する検討」，空気調和・衛生工学 Vol.77，No.9，pp.7‐9，2003年
2）小林英明：会社を不祥事から守る法律知識，PHP研究所，2003年
3）国際会計士連盟研究報告・中央青山監査法人経営監査グループ訳：ビジネスリスクマネジメント，東洋経済新報社，2001年
4）Alan Waring, Alan Glendou：Managing Risk, Thomson Business Press, 2002
5）伊吹英子：経済教室「攻めの姿勢で実践を」，日本経済新聞，2004年5月28日（朝刊）
6）田中毅弘：連載　BMのための企業コンプライアンスと環境・設備の関連法規(1)～(12)，月刊ビルメンテナンス，2004年9月号～2005年8月号
7）浜辺陽一郎：図解　コンプライアンス経営（改訂版），東洋経済新報社，2003年
8）www.jsca.or.jp（日本建築構造技術者協会ホームページ）
9）セコム・田中毅弘：リスクとセキュリティを考えるビルマネジメントの新しい知識，技術書院，2007年10月

5
建築関連紛争判例集

Ⅰ 建物内部等での事故に係る裁判例
Ⅱ その他建築関連の不法行為に係る裁判例

弁護士　佐藤　貴美

I　建物内部等での事故に係る裁判例

▶ 工作物の概念1

No.1　デパート屋上に設置されたデッキチェアーは土地の工作物にあたらないとして工作物責任を否定した事例

(東京地裁昭和47年12月11日判決)

〈事案の概要〉

　デパート屋上に備え付けてあった顧客サービス用のアルミパイプ製デッキチェアーに腰を掛けようとした者が，左手で本件デッキチェアーの脚のせ部分のパイプをつかみ，体を支えるようにして後向きに腰をおろしたところ，その左手第四指がパイプの部分とデッキチェアーの角度調節部分パイプとの間にはさまり，その先端部約1センチメートルが切断され，左手第四指第一指関節切断の傷害を受けたことから，デパート経営者に対し，工作物責任および不法行為責任に基づき損害賠償を請求した事案である。

〈裁判所の判断〉

　裁判所は，概ね以下のように述べて，工作物責任等を認めなかった。
① 「土地の工作物」とは本来地上地下に人工を加えて作った物ないしはこれと一体をなすものであり，建物内の工作物も，建物の一部としてこれと一体をなす内部設備等は「土地の工作物」というを妨げないが，このような内部設備を除いて建物内に設置してある工作物については，その定着性を考慮し，さらに民法第717条の依拠する危険責任の法理から当該工作物それ自体の人に及ぼす危険性の有無をも総合して「土地の工作物」に該当するか否かを決すべきである。
② 本件デッキチェアーは，
　　㋐ デパートの顧客に対するサービスとしてその休憩用に床面に固定されることなく備え付けられたものであり，簡単に折りたたむことができその運搬も容易であること
　　㋑ 本件デッキチェアーと同種のデッキチェアーに関し傷害事故等なんらの事故も発生したこともなく，販売されたデッキチェアーについて苦情や事故は全く報告されていないこと
　からすれば，本件デッキチェアーはその設置個所との定着性は極めて稀薄であるうえ，人に危険を及ぼす性質を有するものとはいえず，したがって民法

第717条に規定するいわゆる「土地の工作物」には該当しない。
③ また，本件デッキチェアーを利用する顧客に対し，これが安全利用方法につき特別の指導員を立ち会わせて説明しあるいは掲示板，説明書をもって周知せしめるまでの義務はないものというべきであるから，被告がそのような処置をとらなかったからといってこの点につき過失があるとはいえない。

> **本判決のポイント**
>
> 土地の工作物に当たるか否かにつき，設置個所との定着性，工作物自体の危険性を判断要素としている点が参考になる。

▶ 工作物の概念:2

No.2 店舗敷地内の通路部分に設置された車両進入防止用の鉄パイプに足をとられて転倒するという事故につき工作物責任を認めた事例

(名古屋高裁平成14年8月22日判決)

〈事案の概要〉

店舗来客者が，店舗敷地内の通路部分に設置された車両進入防止用の鉄パイプに足をとられて転倒するという事故により負傷する事故が発生した。被害者が店舗経営者に対し，不法行為責任および工作物責任に基づき損害賠償を請求した事案である。

〈裁判所の判断〉

裁判所は，概ね以下のように述べて，工作物責任を認めた。
① バリケード等の設置目的および機能に照らすと，バリケード等は土地に接着した店舗における営業設備の一部であるというべきであるから，民法第717条1項にいう「土地の工作物」に該当する。
② 本件では，
　ア　そのバリケードに橋渡しされた鉄パイプにより本件事故が発生したものであるから，その設置には瑕疵が存するものと推定され，この推定を覆すに足りる証拠はないこと
　イ　本件事故当時，バリケード等を設置していることについて，その存在を

明らかにして入店しようとする顧客の注意を促すに足りる措置がとられていなかったこと

から，工作物に瑕疵があり，店舗経営者には工作物責任がある。

③　ただし，被害者も本件事故前からその店をよく利用していてバリケードの存在等につき知っていた可能性は高いこと，本件事故以外に，その前後を通じて同様の転倒事故はみられないことから，被害者にも過失がある（過失相殺（7割））。

> **本判決のポイント**
>
> 　土地の工作物に当たるか否かにつき，当該工作物の設置目的・機能において建物等との一定性があるかどうかを判断要素としている点が参考になる。

▶ 瑕疵の概念（法令に則した設備）

No.3　アパートの居住者が手すりのない窓から落下し死亡した事故につき，アパート所有者の工作物責任を認めた事案
(福岡高裁平成19年3月20日判決)

〈事案の概要〉
　被害者は，2階建てアパートの賃借人の妻である。被害者は，洗濯物を干すときには，2階の窓（窓までの腰高は約73センチメートルで，手すりはない。）の外に取り付けてあった竿受け金具に物干し竿を渡し，その竿に干していた。被害者は，洗濯物を干している時に本件窓から転落し，死亡したので，被害者の遺族がアパート所有者に対し，本件窓に手すりがないことが建物の欠陥であると主張して，工作物責任に基づき損害賠償請求をした事案である。

〈裁判所の判断〉
　裁判所は，概ね以下のように述べて，工作物責任を認めた。
① 本件窓の腰高は（建築基準法の）基準の範囲内であるものということができるし，また，採光や通風，さらには居室の開放感等の見地からしても，窓の腰高を余り高くすることはできないし，相当でもないものといわなければならない。そうであれば，約73センチメートルという本件窓の腰高自体を瑕疵とみなすことはできない。本件窓の腰高は約73センチメートルあることから，それ自体は欠陥とはいえない。
② しかし本件窓を洗濯物を干すために利用しており，しかも，竿受け金具が錆び付いて伸縮できなくなっていたところから，身体を戸外に伸び出す姿勢をとることになるので，本件竿受けに設置した物干し竿に洗濯物を干すには一定程度の危険性があったことは否めないから，本件窓の外に手すり等を設置して，転落防止に備えるべきであったものであるにもかかわらず，本件窓に手すりや柵等が設置されていなかったことは，転落防止という観点からしてその安全性が十分なものでなかったということにならざるを得ない。したがって，本件窓の設置・保存の瑕疵が存在する。
③ ただし，被害者にも重大な過失がある（過失相殺（9割））。

　本判決のポイント
　建築基準法に従ったものであっても，具体的な事情からより高度な安全性確保措置を講じられていないことが工作物の瑕疵に当たるとされている点が参考になる。

▶ 瑕疵の概念（工作物と設備を複合的にとらえるアプローチ）

> No.4 スポーツクラブのロッカールームに通ずる廊下を歩行中転倒して受傷した事故で，施設の設置または保存に瑕疵があるとして工作物責任を認めた事例
>
> （東京地裁平成9年2月13日判決）

〈事案の概要〉

　スポーツクラブの正会員が，当該クラブのプールで行われた水中体操に参加後，水着のままロッカールームに通ずる廊下を歩行中転倒して負傷した事故が発生した。被害者が建物所有者であるスポーツクラブに対し，工作物責任に基づき損害賠償を請求した事案である。

　なお，本件事故当時，事故が発生したコンクリート壁の端付近の箇所は，何らかの原因のために，利用者の身体から落ちた水滴が集まって小さな水たまりができやすかったこと，この箇所に水がたまっていると滑りやすかったことが認められている。

〈裁判所の判断〉

　裁判所は，概ね以下のように述べて，工作物責任を認めた。

① 「工作物ノ設置又ハ保存ニ瑕疵アル」とは，当該工作物が当初から，または維持管理の間に，通常あるいは本来有すべき安全性に関する性状または設備を欠くことをいい，その存否の判断に当たっては，当該工作物の設置された場所的環境，用途，利用状況等の諸般の事情を考慮し，当該工作物の通常の利用方法に即して生ずる危険に対して安全性を備えているか否かという観点から，当該工作物自体の危険性だけでなく，その危険を防止する機能を具備しているか否かも併せて判断すべきである。

② 本件では，

　ア　プール，シャワー利用後よく身体を拭かず，水着が水分を相当含んだ濡れた状態のままで利用者が通行することが少なくなかったため，事故が発生した廊下は，ナラの小市松材質でフローリングされた床面上に水滴が飛散し，しばしば滑りやすい状態になったこと

　イ　利用者は素足で本件廊下を通行するので，転倒して受傷する危険性があったこと

　ウ　係員は，本件廊下やロッカールーム等を概ね1時間おきに巡回して床の水をふき取ったり，プールでのレッスンが終了した後も，時間を見計らっ

て本件廊下の水をふき取る等して清掃を行っていたが，その清掃が行われる前には，本件廊下，殊に，前記コンクリート壁の端付近の箇所は，小さな水たまりができる等して滑りやすい状態になっていたこと
- エ にもかかわらず，カラーすのこを敷く等して右危険を防止する有効な措置がとられていなかったこと

から，本件施設には，設置または保存の瑕疵がある。

③ また，会員の会則では「本クラブの利用に際して，会員本人または第三者に生じた人的・物的事故については，会社側に重過失のある場合を除き，会社は一切損害賠償の責を負わないものとする。」旨定めているが，本件施設の設置または保存の瑕疵により事故が発生した場合の被告の損害賠償責任は，スポーツ施設を利用する者の自己責任に帰する領域のものではなく，本件規定の対象外である（免責規定による免責は認めなかった）。

④ ただし，被害者以外に同様の事故が生じたことはないことなどから被害者にも過失がある（過失相殺（4割））。

本判決のポイント

工作物の設置保存の瑕疵に当たるか否かにつき，当該工作物自体の危険性だけでなく，その危険を防止する機能を具備しているか否かも併せて判断すべきであるとしている点が参考になる。

▶ 瑕疵の概念（工作物の属性〜研究所）

№5　正門に設けられた自動扉は土地の工作物に当たるとし，自動扉の設置・保存に瑕疵があるとして工作物責任を認めた事例
（京都地裁昭和48年9月7日判決）

〈事案の概要〉

被告自動制御装置メーカーは，その研究所の正面表門に電動式自動扉を設けていた。この自動扉は，深夜閉鎖されているときに，正門を通行するには，守衛に告げ，守衛にリモートコントロールスイッチを操作して貰って出入りする必要があったが，以前から社員の中には，それがわずらわしいため，西側門柱にある試験用スイッチを自分で操作して出入りする者や，自動扉を乗り越えて出入りする者があったところである。試験用スイッチボックスは，以前から施

錠されていなかったし，被告会社は，社員に対し，無断操作を禁じる趣旨の貼り紙をするなどして警告したことはなかった。

このような状況のもと，被害者が，深夜帰宅する際に，自分で試験用スイッチボックスのスイッチを操作して自動扉を開けて外に出たのち，体の左上半身をいれて，スイッチボックスのスイッチを操作して自動扉を閉めようとしたところ，自動扉が十分開いていなかったのに閉まりはじめ，自動扉と門柱との間に胸部をはさまれて死亡した。被害者遺族が会社に対し，工作物責任に基づき損害賠償を請求した事案である。

〈裁判所の判断〉

裁判所は，概ね以下のように述べて，工作物責任を認めた。
① 自動扉は，被告会社の正面表門に設けられたものであるから，被告会社が設置し，保存する土地の工作物である。
② 本件自動扉には，
  ㋐ 自動扉に何か抵抗が加わったとき，直ちに自動的に電流が切れて自動扉がとまる仕掛にはなっていなかったこと
  ㋑ 自動扉が動いているとき，試験用スイッチを閉から開，開から閉に操作しても，開閉できず，一度，「止」のスイッチを押さないと開閉できないため，とっさの事故の場合，自動扉を開閉することができないこと
  ㋒ 被告会社の社員が，試験用スイッチを勝手に操作しないようにスイッチボックスの施錠を完全にしなかったこと
  ㋓ 社員が試験用スイッチを勝手に操作して，自動扉にはさまれたような場合，自動的に電流が遮断される装置をつけていなかったこと
  ㋔ 試験用スイッチの操作を簡単なものにしなかったこと
から，本件自動扉には，設置，保存の瑕疵があった。
③ ちなみに被告会社は，自動制御装置のメーカーであり，電機のメーカーであるため，一般には利用されないような電動式自動扉を表門に設置したのであるなら，その安全性については十分な配慮が必要であったとしなければならず，上記のような安全性を具備するように表門の自動扉の設置保存を要求することは，被告会社に酷なことを強いることにならない。
④ ただし，本件事故は被害者側の試験用スイッチの誤操作によるものであり，被害者にも過失がある（過失相殺（6割））。

> **本判決のポイント**
>
> 工作物の設置保存の瑕疵に当たるか否かにつき，当該工作物が設置されている建物等の利用目的にも着目し，一定の危険回避装置の設置による結果回避の可能性及び結果回避義務の有無を判断している点が参考になる。

▶ 瑕疵の概念（工作物の属性～レストラン）

No. 6 高齢者がレストランの自動ドアを通過しようとした際，閉じてきた自動ドアに接触転倒して負傷した場合について，レストランの経営者の土地工作物責任を認めた事例

（東京地裁平成13年12月27日判決）

〈事案の概要〉

原告は，被告の経営するレストランの自動ドアを通過しようとした際，ドアが閉まり始め，右上半身および右腕部がドアに当たり，店舗外側に転倒し，左大腿骨頸部を骨折する傷害を負った。そこで原告は，本件ドアには補助光電スイッチ等の設置，停止時間の調節等の安全確保装置が講じられなかったことから，本件ドアの設置又は保存に瑕疵があったとして，工作物責任に基づき，治療費，逸失利益，慰謝料などの損害賠償を請求した事案である。

これに対し，被告は，事件当時の平成7年4月当時は，自動ドアに補助光電スイッチを取り付けることは普及していなかったこと，停止時間も通常の歩行能力を有するものには支障がないことから，本件自動ドアの設置，および保存には瑕疵がないと主張した。

〈裁判所の判断〉

裁判所は，概ね以下のように述べて，工作物責任を認めた。

① 補助光電スイッチを取り付けていなかったことについては，事故当時このような措置をとることは全国的に普及していなかったため，瑕疵には当たらない。

② しかし，本件ドアの性質，設置された具体的状況，その利用状況を総合すれば，本件ドアは，身体ないし動作の制御能力および歩行能力の劣る高齢者や幼児が利用することを前提として通常有すべき安全性を備えている必要が

あり，そのためには，補助光電スイッチに代替する安全措置として十分な通行時間を確保する必要がある。ところが，本件ドアの通行時間は十分とはいえず，これを通行する者が接触する危険をはらんでおり，また，接触した場合には通行者を転倒させる危険性も有することから，本件ドアが通常有すべき，安全性を備えていたということができず，その設置または保存に瑕疵がある。

> **本判決のポイント**
>
> 工作物の設置保存の瑕疵に当たるか否かにつき，当該工作物の設置当時の技術水準等を考慮する一方で，当該建物等の利用者の属性にも着目して判断している点が参考になる。

▶ 瑕疵の概念（工作物の属性～酒類提供飲食店）

No.7　飲食店3階の窓から酔客が転落して死亡した事故について，飲食店経営者の店舗設置・保存の瑕疵による工作物責任を認めた事例

（東京地裁昭和62年1月16日判決）

〈事案の概要〉

居酒屋で仲間と飲食をしていた大学生（当時3年生）が，仲間と写真撮影の後，テーブルの方に向き直らずに後ろ向きのまま左足でテーブルを跨いで自分の席に帰ろうとしたが，跨いだ瞬間体のバランスを失ってよろめき，約40センチメートルの広さに開いていた本件窓から道路に転落し死亡した。被害者遺族が居酒屋経営者（建物占有者）に対し，工作物責任に基づき損害賠償を求めた事案である。

なお，本件店舗はビルの3階にあり，被害者が転落した窓（以下本件窓という）は，道路に面していて，床から約40センチメートルしかない腰壁に設置され，手すり等の防護設備は何らなされていなかったこと，本件窓は自由に開閉できる状態にあり，かつ，常にカーテンがしてあった。

〈裁判所の判断〉

裁判所は，概ね以下のように述べて，工作物責任を認めた。

① 本件店舗については，次のような特性が認められる。
　ア　その営業時間からは，被害者らのように，二次会，あるいは三次会の場所として利用する客も多く，場合によれば酩酊した客もいるであろうことは当然に予想されたこと。
　イ　本件窓のほかには調理場の換気扇と入口のドアしか換気口がなかったのであるから，本件窓を換気のために開ける酔客もありうることも予想できたこと。
② 本件窓は，座敷の上約40センチメートル（大人の膝の高さ）の位置に開口していて，注意力や反射速度，運動能力などが低下した酔客が何らかのはずみで転落する危険を有するものであり，手すり等の転落防止措置がとられていない以上，本件窓を含む本件店舗にはその設置・保存に瑕疵がある。
③ ただし，被害者にも，酒の影響による注意力，判断力，運動能力の低下が認められ，かつ，実際の行動も酔客の一般的傾向から大きく外れるものであり，過失がある（過失相殺（5割））。

> **本判決のポイント**
> 　工作物の設置保存の瑕疵に当たるか否かにつき，当該工作物の利用者の属性にも着目して判断している点が参考になる。

▶ 瑕疵の概念（工作物の属性～一般店舗）

No.8　建物の3階にある美容室の踊り場から2歳の幼児が転落負傷した事故について，右踊り場の設置または保存に瑕疵があるとして，右建物の所有者の工作物責任を認めた事例
（福岡地裁小倉支部平成4年9月1日判決）

〈事案の概要〉

　建物の3階にある美容室を訪れた客が，子供（2歳）を店内に設けられた育児室で遊ばせ，整髪終了後会計の際，店員と2～3分話をしている隙に，子供が，踊り場の手すりの隙間から落下転落して負傷した事故が発生した。被害者が，建物所有者に対しては工作物責任に基づき損害賠償を請求した事案である。
　なお，踊り場に設置されていた手すりは，道路に面する幅約2.41メートルの部分に設置され，笠木（手すりの上の横棒）のおよそ真中に設置された手すり

子（手すりの縦の棒）によって分けられた左右の部分にそれぞれ×字型の鉄製の格子が設けられており，このため，本件手すりの笠木の下には底辺約112～116センチメートル，高さ約50～58センチメートルの三角形の隙間が8箇所あった。

〈裁判所の判断〉
　裁判所は，概ね以下のように述べて，工作物責任を認めた。
① 本件建物については，次のような特性が認められる。
　㋐ 本件建物の3階部分は，女性を顧客とする美容室が入居することを前提に設計され，建築当初から，美容室内に子供連れの女性客が整髪してもらう間子供を遊ばせておくための育児室が設けられていたこと
　㋑ 本件美容室への通路に当たる本件踊り場は，母親等の保護者に連れられた幼児も通行することを予定した施設として，通常有すべき安全性が要求されること
② 上記のような隙間がある本件手すりしか設置されていない本件踊り場は，本件建物に要求される通常の安全性を欠いているものであり，設置または保存につき瑕疵がある。
③ ただし，被害者の母親にも監視義務違反の過失がある（過失相殺（5割））。

> 本判決のポイント
> 　工作物の設置保存の瑕疵に当たるか否かにつき，当該工作物の利用者の属性にも着目して判断している点が参考になる。

▶ 瑕疵の概念（工作物の属性～介護老人福祉施設）

No.9　介護老人保健施設に入所中の女性（当時95歳）が，自室のポータブルトイレ中の排泄物を捨てるため汚物処理場に赴いた際に，仕切りに足を引っかけて転倒，負傷した事故につき，施設経営法人の債務不履行および工作物責任を認めた事例
（福島地裁白河支部平成15年6月3日判決）

〈事案の概要〉
　介護老人保健施設に入所していた当時95歳の老人女性が，自室のポータブル

トイレ中の排泄物を捨てに行こうとして自ら汚物処理場に赴いた際に，仕切りに足を引っかけて転倒し，負傷した事故が発生した。被害者が，施設を経営する法人に対し，債務不履行または工作物責任に基づき損害賠償を請求した事案である。

なお，本件トイレ内に本件処理場が併設されているところ，そこでは排泄物を流すだけでなく，その容器を洗うこともできたこと，本件仕切りは，本件処理場内の汚水等が処理場外に流出しないための仕切りであり，本件処理場に出入りするためには，これを跨がなくてはならない構造になっていたことなどが認定されている。

〈裁判所の判断〉

裁判所は，概ね以下のように述べて，債務不履行責任・工作物責任を認めた。
① 債務不履行責任について
　ア 施設経営者には，介護ケアーサービスの内容として入所者のポータブルトイレの清掃を定時に行うべき義務があった。
　イ 本件事故当日，これがなされなかったこと，そのため原告がこれを自ら捨てようとして，本件処理場に行った結果，本件事故が発生したことが認められる。
　ウ したがって，被告は契約上の債務不履行責任を負う。
② 工作物責任について
　ア 本件施設は，身体機能の劣った状態にある要介護老人の入所施設であるから，その特質上，入所者の移動ないし施設利用等に際して，身体上の危険が生じないような建物構造・設備構造が特に求められている。
　イ 現に入所者が出入りすることがある本件処理場の出入口に本件仕切りが存在するところ，その構造は，下肢の機能の低下している要介護老人の出入りに際して転倒等の危険を生じさせる形状の設備である。
　ウ したがって，工作物の設置・保存に瑕疵があり，被告は工作物責任を負う。

> 本判決のポイント
>
> 工作物の設置保存の瑕疵に当たるか否かにつき，当該工作物の利用者の属性にも着目して判断している点が参考になる。

▶ 瑕疵の概念（工作物の属性～遊具）

> №10　団地内に設置されていた箱型ブランコで遊戯中の子供が死亡した事故につき，工作物責任の成立を否定した事例
>
> （那覇地裁平成17年11月16日判決）

〈事案の概要〉

　子供（当時7歳）が団地内の公園に設置された箱形ブランコで遊戯中に受傷して死亡した事故が発生した。被害者遺族が，ブランコを設置し管理していた公社に対し，工作物責任に基づき損害賠償を請求した事案である。

　ブランコは，地中のコンクリートによって基礎の固定された4本の鉄パイプ支柱（地上高1800ミリメートル）があり，その最上部に鉄パイプの水平棒が四角に組まれ，これに揺動する箱形のブランコが取り付けられている。また，本件ブランコは，座席に座り，もしくは座席や足置板に立ったままで揺らすことができるが，一方の，若しくは両方の座席の後ろの背もたれをつかまえて揺らすこともできる構造になっている。

　事故の態様は，被害者が，ブランコの背もたれ部分を両手でつかみ，友人と交互に揺らしていたところ，手を離して前のめりになり，ひざまずいた状態でいたときに，揺り戻ってきたブランコが被害者の胸腹部に衝突したものと認定されている。

〈裁判所の判断〉

　裁判所は，概ね以下のように述べて，工作物責任を認めなかった。

① 　工作物の設置または保存の瑕疵は，健全な社会生活を営む上では，遊具の利用に伴う危険の管理は，その製造者のみならず，その利用者も含めた関与者が，各自の立場において公平に分担すべき責任があるという考えに根ざすものといえる。

② 　本件ブランコは，

　ア 　本件ブランコのような遊動遊具の場合，一般的には安全であるとされている遊具であっても，絶対的な安全性が保証されたものではなく，事故が発生する可能性は常に残っていること

　イ 　しかし，本件事故態様との関連で，本件ブランコに，通常の箱ブランコと比較して構造上・機能上の不備があったことを認めるに足りる証拠もないこと

　ウ 　公園施設業協会の遊具の安全に関する規準（案）には，箱形ブランコを

例示して，利用指導が十分ではない場合には遊具として使用することは不適切であると記載されているが，公社にまで通知されていたと認めるに足りる証拠はないこと

などから，本件ブランコについては，設置または保存の瑕疵があったと評価することはできない。

> **本判決のポイント**
>
> 工作物の設置保存の瑕疵に当たるか否かにつき，当該工作物の製造者のみならずその利用者も含めた関与者が，各自の立場において危険の管理につき公平に分担すべき責任があるとしている点が参考になる。

▶ 瑕疵の概念（工作物の属性〜保育園）

No.11　保育園の屋上に設置された駐車場から乗用車が転落し，園庭にいた園児に直撃し死亡した事故につき，保育園の工作物責任を認めた事例

（名古屋地裁平成17年3月29日判決）

〈事案の概要〉

保育園の屋上に設置された駐車場から乗用車が転落し，園庭にいた園児に直撃し死亡した事故が発生した。被害者遺族が，保育園経営者らに対し工作物責任に基づき損害賠償を請求した事案である。

なお，本件駐車場は，本件保育園の職員や保護者の運転する自動車の駐車や方向転換の目的で設置されたものであるところ，本件駐車場柵の南側は，約95センチメートル突き出た本件南側園舎の庇があるのみで，庇の上端から垂直に2.95メートル（本件駐車場柵の基礎上端からは約3.6メートル）本件園庭に落ち込んでいる。また，過去にも同様の落下事故が生じていた（負傷者なし）が，その後特段の措置は講じられていなかった。

〈裁判所の判断〉

裁判所は，概ね以下のように述べて，工作物責任を認めた。
① 園庭には多数の本件保育園園児，保護者および職員が存在していることが予定されているから，本件駐車場から駐車ないし方向転換の自動車が逸脱し

て園庭に落下することは絶対に防止しなければならず，本件駐車場柵は，多数の園児の命を守る生命線というべきものであり，その強度やこれと一体となった本件駐車場の構造については，高度の安全性が要求されるものと解するのが相当である。
② 本件駐車場の構造等は，
　㋐ 本件駐車場柵の強度が7.6トンの衝撃力に耐え得なかったこと
　㋑ 昭和61年9月1日住指発第185号通達「立体駐車場における自動車転落事故防止対策について」によれば，本件事故当時，国土交通省は，立体駐車場における自動車の転落防止対策の設計指針の基準として，床面からの高さ60センチメートルの位置で，幅160センチメートルにわたり，25トンの衝撃力が加わっても自動車の転落を有効に防止できるような装置等を設置することを定めていること
から，本件事故当時，本件駐車場柵の強度は，駐車ないし方向転換自動車の衝突による転落を防止するには不十分であり，工作物の設置保存に瑕疵がある。

> 本判決のポイント
> 　工作物の設置保存の瑕疵に当たるか否かにつき，当該工作物の機能や一体をなす施設の利用者の属性にも着目して判断している点が参考になる。

▶ 瑕疵の概念（保存の瑕疵1）

No.12　通行人の頭上に屋根から氷盤が落下したことによる死亡事故につき，建物所有者の工作物責任を認めた事例
（旭川地裁稚内支部昭和48年11月15日判決）

〈事案の概要〉
　道路上を歩行中の通行人が，折から通りかかった自動車をさけるため道路脇の積雪の上に登った際，建物屋根上から長さ約9メートル，幅約70センチメートル，厚さ約15センチメートルの氷盤が同人の頭上に落下したことによって死亡した。被害者遺族が建物所有者に対し，工作物責任に基づき損害賠償を求めた事案である。

〈裁判所の判断〉

裁判所は、概ね以下のように述べて、工作物責任を認めた。

① 本件では次のような事情が認められる。

　ア 事故当時暖気等の影響で氷盤が屋根から落下した場合には、それが、道路脇の積雪上に落下していくような位置関係にあったこと。

　イ 道路両脇に除雪された雪が積み上げられているため、有効幅員は狭く約4.7メートルほどしかないのに、車の通行が多く、通過する自動車の跳ねあげる泥を避けるために右積雪の上を通行しようとする者のあることが一層強い蓋然性をもって予想されるような状況にあったこと。

　ウ 他方本件建物の道路側の屋根には庇から約50センチメートルのところに丸太を用いた雪止め装置が施されていたものの、その雪止めよりさらに庇よりに付着している氷盤の落下を防止するための設備等はないこと。

　エ 落下した氷盤から通行人を保護するため例えば氷盤の落下する付近一帯に通行人が立ち入ることのないよう何らかの方策を構ずるといった配慮はなされていなかったこと。

② したがって、本件建物の保存については「その屋根に付着した氷盤の落下による危害から通行人を保護するに足りる適切な設備が構ぜられていない」という瑕疵がある。

本判決のポイント

工作物の保存につき、「通行人」も対象に、その時点の実際の状況等において安全性確保のために必要適切な措置が講じられていないことを瑕疵と判断している点が参考になる。

▶ 瑕疵の概念（保存の瑕疵2）

No.13 自転車で歩道上を走行中、車道上に転倒して貨物自動車に轢過されて死亡した事故につき、事故の原因は歩道上に張り出していた生け垣にもあるとして、生け垣の所有者に対する損害賠償請求を認めた事例

（大阪地裁平成19年5月9日判決）

〈事案の概要〉
　7歳の女児が，自転車を運転して，歩道を走行していたところ，車道上に転倒し，進行していた自動車の左後輪に轢過され，死亡した。
　被害者が転倒したのは，歩道部分に沿って栽植された生垣の枝が張り出していたため，それを回避しようとしたことに起因するとして，被害者が生け垣の所有者に対し工作物責任に基づき損害賠償請求を求めた事案である。

〈裁判所の判断〉
　裁判所は，概ね以下のように述べて，工作物責任を認めた。
① 本件歩道は，生け垣により，本件交差点北東角の本件歩道開始地点から門南端までの間で本来幅員約85センチメートルのところが約65センチメートル，門北端から所有者宅方北西角までの間で本来幅員約90センチメートルのところが約25センチメートルと狭められていた。
② 道路に沿って設置された竹木の管理者は，その竹木が交通の往来に危険を及ぼすおそれがあると認められる場合には，その危険を防止するため道路上に竹木がはみ出さないようにするなど必要な措置を講じなければならないというべきであり，そのような措置を講じることなく竹木を放置していた場合には，通常有すべき安全性を欠いており工作物の設置保存上の瑕疵がある。
③ ただし，被害者側にも過失がある（過失割合（25％））。

> **本判決のポイント**
>
> 生垣の管理等に不備があり歩道等の通行の妨げとなる場合には，その所有者や占有者は工作物責任を負うとした点で参考になる。

▶ 瑕疵の概念（否定1）

> №14　ビルの電動シャッターの操作につき，その開閉が内部からのみなされるようになっていた場合に，そのシャッターの外側から腕を差しこんで内側のスイッチを押したことによる右上腕切断等の傷害につき，工作物責任を否定した事例
> 　　　　　　　　　　　　　　　（浦和地裁昭和57年9月29日判決）

〈事案の概要〉

　ビル内に入店している飲食店の従業員が，深夜，ビルのシャッターを開けようとしてその外側から腕を差し入れてシャッターボタンを押したところ，シャッターの鉄格子の間隔が狭いこととシャッターが上昇し始めたため，腕が抜けなくなり，そのまま身体全体を吊り上げられ，シャッターと戸袋にはさまれて負傷した。被害者が，建物所有者と勤務先飲食店経営者に対し，それぞれ工作物責任および債務不履行責任に基づき損害賠償を請求した事案である。

〈裁判所の判断〉

　裁判所は，概ね以下のように述べて，工作物責任および債務不履行責任を否定した。

① 工作物責任（対建物所有者）について
　ア　本件シャッターの外部から手を差しこんで本件シャッターを操作することが極めて危険であることは一見して明白である。
　イ　そのような操作方法は，本来予定されていない。
　ウ　したがって，建物の入口全部に内部からしか操作しえないシャッターを設置し，かつ，シャッターを外部から操作することが不可能ではない位置にスイッチボックスを設置していなかったからといって，本件シャッターの設置・保存に瑕疵はない。

② 債務不履行責任（対勤務先会社）について
　ア　労働契約に伴う付随義務として従業員に対しその生命，身体，健康を保護し，労災死傷病事故の発生を防止する義務を負うというべきである。
　イ　しかし，この義務は，会社の業務とは全く無関係な，純然たる私的行為により発生する危険まで包含するものでない。
　ウ　被害者は，退社後飲食後に忘れ物を取りにビルに戻りシャッターを開けようとして事故が発生したことから，事故は，被害者の私的行為によって発生したものというべく，このような場合にまで会社は安全配慮義務を負うものではない。

> [本判決のポイント]
>
> 　工作物の設置保存に瑕疵があるか否かにつき，被害者の当該工作物の利用態様如何によっては瑕疵が否定されるとしている点が参考になる。

▶ 瑕疵の概念（否定2）

No.15 保養所内の食堂のガラス戸に子供が衝突して死亡した事故につき，右ガラス戸にガラスの存在を明示する設備のなかったことは瑕疵に当たらないとして，工作物責任を否定した事例

(東京地裁昭和57年12月27日判決)

〈事案の概要〉
　保養所の1階にある食堂（以下「本件食堂」という）内にいた子供が，食堂のガラス戸を通して庭に父親が立っているのを認め，ガラス戸が開放されているものと信じてガラス戸に向かって走りより，そのまま激突して死亡した。被害者遺族が，建物所有者に対し，工作物責任に基づき損害賠償を請求した事案である。

〈裁判所の判断〉
　裁判所は，概ね以下のように述べて，工作物責任を否定した。
① 工作物の「瑕疵」とは，工作物が通常有すべき安全性を欠いていることをいうが，「工作物の占有者又は所有者は，およそ想像しうるあらゆる危険の発生を防止しうべきことまで想定して危険防止の設備をする必要はなく，当該工作物の構造，用途，場所的環境及び利用状況等諸般の事情を総合考慮したうえ，具体的に通常予想される危険の発生を防止するに足るもので必要かつ十分であると言うべきであり，利用者の通常の用法に即しない行動の結果生じた事故については占有者又は所有者としての責任を負うべき理由はない。」
② 本件については，
　　⑦ 主として，本件保養所の利用客に本件食堂からの景観を楽しんでもらうために設置されたものであって，人が頻繁に出入りする建物部分に常時開閉されるものとして設置されたものではないこと
　　④ その設置場所が食堂であることから，その近辺において児童や幼児が遊んだり，走り回ったりするという事態も通常予測されるところではないこと
　　⑦ 本件事故は，保養所の利用客の例に反して父親が本件食堂からその南側部分にある庭に降り立ったことを誘因とし，かつ，被害者が本件食堂内を勢いよく本件ガラス戸に向かって走行したことを直接の原因とするもの，換言すれば，通常予測することができない要因が偶然に重なり合った結果

起こったものであること

から，本件事故当時，事故の発生を防止するために，ガラス戸等にテープを貼り付けるなどして，人にガラスの存在を察知させる措置を講じていなかったとしても，ガラス戸等の設置または保存に瑕疵があったということはできない。

> **本判決のポイント**
>
> 工作物の設置保存に瑕疵があるか否かにつき，利用者の通常の用法に即しない行動の結果生じた事故については否定されるとしている点が参考になる。

▶ 瑕疵の概念（否定3）

No.16 市が管理する施設敷地内に早朝原動機付自転車で進入しようとした新聞配達員が，前夜初めて設置された入口鎖に触れて転倒し，死亡した事故について，市の工作物責任を否定した事例

（徳島地裁平成8年3月8日判決）

〈事案の概要〉

新聞配達員が，新聞を配達するため，市の設置・管理する施設の敷地構内に原動機付自転車で進入しようとしたところ，市の施設職員が同所に設置した鎖に引っ掛かって転倒し，死亡した事故が発生した。被害者遺族が市に対し，工作物責任および不法行為責任に基づき損害賠償を請求した事案である。

〈裁判所の判断〉

裁判所は，概ね以下のように述べて，工作物責任・不法行為責任を否定した。
① 工作物責任について
　ア　別に正面出入口があり，本件出入口は裏の出入口であって，市は夜間における無用あるいは不法な構内への侵入，利用を排除するため，鎖を敷地管理権に基づき設置したもので，目的も方法も相当なものである。
　イ　照明等により通常要求される程度の前方に対する注意を怠ってさえいなければ鎖の存在に当然気付きうるものであって，本件鎖の幅が不十分であるとか，見えにくい色彩であって，その存在を認識することが困難なもの

とはいえない。

ウ　したがって，工作物の設置保存に瑕疵はない。

② 不法行為責任について

　万一，よそ見をするなどして本件鎖の存在に気付かずに通行しようとする者のあることなどを予見して，開閉式の扉等により閉鎖すべきであるとか，入口を鎖で閉鎖した旨の表示，警告を鎖の手前の位置に立て札等で，いわば二重に明らかにしておく注意義務があるとまでいうことはできず，被告側に過失はない。

　本判決のポイント

　　工作物の設置保存に瑕疵があるか否かにつき，被害者の当該工作物の利用態様如何によっては瑕疵が否定されるとしている点が参考になる。

▶ 因果関係（自然力との競合１）

No.17 地震により賃貸マンション１階部分が倒壊し，１階部分の賃借人が死亡した事故につき，建物に瑕疵があるとして，工作物責任を認めた事例

(神戸地裁平成11年9月20日判決)

〈事案の概要〉

阪神淡路大震災により賃貸マンション１階部分が倒壊し，１階部分の賃借人が死亡した。被害者の親族が，本件建物が建築当時の建築基準法令に定める技術的水準に適合せず，かつ地震等の水平力に対する抵抗要素が皆無の危険な建物であるとして，建物所有者に対し工作物責任に基づき損害賠償を請求した事案である。

〈裁判所の判断〉

裁判所は，概ね以下のように述べて，工作物責任を認めた。
① 耐震強度不足が瑕疵に当たることについて
　補強コンクリートブロック造の設計および施工は細心の注意を払って行わなければならないところ，本件建物は設計上も壁厚や壁量が不十分であり，それを補うために軽量鉄骨で補強するとの考え方で設計されたとしてもその妥当性に疑問があり，さらに，実際の施工においても，コンクリートブロック壁に配筋された鉄筋の量が十分でない上，その鉄筋が柱や梁の鉄骨に溶接等されていないため壁と柱とが十分緊結されていない等補強コンクリートブロック造構造の肝要な点に軽微とはいえない不備があり，結局，本件建物は，建築当時の基準に考えても，建物が通常有すべき安全性を有していなかったものと推認することができ，建物の設置の瑕疵があった。
② 原因の競合と賠償額の算定
　本件建物が仮に建築当時の設計震度による最低限の耐震性を有していたとしても本件建物は倒壊していたと推認できるとしても，「建築当時の基準により通常有すべき安全性を備えていたとすれば，その倒壊の状況は（中略）大いに異なるものとなっていたと考えるのが自然であって，（中略）本件賃借人の死傷は，本件地震という不可抗力によるものとはいえ，本件建物自体の設置の瑕疵と想定外の揺れの本件地震とが，競合してその原因となっているものと認めることができる。」したがって，損害に対する地震の寄与度を5割と評価して，損害賠償額は，実際に生じた損害の5割相当額である。

> **本判決のポイント**
> 本判決は，耐震強度が建築当時の基準に満たない場合は建物の設置の瑕疵に該当するとするとともに，地震などの天災などによって実際の損害が発生した場合には，それぞれの原因の「寄与度」を考慮して賠償額を決定している点が参考になる。

▶ 因果関係（自然力との競合2）

No.18 台風のため屋根瓦が飛散し，隣家に損害が生じた事故につき，工作物責任を認めた事例

(福岡高裁昭和55年7月31日判決)

〈事案の概要〉
　台風のため屋根瓦が飛散し，隣家の敷地内に落下し，隣家の建物や車庫の外壁に当たって損傷が生じた。これに対し，隣家所有者が，屋根瓦を飛散させた建物所有者に対し，屋根瓦を固定するなどして屋根瓦が風によって飛散しないようにしていなかった瑕疵が存在するとして，工作物責任に基づき損害賠償を請求した事案である。

〈裁判所の判断〉
　裁判所は，概ね以下のように述べて，工作物責任を認めた。
① 台風のため屋根瓦が飛散し損害が生じた場合において，土地工作物に瑕疵がないというのは，一般に予想される程度までの強風に堪えられるものであることを意味する。事故があった北九州を台風が襲う例は南九州ほど多くはないが，過去にもあり，当該建物には予想される程度の強風が吹いても屋根瓦が飛散しないよう備えがあるべきであるから，その備えがないときには，台風という自然力が働いたからといって，当該建物に瑕疵がないとか，瑕疵と損害との間の因果関係を欠くということにはならない。
② 建物の屋根瓦は風速未だ14.5メートルに達しない昼すぎ頃以降に飛散し始めており，かつ台風通過後の本件建物の屋根の被害状況はその附近一帯の建物の屋根がそれに比べて比較的大きかったことから，その「建物の屋根には小穴をあけた硬い瓦を針金で屋根に固定するとか，屋根瓦を止め金で固定す

るとか，漆喰で固定するとか，瓦の固定について建物所有者の保護範囲に属する本来の備えが不十分であったと推認することができ，ひいては右屋根の設置又は保存に瑕疵があったというべきである。」
③ 実際の損害賠償額については，隣家所有者が損壊部分の補修に要した金額の3分の1が相当である。

> **本判決のポイント**
>
> 自然災害と称されるものであっても，実際の事故のあった状況や付近の被害状況をもとに，通常有すべき安全性が備わっていたかが判断されている点が参考になる。

▶ 因果関係（自然力との競合3）

No.19 建物に瑕疵がある場合，実際の損害が予測困難な自然力によるものであったとしても所有者に応分の工作物責任が認められるとした事例

(東京地裁平成4年3月9日判決)

〈事案の概要〉
本件は，マンションの一室のベランダに溜まって溢れた雨水が室内に浸水し，その雨が同室真下に位置する別の住戸に浸水し，その住戸の居室，家財に被害が生じた事案である。浸水の原因となった住戸は賃貸借に供されており，貸主が所有者，借主が占有者という立場になる。漏水の際の雨は，1時間あたりの降水量が35ミリメートルを超え，場所によっては50ミリメートルを超える豪雨が2時間ないし3時間続くという，通常の予測を超えた豪雨だった。被害者である階下住戸の住人が，浸水原因となった物件の所有者および占有者に対し，工作物責任に基づき損害賠償を請求した事案である。

〈裁判所の判断〉
裁判所は，概ね以下のように述べて，工作物責任を認めた。
① 本件豪雨による浸水事故は，占有者である借主が，忠実に南側排水口および東側排水口の塵芥を完全に除去していれば，発生を回避できた可能性を否定することはできず，少なくともそのような完全な注意を行っていれば，か

385

かる大きな損害を回避できたことは明らかである。
② 1時間あたりの雨量が非常に大きく，両方の塵芥が完全に除去されていたとしても浸水を回避することができなかった可能性もあるが，塵芥の除去を怠った過失と事故発生の因果関係そのものを否定することはできないので，借主には占有者としての損害賠償責任がある。
③ 本件ベランダの東側の排水口は，サンルームの構築により，塵芥の完全な除去が容易でない状況となっており，このため，本件事故による損害が増大していること，また，本件ベランダがタイル張りのために底上げされ，そのために，損害の発生が増大したことなどが認められるから，貸主には所有者としての損害賠償責任がある。
④ ただし，本件豪雨の程度を勘案し，自然力と建物の瑕疵とが競合して損害が生じたことから，その損害に対する自然力の寄与度を5割として，損害賠償額は請求額の2分の1とする。

> **本判決のポイント**
>
> 清掃等の不備が保存上の瑕疵とされる場合がある点に注意が必要である。また，自然力と瑕疵とが競合した場合，「寄与度」という概念によって，損害賠償額を調整する点が参考になる。

▶ 工作物責任（所有者・占有者１）

> **No.20** 雑居ビルの一室に設けられたサウナ風呂の木製椅子が無煙着火による火災を起こし，入浴客が逃げ場を失って一酸化炭素中毒により死亡した事故につき，サウナ風呂の開発・製造業者の不法行為責任，サウナ風呂の経営者および貸ビル業者の各工作物責任の競合が認められた事例
>
> （東京地裁昭和55年４月25日判決）

〈事案の概要〉

被害者がサウナ風呂に入浴中，火災が発生し，被害者は逃げ遅れて一酸化炭素中毒により死亡した。この火災の事件の原因はサウナ風呂のヒーターによる低音無煙着火現象によるものであったと認定されている。

被害者の相続人が，サウナ風呂が所在する貸ビルの所有者（被告１），サウナ風呂の開発製造業者（被告２），その代表者（被告３），サウナ風呂の経営者（被告４），サウナ風呂販売会社の取締役で被告２の開発に参画したもの（被告５）に対し，それぞれ損害賠償を請求した事案である。

〈裁判所の判断〉

① 被告４は，占有者であり，本件サウナ風呂には非常灯や消火器等が設置されていないことから設置保存上の瑕疵が認められ，工作物責任が成立する。

② 被告１は，賃貸人とはいえ，本件部屋内部の事実上の管理支配を有しているために瑕疵を修復しうる立場であったこと，近代的な雑居ビルにあってはその特殊性も考えられるため，所有者兼賃貸人が各賃借人の部屋内部についても必ずしも十分な管理能力のない賃借人と共同して管理し瑕疵を修補すべきことから，被告１も被告４と競合して占有していたと認めることができ，被告１，被告４につき競合的に占有者としての工作物責任が成立する。

③ 被告３，被告５には，研究開発上，十分に検討，実験を重ねて本件のような着火がないような構造にするなど，火災発生を未然に防止すべき注意義務を怠ったとして不法行為責任が，被告２には使用者責任が成立する。

（本判決のポイント）

建物を賃貸している所有者であっても，部屋内部の事実上の管理支配を有しているために瑕疵を修復しうる立場であったなどの特段の事情がある場合には，工作物の設置保存につき占有者の立場での責任が問われうるとした点が参考になる。

▶ 工作物責任（所有者・占有者２）

No.21 温泉施設に設置されたエレベーターの扉に客がはさまれて負傷した事故につき，施設の経営会社の土地工作物責任が否定され，所有者の土地工作物責任が肯定された事例

（東京地裁平成18年９月26日判決）

〈事案の概要〉

　温泉施設の利用者である４人が施設内のエレベーターから降りた際，最後に降りようとした被害者がエレベーターの扉にはさまれて負傷した事故につき，被害者が，温泉施設の経営会社および所有者に対し工作物責任に基づき損害賠償を請求した事案である。

〈裁判所の判断〉

　裁判所は，概ね以下のように述べて，所有者の工作物責任を認めた。

① エレベーターの扉が，通常のエレベーターより高速で閉まったため，最後に降りようとした被害者が胸をはさまれるかたちになり，かつ，扉がすぐには開かなかった（ただし，数秒もしないうちに開いた）ことなどから，本件事故は，ドアの開閉時間，セフティシューおよび過負荷ドア反転装置（かごドア先端に乗降する人が触れたり，はさまったりした場合にドアを反転させる）の作動状況等の要因が重なって生じたものであることが推認される。

② 本件施設が温泉施設であり，利用者が薄い館内着を着用することがあることを考慮すれば，①のような状況が生じたことは，施設の設置・保存の瑕疵といわざるをえない。

③ しかし本件施設において，本件事故以前には同様の事故はなかったことから，温泉施設の経営会社としては，専門業者にメンテナンスを任せることで損害の発生を防止するのに必要な注意は尽くしているものというべきであるから，占有者の責任は否定され，温泉施設の建物所有者の工作物責任が認められる。

> **本判決のポイント**
>
> 工作物責任における占有者の責任につき，過去に同種の事故がなかった場合などでは，専門業者にメンテナンスを任せることで損害の発生を防止するのに必要な注意は尽くしているとしてその責任を否定している点が参考になる。

▶ 管理者の法的責任1 (「判例一覧」No.4-7)

No.22 大規模小売店の雪で凍った店外階段で顧客が転倒した事故につき，建物所有者および管理会社に対する損害賠償請求を認めた事例

(札幌地裁平成11年11月17日判決)

〈事案の概要〉

北海道に所在する大規模小売店の店外階段が，雪で凍っており，その階段を利用した客が転倒し負傷した事故につき，被害者が建物所有者に対し工作物責任に基づき，管理会社に対し不法行為責任に基づき，損害賠償を請求した事案である。

〈裁判所の判断〉

裁判所は，概ね以下のように述べて，建物所有者の工作物責任および管理会社の不法行為責任を認めた。

① 建物所有者の注意義務

本件建物の所有者は，本件建物を商業施設として賃貸しているが，多数の顧客の出入りが予想されるのであるから，利用する顧客に対し，安全性の確保された施設を用意し，あるいは施設の安全性を確保するように管理して本件建物を商業施設として提供する注意義務がある。

② 管理会社の注意義務

管理会社は，本件建物の管理の委託を受けているが，多数の顧客が利用する商業施設であるから，顧客に対し，本件建物の安全性を確保するように管理して本件建物を商業施設として提供する注意義務がある。

③ 本件建物に付属する本件階段についてみれば，野外の階段であって，雪が積もったり，氷が付着したりするから，被告らは，歩行者が足を滑らせないように安全性を確保して管理すべき注意義務があった。にもかかわらず，設置したロードヒーティングの温度管理を十分行わないまま，氷を付着させて原告に利用させた過失により，本件事故を発生させた。

④ 雪国で生活する人間にとって，雪や氷で覆われた道路や階段で転倒しないように注意して歩行することは当然のことであり，転倒しないように注意すべき自己責任があるが，多数の顧客の出入りが予想される商業施設を提供・管理している場合に，歩行者に自己責任があるからといって，通常予想される態様で施設を利用する歩行者に対し，その安全性を確保した施設を提供す

るとともに安全性を確保できるように施設を管理すべき注意義務があることは否定できない。
⑤　ただし，被害者側にも過失がある（過失相殺（5割））。

本判決のポイント

管理会社の責任につき，管理物件の属性に応じ建物の安全性確保に当たって高度の注意義務を負うとしている点や，被害者の自己責任論にも限度があるとしている点が参考になる。

▶ 管理者の法的責任2

No.23　デパートの歩行客専用のエスカレーターに乗って2階に昇行中の客が，同エスカレーターで商品を運搬中の納入業者と接触するなどして負傷した事故について，ビルの経営管理者に対する損害賠償請求が否定された事例

（名古屋地裁昭和60年7月19日判決）

〈事案の概要〉

デパートの歩行客専用のエスカレーターで商品を運搬中の納入業者が，2階床に至る直前で，エスカレーターの左側ベルトが下に巻き込んでいく部分に手押車に乗せたダンボール箱をつかえさせ，エスカレーターの進行にもかかわらず前進することができない状態になり，足踏みを何回か繰り返して停止した。そこに同じエスカレーターに乗って2階に昇行中の客が接触し，転落の危険を感じるなどのショックを受け，高血圧性脳症といわれる病症を呈した。

被害者が，納入業者およびその社員と，ビルの経営管理者に対し，不法行為に基づき損害賠償を請求した事案である。

〈裁判所の判断〉

裁判所は，概ね以下のように述べて，実際の加害者である納入業者の責任を認める一方で，ビルの管理者の責任は認めなかった。
① 納入業者について
　納入業者が荷物を搬入する際には，一般客に思わぬ危害を与えないよう，歩行客専用の本件エスカレーターの利用を差し控えるべき注意義務があるの

に，これを怠った過失がある（あわせて，勤務先会社社長にも使用者責任があるとした）。
② ビルの経営管理者について
　ア　ビルの管理に当たり，館内規則を定め，テナントの従業員の通用口，エレベーター，階段利用について，一般客が利用するものとは別に指定し，各テナントへの納入業者の出入りについても従業員に準ずる者として右規則を遵守するよう指導を重ね，特に正面出入口ならびに歩行客専用のエスカレーターによる納入業者の出入りについては何度か注意をしてきた。
　イ　6名の警備員を交替で常時3名は配置し，1名は警備室に詰めているものの，2名は館内を巡回し，本件のごときエスカレーターの不正規な利用を規制することにも努めていた。
　ウ　したがって，ビルの管理者に要請されるエスカレーターの利用に関する注意を基本的に尽くしているものということができ，ビルの経営管理者の過失は認められない。

> **本判決のポイント**
> 　工作物の管理者の過失につき，注意義務の内容を具体的に示している点が参考になる。

▶ 設計・施工者の法的責任

No.24　建物の設計者，施工者または工事監理者が建築された建物の瑕疵により生命，身体または財産を侵害された者に対し不法行為責任を負うとされた事例

(最高裁平成19年7月6日判決)

〈事案の概要〉

　9階建ての共同住宅・店舗として建築された建物をその建築主から購入した買主らが，当該建物にはひび割れや鉄筋の耐力低下等の瑕疵があると主張して，上記建築の設計および工事を監理した者およびその施工をした者に対し，不法行為に基づき損害賠償を請求した。原審が請求を認めなかったため，買主らがその判決を不服として最高裁に上告した事案である。

〈裁判所の判断〉

　裁判所は，概ね以下のように述べて，不法行為責任が認められるかどうかを改めて審理するよう原審に差し戻した。

① 建物は，そこに居住する者，そこで働く者，そこを訪問する者等の様々な者によって利用されるとともに，当該建物の周辺には他の建物や道路等が存在しているから，建物は，これらの建築利用者や隣人，通行人等（以下，併せて「居住者等」という）の生命，身体または財産を危険にさらすことがないような安全性を備えていなければならず，このような安全性は，建物としての基本的な安全性というべきである。

② 建築物の建築に携わる設計者，施工者および工事監理者は，建物の建築に当たり，契約関係にない居住者等に対する関係でも当該建物に建物としての基本的な安全性が欠けることがないように配慮すべき注意義務を負うとするのが相当である。

③ 設計・施工者等がこの義務を怠ったために建築された建物に建物としての基本的な安全性を損なう瑕疵があり，それにより居住者等の生命，身体または財産が侵害された場合には，設計・施工者等は，不法行為の成立を主張する者が上記瑕疵の存在を知りながらこれを前提として当該建物を買い受けていたなど特段の事情がない限り，これによって生じた損害について不法行為による損害賠償責任を負うというべきである。

> **本判決のポイント**
>
> 建築物の建築に携わる設計者，施工者は，建物の建築に当たり，契約関係にない居住者等に対する関係でも当該建物に建物としての基本的な安全性が欠けることがないように配慮すべき注意義務を負い，建物としての基本的な安全性を損なう瑕疵がある場合には，違法性の強度にかかわらず不法行為責任が成立するとしている点が参考になる。

(参考)

この最高裁判決の差し戻し審である福岡高裁平成21年2月6日判決は，建物として基本的な安全性として，「居住者等の生命・身体又は財産に対する現実的な危険性を生じさせる瑕疵をいう」とし，具体的には，「建物の一部の剝落や崩落による事故が生じるおそれがある場合」もこれに該当するとしている（ただし事案についてはこの点の瑕疵はないとして，買主らの請求を認めなかった）。

▶ 債務不履行責任1 (保安管理契約)

No.25 ビル火災についてのビル所有者に保安管理契約上の債務不履行があるとして損害賠償を命じた事例

(大阪地裁昭和56年1月26日判決)

〈事案の概要〉

ビルの賃借人の一人が行っていた改装工事を請け負っていた工事関係者の一人の煙草の不始末が原因で火災が発生し,多数の犠牲者を出した。本件はこのビルのテナントとして1区画を借りていた原告らが,ビルの所有者である被告に対して,債務不履行責任に基づき損害賠償を請求した事案である。

〈裁判所の判断〉

裁判所は,概ね以下のように述べて,債務不履行責任を認めた。

① 被告は原告との間に賃貸借契約を締結すると同時に,原告の代わりに夜間,火災発生の防止および盗難等を防止するために,宿直の保安員を配属させ事故等が起きないよう約束をしていたこと,被告は原告に対して一部の保安員の人件費に充当すべき金銭を徴収していたことから,原告との間に保安管理契約が締結されたと認められる。

② 被告は,夜間工事に保安員を立ち合わせていなかったこと,区画シャッターを閉鎖していなかったことにより火災を発生させ,被害も甚大にしてしまったことから,この保安管理契約違反として,債務不履行責任が成立する。

[本判決のポイント]

建物の賃貸借関係において,具体の事情によっては,賃貸借契約とは別に,保安管理契約がなされたとして,貸主の債務不履行責任が問われうるとしている点が参考になる。

▶ 債務不履行責任2 (賃貸借契約)

No.26 ガス湯沸器を原因とする一酸化炭素中毒事故につき,ガス器具の点検業者の責任が肯定され,ガス器具の販売業者,設置業者,賃貸人の責任が否定された事例

(札幌地裁平成10年7月28日判決)

〈事案の概要〉
　ガス湯沸器を使用中に一酸化炭素中毒になり死亡した被害者の遺族が，ガス湯沸器の保守点検業者，湯沸器を設置していた部屋の賃貸人，湯沸器の設置業者に対し，損害賠償を請求した事案である。
　本件の事故原因は，湯沸器のはんだが割れていたことによって強制排気ファンが回転したり停止したりする状態になっていたため，改造（追加配線の実施）をしたところ，それによって本来備えてあった安全装置が稼動しなかったことにあると認定されている。

〈裁判所の判断〉
　裁判所は，それぞれの者の責任について以下のように判断した。
① ガス湯沸器の販売業者は，その機器のはんだは通常要求される水準にあったこと，改造をしなければ安全装置は作動する仕組みだったために販売時の瑕疵は認められないこと，本件の場合には追加配線の実施を説明する義務や商品欠陥情報などを提供する義務も認められないことから，責任は否定される。
② ガス供給業者（点検修理を行っていた者）は，本件改造が行われた後にガス器具の点検をしているのにも関わらず，はんだ割れの発生やその危険性，追加配線により安全装置が作動しないことを発見できなかったことに過失があり，責任が肯定される。
③ 賃貸人（所有者）は，賃借人に対する安全配慮義務があることは認められるが，賃貸人はガスの専門家ではないので，特段の事情がない限りガス設備に関する専門家に点検を依頼することで安全配慮義務は履行されているとし，本件では，2年ごとの定期点検と，賃借人の交代の度に点検を依頼していたことから過失はなく，責任は否定される。
④ ガス湯沸器設置業者は，湯沸器の設置当時に瑕疵があったとは認められないので，責任は否定される。

> **本判決のポイント**
> 　工作物の設置保存に関与するそれぞれの立場における注意義務の内容等が指摘されている点が参考になる。

▶ 刑事責任 1

No.27 ホテルの火災事故においてホテルを経営する会社の代表取締役に業務上過失致死傷罪が成立するとされた事例

(最高裁平成5年11月25日決定)

〈事案の概要〉

ホテル内の客室から出火し，スプリンクラー設備やこれに代わる防火区画が設置されておらず，従業員らも適切な初期消火活動や宿泊客らに対する通報，避難誘導等ができなかったため，多数の宿泊客らが死傷した火災事故が発生した。第一審では，被告人であるホテル代表取締役社長（防火管理者ではない）が禁錮3年の実刑判決となり，被告人側が判決を不服として上告したのが本事案である。

〈裁判所の判断〉

裁判所は，概ね以下のように述べて，被告人の業務上過失致死傷罪の成立を認めた。

① 被告人は代表取締役として，本件ホテルの経営，管理事務を統括する地位にあり，その実質的権限を有していたのであるから，多数人を収容する本件建物の火災の発生を防止し，火災による被害を軽減するための防火管理上の注意義務を負っていた。

② また，被告人は，本件ホテル内から出火した場合，早期にこれを消火し，または火災の拡大を防止するとともに宿泊客らに対する適切な通報，避難誘導等を行うことにより，宿泊客らの死傷の結果を回避するため，消防法令上の基準に従って本件建物にスプリンクラー設備または代替防火区画を設置するとともに，防火管理者を指揮監督して，消防計画を作成させ，従業員らにこれを周知徹底させ，これに基づく消防訓練および防火用・消防用設備等の点検，維持管理を行わせるなどして，あらかじめ防火管理体制を確立しておくべき義務を負っていた。

③ 被告人には，これらの義務を怠り必要な措置を講じていなかった業務上の過失がある。

:::: 本判決のポイント
別に防火管理者等を置いている建物の所有者・経営者においても，防火管理上の注意義務等が存在するとし，業務上過失致死傷罪が成立しうるとしている点が参考になる。
::::

▶ 刑事責任2

No.28 賃貸マンションの所有会社の代表者につき，同マンションの居室において発生した室内湯沸器の不完全燃焼による一酸化炭素中毒事故発生に対する予見可能性が認められた事例

(札幌地裁平成16年9月27日判決)

〈事案の概要〉

　賃貸マンションの一室において，居住者が室内湯沸器を使用していたところ，不完全燃焼による一酸化炭素中毒により死亡した事故が発生した。賃貸マンション所有会社の代表者に業務上過失致死傷罪が問われた事案である。

　この賃貸マンションは老朽化し，各戸の設備・備品として，各居室内に設置されていたガス瞬間湯沸器および各居室の天井裏を経て戸外へ通じる燃焼ガスを排出するための金属製排気筒の多数について，同排気筒が腐食して穴が開くなどしていて十分に排気することができないなどの状況であったこと，自主点検により，事故が発生する危険性と，事故を防止するため全排気筒を交換することが必要であるとの指摘を受けていたことなどが認定されている。

〈裁判所の判断〉

　裁判所は，概ね以下のように述べて，建物所有者の業務上過失致死傷罪の成立を認めた。

① 自主点検の報告書を閲読した被告人としては，多数の排気筒に欠陥があることを認識しまたは予見しえたしそれが在室者に一酸化炭素中毒をもたらし死傷する可能性があることも十分に予見することができた（予見可能性あり）。

② そして，本件マンションを所有するA社の業務全般を統括管理する代表取締役である被告人は，被害者を含む本件マンションの居住者に対し，自主点検の結果を速やかに通知し，湯沸器の使用に当たっての注意を喚起するとともに，欠陥のある排気筒を交換するなどして，湯沸器の不完全燃焼による一酸化炭素中毒事故の発生を未然に防止すべき義務を負っていたにもかかわらず，こうした措置を行わずに約10か月間も放置していた（結果回避可能性・結果回避義務あり）。

③ したがって，被告人には業務上の過失がある。

> **本判決のポイント**
>
> 建物所有者にも，安全上の問題が指摘されていたにもかかわらず放置しているなどの場合には，業務上過失致死傷罪が成立するとしている点が参考になる。

▶ 刑事責任3

No.29 自動回転ドアによる事故において，ドアの開発者と管理会社の責任者につき業務上過失致死傷罪が認められた事例

(東京地裁平成17年9月30日判決)

〈事案の概要〉

ビルに設置された大型自動回転ドアに児童がはさまれて死亡した事故につき，メーカーにおける開発，設置の責任者1名および当該ビルの管理会社における設備の改修，管理，運営の責任者2名に対し，業務上過失致死傷罪が問われた事案である。

〈裁判所の判断〉

裁判所は，概ね以下のように述べて，それぞれの業務上過失致死傷罪の成立を認めた。

① メーカーにおける開発，設置の責任者の過失について

メーカーの責任者は，それまでに販売，設置してきた大型自動回転ドアに人がはさまれる事故が多数発生しており，事故があったビルにおいても同様の事故があったことを認識していて，本件事故発生の予見可能性があった。したがって，本件自動ドアの引渡し等に際し，一定の安全対策を講ずべき業務上の注意義務があったにもかかわらず，これを怠り，漫然と引渡し運転させた過失がある。

② ビルの管理会社における設備の改修，管理，運営の責任者の過失について

管理会社の責任者は，本件ビルにおいて多数の人身事故が発生したことなどを認識しており，本件事故発生の予見可能性があった。したがって，本件自動ドアの運転に際しては，一定の安全装置を備え付ける安全対策や，警備の人員の配置等安全に運行するための方策を講ずべき業務上の注意義務があ

ったにもかかわらず，これを怠って運転し続けた過失がある。
③　なお，量刑においては，危険性を容易に認識しえたメーカーの開発，設置の責任者1名の責任を，危険性につき十分な説明を受けていなかった管理会社の2名に比べて重いと評価して，前者につき禁錮1年2月，後2者につき禁錮10月としている（いずれも執行猶予付き）。

> **本判決のポイント**
>
> 　建物等に設置されている設備に起因する事故について，設備の運用時の管理体制のあり方如何によっては管理会社も刑事責任を問われうるとしている点が参考になる。

▶ **刑事責任4**

No.30　雑居ビルの火災事故において，ビルを所有する会社の実質的経営者および代表取締役に業務上過失致死傷罪が成立するとした事案

（東京地裁平成20年7月2日判決）

〈事案の概要〉

　歓楽街に所在する5階建ての雑居ビルにおいて，3階エレベーターホール付近から火災が発生し，事故当時，同ビルの階段やエレベーターホールに各テナントによって置かれていた物品が多数存在し，店舗内の煙感知器や防火戸も正常に作動しなかったことから，同ビル内の店舗等にいた客や従業員44名が死亡した。
　同ビルの所有者である会社の実質的経営者であった被告人Y1および同社の代表取締役であった被告人Y2には，同ビルの階段やエレベーターホールに各テナントによって置かれていた物品の撤去や，煙感知器等の維持管理を適切に行うことにより本件ビルの客および従業員の生命・身体の安全を確保し，死傷者の発生を未然に防止すべき業務上の注意義務があるのに，これを怠ったとして，業務上過失致死傷罪が問われた事案である。

〈裁判所の判断〉

　裁判所は，概ね以下のように述べて，それぞれの業務上過失致死傷罪の成立

を認めた（禁錮3年執行猶予5年）。
① 本件ビルの階段やエレベーターホールにおける物品の放置状態が解消され，防火戸等が正常に作動するよう維持管理されていれば本件事故の結果発生は防げた。
② 被告人らはいずれも本件ビルの管理権原者として，本件ビルの階段やエレベーターホールにおける物品の放置状態を解消するとともに，防火戸等が正常自動的かつ正常に閉鎖するよう維持管理すべき義務があった。
③ 深夜ないし未明まで不特定多数の人が出入りする雑居ビルである本件ビルは，いったん火災が発生すれば，従業員や客らの生命，身体に危険が及ぶおそれが高い構造物であったといえること，近隣の火災発生件数や出火事例，本件ビルの消防用設備の管理不十分な状態についても未必的に認識していたこと等からすれば，被告人らは本件ビル内での火災発生とその重大な結果につき予見できた。
④ したがって，被告人らは本件ビルの階段やエレベーターホールに置かれていた物品を撤去する措置や，防火戸等が正常に作用するよう維持管理する措置を講ずべき義務があったにもかかわらず，その義務を怠った過失がある。

本判決のポイント

建物等の火災等において，防火管理上問題がある建物の占有者の行為を放置していたなどの事情がある場合には，占有者のみならず所有者も刑事責任が問われうるとしている点が参考になる。

Ⅱ　その他建築関連の不法行為に係る裁判例

以下は,「法律紛争に見る企業コンプライアンスとリスク」(61ページ) 中に列挙されている「4．民法関係」の判例を,より詳細に紹介したものである。

▶ 工事の瑕疵による請負契約の解除 (「判例一覧」No.4-1)

> **No.31** 内装工事途中の建物に契約の目的を達成することができないような重大な瑕疵がある場合,注文者は債務不履行の一般原則によって(履行不能を理由として)契約を解除することができるとされた事例
>
> (東京高裁平成3年10月21日判決)

〈事案の概要〉

本件は,建物建築請負契約に基づく建築工事が進行し,上棟式を経て外壁も備わり,建物としての外観も一応整った段階で,建築工事途上の建物には全体にわたって手抜き工事や回復しがたい施工ミスがあり,修復も不可能であることが判明したとして,その注文者が,請負人の債務不履行(履行不能)を理由として,請負契約を解除し,原状回復義務の履行請求として既払の請負代金の返還等を求めた事案である。

〈裁判所の判断〉

裁判所は,概ね以下のように述べて,契約の解除を認めた。
① 民法第635条によれば,建物その他土地の工作物に関する請負契約においては,仕事の目的物に契約の目的を達成することができないような重大な瑕疵がある場合であっても,注文者はその請負契約を解除することができない旨規定しているが,仕事の目的物である建物等が社会的経済的な見地から判断して契約の目的に従った建物等として未完成である場合にまで,注文者が債務不履行の一般原則によって契約を解除することを禁じたものではない。
② 本件では,以下の事情が認められる。
　　ア　建築工事そのものが未完成であること
　　イ　本件構築物を現状のまま利用して,本件建物の建築工事を続行することは不適切であること
　　ウ　本件構築物の社会的経済的な価値は,再利用可能な建築資材としての価値を有するにすぎないものであること

エ　本件建物を本件契約の目的に従って完成させるためには，その後更に多額の費用を必要とすると認められること
③　したがって，注文者は，債務不履行の一般原則に従い，民法第415条後段により本件契約を解除することができる。

> **本判決のポイント**
>
> 　請負契約（完成後は解除できない）においても，目的物に重大な瑕疵がある場合には，一般の債務不履行に基づき契約解除ができるとしている点が参考になる。

▶ **日照権侵害等**（「判例一覧」No. 4 - 2）

> **No.32** 建築基準法等に著しく違反し，行政指導等に従わずに建築された建物につき，隣地所有者からなされた日照被害等を理由とする建物の一部の切断・撤去請求が認められた事例
>
> （東京地裁平成6年11月15日判決）

〈事案の概要〉

　本件は，原告所有地の南側に隣接して存在する被告ら所有地に，被告らが建ぺい率・容積率及び高度制限に大幅に違反した建物（以下「新建物」という）を新築したことから，主として日照被害を理由として，人格権又は日照権に基づき新建物の一部の切断・撤去を請求した事案である。

　なお，建築確認申請上の建物は2階建であったところ実際に建築される新建物は3階建てであったことなどから，行政サイドから，新建物が建築確認と相違し建築基準法等に多くの点で違反する建築物であるとして工事停止命令等を受けたが，被告らはこれに従わずに工事を続行し完成させ，さらに完成後も，建物の使用禁止命令等を受けたがこれを無視して入居を継続していることが認定されている。

〈裁判所の判断〉

　裁判所は，概ね以下のように述べて，新建物の一部の切断・撤去を認めた。
① 被告らの新建物は建築基準法等の法規に著しく違反していること，被告らは，原告の要請のみならず，行政からの強力な行政指導及び行政処分にも従わずに工事を続行させて新建物を完成したものであることから，その違法性は極めて高い。
② 原告の受けた日影被害も決して受忍限度内のものでないことは被害の程度からして明らかであり，原告の日照被害を回復するには，新建物の一部の切断・撤去をするほかないと認められる。

本判決のポイント

　違法建築物であるというだけでなく，その違法性により現実に被害が発生している場合には，被害者からの請求に基づき建物の切断・撤去請求も認められうるとしている点が参考になる。

▶ 建設反対運動（「判例一覧」No. 4 - 3）

> No.33 マンション建設に反対する住民の実力による工事阻止闘争が不法行為を構成するとして，損害賠償の支払が命じられた事例
> （東京地裁昭和52年5月10日判決）

〈事案の概要〉

日照権侵害，騒音等の発生等の生活利益が侵害されるとして近隣へのマンション建築に反対する住民が，建築主が通行権を有する私道上に鉄パイプを打設して工事車両の通行を妨害したため，マンション建築を断念した建築主が，当該行為を行った近隣住民に対し，不法行為に基づき損害賠償を請求した事案である。

〈裁判所の判断〉

裁判所は，概ね以下のように述べて，住民の当該行為は建築主に対する不法行為に当たるとして，損害賠償請求を認めた。

① 住民の妨害行為は，建築主の道路の囲繞通行権及び通行の利益を侵害し，原告が同道路を利用して行う本件工事の施工を妨害するものであることは明らかである。
② 住民らの各妨害行為は，客観的にみて社会生活上許容される程度，範囲を著しく逸脱するものであつて違法である（被告の利益を守るためやむを得ないものとして違法性が無くなることはない）

[本判決のポイント]

マンションやビルの建築への反対運動につき，反対の根拠（建物等新築によって被る利益侵害）が抽象的で，社会生活上許容される程度，範囲を著しく逸脱する場合には不法行為責任を免れ得ないとしている点が参考になる。

▶ 目隠し設置 1 （「判例一覧」No. 4 - 4 ）

No.34 マンションのベランダが民法第235条第1項にいう縁側に該当するとして，同条に基づく目隠しの設置請求が認容された事例
（名古屋高裁昭和56年6月16日判決）

〈事案の概要〉

　新築されたマンションの隣地所有者が，住戸や私生活等をみだりにのぞかれる不安があるとして，当該マンションの建築主に対し，民法第235条第1項（境界線ヨリ1メートル未満ノ距離ニ於テ他人ノ宅地ヲ観望スベキ窓又ハ縁側ヲ設ケル者ハ目隠ヲ附スルコトヲ要ス）の規定に基づき，ベランダへの目隠しの設置を請求した事案である。

〈裁判所の判断〉

　裁判所は，民法第235条第1項は，隣地所有者の私生活が他人からみだりにのぞかれる不快感を除去するため目隠しを附けることを要するものとしたものであり，そこに規定する「縁側」は，境界線より1メートル未満の距離において他人の宅地を観望することが物理的に可能であるような位置，構造を有する縁側を総て含み，濡れ縁及びベランダを除外すべき理由はないと解するのが相当であるとし，マンションのベランダも民法第235条第1項の縁側に該当するとして，隣地所有者の目隠し設置請求を認めた。

　本判決のポイント

　本判決当時の民法の規定は上記のようなものであったため，解釈によりベランダも「縁側」に当たるとしたが，平成18年民法改正において，この条項は次のように改正され，縁側にベランダが含まれることが明確になっている（ベランダも目隠し設置の対象となる）ことに注意が必要である。

　（注）現在の規定では，「境界線から1メートル未満の距離において他人の宅地を見通すことのできる窓又は縁側（ベランダを含む。次項において同じ。）を設ける者は，目隠しを付けなければならない。」としている。

▶ **目隠し設置 2** （「判例一覧」No.4-9）

> **No.35** 目隠し設置は相隣関係に基づく互譲の精神から義務づけられたものであるから，後から敷地境界に接近して建築した者から既存建物に対する目隠し設置請求は，互譲の精神にもとるとして認められないとした事例
>
> （東京地裁昭和60年10月30日判決）

〈事案の概要〉

既に建物が建っている土地の隣接地に新たに建物（以下「新建物」という）を建てた原告が，隣接して既にあった建物（以下「既存建物」という）が境界線から1メートル以内にあることから，民法第235条第1項（境界線ヨリ1メートル未満ノ距離ニ於テ他人ノ宅地ヲ観望スベキ窓又ハ縁側ヲ設ケル者ハ目隠ヲ附スルコトヲ要ス）の規定に基づき，既存建物の所有者（被告）に対し，目隠しの設置を請求した事案である。

〈裁判所の判断〉

裁判所は，目隠しの設置請求は，相隣関係に基づく互譲の精神から目隠し設置が義務づけられたものであるとし，

ア 原告の建築した新建物は被告所有の既存建物に遅れて建築されたものであること

イ 新建物は境界線より27.5センチメートル，既存建物は80センチメートル離れていることが認められるから，後で境界線に接近して建築した原告から既存建物の所有者である被告に対し目隠設置を請求するのは互譲の精神にもとるものであること

から，本件では目隠し設置の請求はできないものと解するのが相当であるとした。

本判決のポイント

相隣関係の趣旨を互譲の精神に基づくものとし，建物建築の先後関係なども考慮して判断している点が参考になる。

▶ **電波障害**（「判例一覧」№ 4 - 5）

№36　高層ビルの建設による電波障害を理由とする損害賠償請求が認められなかった事例

(大阪地裁平成2年2月28日判決)

〈事案の概要〉

　高層ビルの建築工事により電波障害が発生し，テレビ及びFM放送の受信状態が著しく悪化したとして，近隣住民が，幸福追求権・知る権利を侵害されたとして，ビル所有者に対し，損害賠償を請求をした事案である。

〈裁判所の判断〉

　裁判所は，概ね以下のように述べて，近隣住民からの損害賠償請求を認めなかった。

① 本件では次のような事情が認められる。
　ア　建設施行主のビル建設による利益及び市街地の有効利用等を考えると，本件ビルのような高層建築物の建築も保護に値するものであること
　イ　本件ビル建設地が商業地域であること
　ウ　本件ビル建築の当初，原告宅に電波受信障害が生じること及びその程度を予見することがかなり困難であったこと
　エ　本件ビルの建築により原告宅の電波受信状況に影響が生じてから仮設共聴アンテナ設置までは比較的期間が短かったこと
　オ　仮設共聴アンテナ設置後の電波受信状態は一般のテレビ視聴者又はラジオ聴取者にとっては特に痛痒を感じない程度のものであったこと
　カ　原告の苦情に対する被告の対応の仕方は不十分であったとはいえないこと
　キ　原告宅は本件ビルから比較的遠い位置にあるため電波受信対策工事につきある程度の技術的制約があること
　ク　放送電波を受信することによる利益は身体及び生命に直接影響をもたらす性質のものではないこと

② したがって，本件ビルの建築による原告宅の電波受信状況に対する影響は，社会生活上一般に受忍すべき限度内のものであって，いまだ違法性を帯びる程度のものとはいえないと解するのが相当である。

本判決のポイント

　電波障害等の問題は受忍限度論で違法性が判断されるが，その判断要素を具体的に示している点で参考になる。

▶ 眺望利益（「判例一覧」No.4-6）

No.37 看板広告を掲出していた者からの眺望の利益の侵害等を理由とする損害賠償請求が認められなかった事例

（東京地裁昭和57年4月28日判決）

〈事案の概要〉

屋上塔屋に広告看板を設置して一定の賃料収入を得ていた建物（以下「本件建物」という）所有者が，近くに14階建てのマンションが建築されたことにより周囲からその看板を眺望することができなくなったため，看板広告を掲出できなくなったとして，マンション建築販売業者に対し，原告の眺望利益が侵害され賃料収入を得られなくなったこと等を損害として不法行為に基づき損害賠償を請求した事案である。

〈裁判所の判断〉

裁判所は，被告の本件マンションの建設によって，本件看板広告が広告としての機能を失なってしまったことは認められるとしながらも，そこで侵害された「眺望利益」というものは，たまたま本件建物と高速道路との間に遮蔽物としての高い建物が存在していなかったという偶然の事情によって本件建物の所有者・占有者が事実上享受した利益（一種の反射的利益）にすぎず，眺望利益は法的保護の対象となる私権であると解するのは相当でないとして，原告の請求を認めなかった。

本判決のポイント

私人が法的請求をする場合にはその私人の「法律上保護されている利益」・「権利」が侵害されていることが必要とされる。ほかの権利利益保護のためになされている措置が間接的・反射的に特定の私人の利益に資する結果となっている場合には，その利益は事実上の利益にすぎず，その保護のための法的請求はできないとしている点が参考になる（なお眺望等も，個別の事情や法的構成如何によっては，裁判上の請求の根拠となりうる場合があることにも注意が必要である）。

▶ **シックハウス症候群**（「判例一覧」No.4-8）

No.38 住宅の注文者・居住者が，ホルムアルデヒドを原因物質とするシックハウス症候群ないし化学物質過敏症に罹患したことにつき，施工業者には債務不履行や不法行為に当たる事実があると認めることはできないとした事例

（東京地裁平成19年10月10日判決）

〈事案の概要〉
　本件は，建物建築請負契約に基づいて被告が建築し原告らに引渡された住宅用建物（以下「本件建物」という。）に入居した原告が，いわゆるシックハウス症候群に罹患し，その原因はホルムアルデヒドであり，これは被告が契約内容に反した施工を行って室内の空気中に高濃度のホルムアルデヒドが放散されている状態で本件建物を引き渡したためであるなどとして，被告に対し，安全配慮義務違反等の債務不履行または不法行為に基づき損害賠償を請求した事案である。

〈裁判所の判断〉
　裁判所は，概ね以下のように述べて，原告の請求を認めなかった。
① 次の事情にかんがみれば，居住用建物の建築請負契約を締結したからといって，直ちに被告が居住者らにシックハウス症候群を発症させてはならないというような安全配慮義務を負うということはできない。
　ア 本件建築請負契約が締結された当時の JAS 規格のホルムアルデヒド放散等級の最上位の建材を使用したとしても，完成後の建物において，ガイドライン値を超える濃度のホルムアルデヒドが検出されることもあり得ること
　イ シックハウス症候群の発症は，居住者の体質や体調にも左右され，建築業者の努力により完全に予防することが可能であるとはいえないこと
② 本件では原告がシックハウス症候群等に罹患していることが認められ，かつ，時期的に見てその原因が本件建物への入居にある可能性を認めることができるものの，そのことからただちに，原告のそのような症状の発症について，本件建物，その使用建材又は換気に瑕疵があるとか，被告に債務不履行や不法行為に当たる事実があると認めることはできない。

本判決のポイント
　住宅の建築等における安全配慮義務の内容，シックハウス症候群の発生等との間の因果関係等につき，厳しい判断をしている点が参考になる

▶ 隣地立ち入り権（「判例一覧」No. 4 -10）

No.39　隣地使用権（民法第209条第1項）に基づく土地使用および建物立入承諾請求が認められた事例

（東京地裁平成11年1月28日判決）

〈事案の概要〉

　隣接するビルの所有者間において，一方のビルの所有者である原告が，その所有するビルの修繕工事のため，隣接するビル敷地等への立ち入りが必要であったために，隣接ビル所有者である被告に対し，その敷地（土地）や建物への立ち入りを求めたところ，拒否されたたため，土地使用及びビル屋上・非常階段部分への立ち入りの承諾を求めた事案である。

〈裁判所の判断〉

　裁判所は，概ね以下のように述べて，承諾の意思表示に代える判決をもって，原告側の立ち入りを認めた。

① 　2つのビルの位置関係からして，原告が工事を行うには，被告所有地の上空を使用し，かつ，そのビルの屋上及び非常階段に立ち入る必要があること，被告が設置した仮囲い等が本件工事の障害となっていることは明らかである。

② 　民法第209条ただし書きでは，「住家」に立ち入るには隣人の承諾を要するとされているが，その根拠は，隣人の生活の平穏（プライバシー）を害さないことにあると解されることから，本件で問題とされるビルの屋上の利用の態様および非常階段の利用態様に照らせばこれらは「住家」には当たらず，したがって，本件においては，判決をもって被告の承諾の意思表示に代えることができる。

本判決のポイント

　民法第209条では，「土地の所有者は，境界又はその付近において障壁又は建物を築造し又は修繕するため必要な範囲内で，隣地の使用を請求することができる。ただし，隣人の承諾がなければ，その住家に立ち入ることはできない。」と規定されている。

　本件では法の規定の趣旨から，ビル屋上等は「住家」には当たらず当該規定の適用はないとし，判決をもって承諾に代えることができるとしている点が参考になる。

▶ **反射光被害**（「判例一覧」No. 4-11）

No.40 建物の店舗としての利用が，他の建物からの反射光により受忍限度を超える妨害を受けたとして，他の建物所有者に対し，被害防止工事の実施と損害賠償の支払いを命じた事例

（大阪地裁昭和61年3月20日判決）

〈事案の概要〉

ある新築建物の反射光によって被害が生じているとして，近隣で建物を所有し店舗として利用している原告が，新築建物所有者である被告に対し，被害防止工事の実施と損害賠償を請求した事案である。

なお，訴訟前には行政も間にはいって指導，あっせん等がなされ，被告も相応の対応をするとしたものの，その対応が被害防止には役に立たなかったなどの事情があることが認定されている。

〈裁判所の判断〉

裁判所は，概ね以下のように述べて，原告の請求を認めた。

① 遮光工事の請求については，
　ア 被告建物の反射光による原告店舗の被害の種類及び内容
　イ 被害防止に関する被告と原告及び行政との交渉経緯
　ウ 被害防止工事を行った場合の効果及び被告建物に与える影響

などを総合すると，被告建物の反射光により原告蒙る被害の程度は受忍限度を著しく超えていることから，当該工事請求は認められる。

② 損害賠償請求については，
　ア 原告が被告建物の反射光により被害を蒙っていること
　イ 被告建物建築に際し，被告がこのような被害発生を予見できなかったとしても，建物完成後まもなく原告から反射光被害を訴えられ，行政からも指導を受けながら，被告はこれを原告のいやがらせと軽信し，反射光防止のための有効な措置を講ずることなく放置し，本件訴訟まで至った過失があること

から，その結果原告に生じた損害賠償すべき義務がある。

本判決のポイント

反射光の問題も受忍限度論を介して不法行為責任の対象となりうること，本件では行政の関与に対する対応も考慮して違法性の程度や過失が判断され，被害防止工事の実施等の請求も認められた点が参考になる。

事項索引（丸数字は掲載ページの章を表す。例：①34は1章の34ページ）

あ
安全管理者………①47
安全配慮義務………③293

い
一般廃棄物………①32
因果関係………③287・327,⑤383

え
衛生管理者………①47
SRI………④354
エネルギー管理員………①48
エネルギー管理員の選任………②166
エネルギー管理企画推進者………②163
エネルギー管理者………②166
エネルギー管理統括者………②163・165
エネルギー使用状況届出書………②166

お
屋外広告物………①51

か
ガイドライン
　………③318・318・318・319・319
瑕疵………①58,③299・323,⑤365
瑕疵修補請求………①58
瑕疵担保期間………①58
瑕疵担保責任………②81
過失………③287・295・295
過失相殺………③289・306・326
環境衛生管理技術者………①24
監督過失………③314
管理過失………③314

き
企業倫理………④354
危険物保安統括管理者………①44
求償責任………③301
行政指導………③308・309
行政処分………③309・310・312
行政調査………③308・309

行政罰………③309・312
業務上過失致死傷………③278
業務上過失致死傷罪………③315
業務上失火罪………③278・316

け
建設廃棄物………①52・54
建設副産物………②258
建築物環境衛生管理技術者………①24

こ
故意………③287・295・295
工作物………⑤362
工作物責任
　………③276・279・283・283・285・299・
　299,⑤387
コンプライアンス………③321,④354
コンプライアンス経営………④356

さ
債務不履行………③286・286
債務不履行責任
　………③275・277・279・281・281・283・
　283・285,⑤395
産業廃棄物………①33,②235

し
CSR………④354・358
シックハウス………⑤410
重過失………③296
集団規定………②70
使用者責任………③298
消防用設備等………①42
消滅時効………③288
振動発生施設………①39

す
水質基準………②173

せ
製造物責任
　………②127,③276・284・285・302

413

そ
騒音発生施設…………①38
総括安全衛生管理者…………①47
損益相殺…………③288
損害賠償請求…………①58

た
第一種特定建築主…………①48
耐震改修…………①50,②119
耐震診断…………①50,②119
単体規定…………②70

と
特定建築物…………②101・120
特定有害物質…………②230
特別管理産業廃棄物…………②236
特別特定建築物…………①49

は
ばい煙発生施設…………①36

ひ
PCB廃棄物
　…………①41,②238・240・240

ふ
避難経路…………①43
不法行為…………③287・294
不法行為責任
　…………②127,③275・277・279・281・281・281・283・283・284・285

ほ
保安管理契約…………③293
防火管理者…………①43,②142
防火対象物…………①43,②130・142
防災管理者…………②142・142

ま
埋蔵文化財発掘届出書…………②155

り
履行補助者…………③297
リスク評価…………④336・340・344
リスクマネジメント
　…………④332・344・348・350
隣地境界…………②264

ビルオーナーとビル管理者のための
建築関連法規ガイドブック ─オフィスビル編─

2011年4月28日　第1版第1刷発行

監　修	NTTファシリティーズ
著　者	佐藤貴美・田中毅弘・南木政博
編集協力	NTTファシリティーズ総合研究所

発行者　松　林　久　行

発行所　株式会社　大成出版社

東京都世田谷区羽根木1－7－11
〒156-0042　電話 03(3321)4131(代)
http://www.taisei-shuppan.co.jp/

ⓒ2011（牽引省略）佐藤貴美・田中毅弘・南木政博　　　　印刷　信教印刷
落丁・乱丁はお取り替えいたします。
ISBN978-4-8028-2974-8

[関連図書のご案内]

新しい建築設計・工事監理等の業務報酬基準と算定方法

著■宿本 尚吾

A5判・136頁・定価1,890円（本体1,800円）・図書コード2938

（建築主・建築士・建築事務所の方々の理解のために）

適正な業務報酬の確保のためのツール！

建築の著作権入門　（大成ブックス）

著■大森 文彦

A5判・200頁・定価1,890円（本体1,800円）・図書コード9271

建築の設計図書、エスキス、施工図、完成した建築物、土木の工作物などの著作権はどうなっているのか。建築生産実務の必携書！

（新版）　建築工事の瑕疵責任入門　（大成ブックス）

著■大森 文彦

A5判・200頁・定価1,890円（本体1,800円）・図書コード9307

平成18年改正の建築基準法、建築士法、建設業法等、平成19年改正の民間（旧四会）連合協定工事請負契約約款などの改正内容を照らして改訂・補充した新版！

新訂第2版　わかりやすい建築基準法

編著■建築基準法令研究会

A5版・566頁定価3,990円（本体3,800円）・図書コード2894

改正建築士法（平成21年5月一部適用）、改正省エネ法（平成21年4月施行）、長期優良住宅法（平成21年6月施行）、住宅瑕疵担保履行法（平成21年10月施行）、歴史まちづくり法（平成20年11月施行）等にも対応（追補）！

株式会社 大成出版社

※ホームページでもご注文を承っております。

〒156-0042　東京都世田谷区羽根木1-7-11

TEL03-3321-4131　FAX03-3325-1888

http://www.taisei-shuppan.co.jp/

[関連図書のご案内]

（新版）マンション判例で見る標準管理規約

編著■升田 純（中央大学法科大学院教授・弁護士）

A5判・定価3,990円（本体3,800円）・図書コード2979

マンション管理規約の議定、規程の解釈・運用などを検討する際の必読の書！
（管理会社、管理組合、マンション管理士などマンション管理関係者へ）
・平成に起こった判例を厳選し収録、最新の判例も収録
・マンション生活でトラブルに出会った時に有効

マンション管理方式の多様化への展望

著■玉田 弘毅・齊藤 広子・大杉 麻美・冨田 路易

A5判・306頁・定価3,045円（本体2,900円）・図書コード2806

現行の管理者管理方式における現状と課題について概説すると共に、新管理者管理方式の活用方策等についてわかりやすく解説！

マンション力
「マンションが日本を変える」

監修■川崎 達之（前・（社）高層住宅管理業協会理事長）
共著■飯田 太郎・大越 武・伊能 肇

A5判・178頁・定価2,310円（本体2,200円）・図書コード2852

本書はマンションの社会に与える「力」を考えると共に、マンション事業に係るトップ24人の取材を通して、新しい企業行動を伝え、明日のマンションと都市生活を提言。マンションの建設、販売、管理等に係る方々のみならず、これから就職活動を行う学生にとってのマンション業界研究としても使える必携の書！

株式会社 大成出版社
※ホームページでもご注文を承っております。

〒156-0042　東京都世田谷区羽根木1-7-11
TEL03-3321-4131　FAX03-3325-1888
http://www.taisei-shuppan.co.jp/

大成出版社図書のご案内

- 司法関係者
- 行政担当者
- 宅建業者
- 不動産鑑定士

不動産取引における
瑕疵担保責任と説明義務
―売主、賃貸人および仲介業者の責任―

法律実務に携わる専門家待望の書!

著● 弁護士 渡辺 晋
　　弁護士 布施 明正

A5判・770頁
定価7,560円(本体7,200円)
図書コード2930・送料実費

本書の特徴

◆本書は、瑕疵担保責任と説明義務を中心に、不動産取引における売主、賃貸人、および仲介業者の責任について、詳細に論じた解説書である!

◆公表された裁判例を、最新のものまでを分析検討!

◆法律構成にそって先例を整理し、分析検討!
（自殺に関する問題、瑕疵担保責任、売主の説明義務、賃貸人の説明義務、仲介業者の説明義務、損害論）

◆事項毎に裁判例をリスト化した事項索引を搭載!

◆民法（債権法）改正の基本方針についても言及!

目 次 (抄)

第1部 売買
　第1章 売主の義務の全体像
　第2章 瑕疵担保責任
　第3章 売主の説明義務
　第4章 売主のその他の義務
　第5章 錯誤・詐欺
　第6章 交渉破棄
第2部 賃貸借
　第1章 賃貸人の義務の全体像
　第2章 基本的義務
　第3章 賃貸人のその他の義務
　第4章 錯誤
　第5章 交渉破棄
第3部 仲介
　第1章 総論
　第2章 売買の仲介
　第3章 賃貸借の仲介
第4部 損害
　第1章 瑕疵担保責任
　第2章 売主の説明義務違反
　第3章 売主のその他の義務違反
　第4章 賃貸人の義務違反
　第5章 仲介業者の説明義務違反
　第6章 慰謝料
　第7章 過失相殺
　第8章 弁護士費用
第5部 諸制度
　第1章 国土利用計画法
　第2章 農地法
　第3章 消費者契約法
　第4章 住宅品質確保法
　第5章 住宅瑕疵担保履行法

株式会社 **大成出版社**

〒156-0042　東京都世田谷区羽根木1-7-11
TEL 03-3321-4131　FAX 03-3324-7640
ホームページ http://www.taisei-shuppan.co.jp/
※ホームページでもご注文いただけます。